dtv

Die Geschichte setzt mit der blutigen Ermordung der Urgroßmutter durch ihren Mann in einem paschtunischen Dorf um 1900 ein und endet nach einhundert Jahren der Wanderung in Berlin, wo die Erzählerin heute lebt. Dazwischen liegen ein weiterer Mord, eine erzwungene Heirat und der Versuch, dieser gerichtlich zu entkommen, Ächtung, Ehebruch, Emigration. Spannend und anrührend erzählen Mariam Notten und Erica Fischer die abenteuerliche Geschichte der Frauen aus fünf Generationen, die unter härtesten Bedingungen doch nie bloß Opfer bleiben, so dass schließlich Zuni, die Ururenkelin, zu einer modernen jungen Frau heranwachsen kann. Vor dem Hintergrund einer politisch brisanten Entwicklung wird hier eine unbekannte Welt mit strengen Regeln, blutigen Exzessen und malerischen Festen sichtbar – aber beileibe kein Märchen.

»Eine Geschichte schmerzvoll erfahrener Emanzipation von Frauen in einer archaischen Männerwelt... Der Leser kann nur ahnen, welche Probleme Afghanistan, das erst am Anfang eines geradezu aussichtslos anmutenden Prozesses des nation-building steht, noch vor sich hat.« *Das Parlament*

Mariam Notten, geb. 1948 in Kabul, lebt seit 1967 in Berlin und arbeitet als Soziologin.

Erica Fischer, geb. 1943 in England, lebt als Autorin in Berlin. Veröffentlichungen: ›Ohne uns ist kein Staat zu machen. DDR-Frauen nach der Wende‹ (1990, mit Petra Lux); ›Aimée & Jaguar. Eine Liebesgeschichte, Berlin 1943‹ (1994); ›Am Anfang war die Wut. Monika Hauser und Medica mondiale. Ein Frauenprojekt im Krieg‹ (1997); ›Die Liebe der Lena Goldnadel. Jüdische Geschichten‹ (2000); ›Das kurze Leben der Jüdin Felice Schragenheim‹ (2002).

Mariam Notten
Erica Fischer

Ich wählte die Freiheit

Geschichte einer afghanischen Familie

Deutscher Taschenbuch Verlag

Von Erica Fischer sind
im Deutschen Taschenbuch Verlag erschienen:

Das kurze Leben der Jüdin Felice Schragenheim (30861)

Januar 2005
Deutscher Taschenbuch Verlag GmbH & Co. KG,
München
www.dtv.de

Umschlagkonzept: Balk & Brumshagen
Umschlagfoto: © laif/Hahn
Satz: Satz für Satz. Barbara Reischmann, Leutkirch
Druck und Bindung: Druckerei C. H. Beck, Nördlingen
Gedruckt auf säurefreiem, chlorfrei gebleichtem Papier
Printed in Germany · ISBN 3-423-34159-9

Dieses Buch ist meiner Mutter,
meiner geliebten Tochter Jeannette Gaussi
und allen Frauen, die für ihre Rechte
kämpfen müssen, gewidmet.

Mariam Notten

INHALT

Hör gut zu, meine Tochter. Das sind Geschichten,
die nicht jeder Frau jeden Tag passieren. Merk sie dir genau.
Und wenn du groß bist, schreibst du sie in ein Buch.

Pari, 1926–1964

BLUTRACHE

Ihr Blut sickerte durch den rot gemusterten Teppich in den Lehmfußboden. Gierig fraß es sich in das zarte Gewebe ihres Schleiers, der ihr vom Kopf gerutscht war. Sie hatte nicht einmal Zeit gehabt, einen Schrei auszustoßen. Der Mann im Turban mit dem angegrauten Bart hockte neben ihr, an seiner Seite die alte britische Militärflinte. Ohne Gemütsregung, ein wenig sorgenvoll vielleicht, betrachtete er seine Frau. Einer ihrer schwarzen Zöpfe war, als ihr Körper auf dem Boden aufschlug, über ihrem Gesicht zu liegen gekommen. Der Mann hatte ihr die Augen geschlossen, die ihn eben noch beunruhigt angesehen hatten. Es war still im Haus. Naser und Delawar, die beiden Söhne, schliefen bei der Tante zwei Häuser weiter. Niemand kam, um nachzusehen, wer geschossen hatte. Schüsse hatten bei den Paschtunen immer ihren Grund.

Die ganze Nacht verharrte Nangin Khan in seiner Hockstellung, stützte die Arme auf die Knie und wachte über die Tote. Die schweren Hände mit den verhornten Fingerkuppen baumelten wie leblos vor ihm in der Luft. Als die Kälte ihm in die Knochen kroch, wickelte er seinen großen Schal um sich. Sie war halb so alt wie er und hätte ihm noch mehrere Söhne schenken können. Vielleicht auch eine Tochter, die den Haushalt hätte führen können, wenn Hossai in die Jahre gekommen wäre. Hossai würde nie in die Jahre kommen, und eine Tochter würde es nicht geben. Er verscheuchte das leichte Bedauern, das sich in das klare Gefühl der Unausweichlichkeit des Geschehens drängen wollte. Es musste sein, wie es gekommen war. Er hatte keine andere Wahl gehabt.

Als das Morgengrauen hereinbrach, ging er hinüber zu seiner unverheirateten Schwägerin. Sie hatte den Schuss in der Nacht gehört, aber nicht gewagt hinüberzulaufen. Sie begnügte sich damit, die aufgeschreckten Kinder zu beruhigen und auf den Morgen zu warten. Nangin Khan bat sie, eine ältere Verwandte zu holen, damit sie die Leiche waschen und für das Begräbnis noch am selben Tag vorbereiten konnte.

Sie hat mein Gewehr geputzt, und es hat sich ein Schuss gelöst und sie direkt in die Brust getroffen. So erklärte Nangin Khan den unerwarteten Tod seiner Frau, und niemand stellte Fragen. Man würde den Grund erfahren und man würde nicht darüber sprechen. Nangin Khan genoss einen untadeligen Ruf, seit Jahrzehnten war er ein angesehenes Mitglied der *Loja Dschirga*[1].

Für das, was der Tat vorangegangen war, gab es einen Zeugen. Vielleicht hätte er nicht geschossen, wenn dieser Zeuge nicht gewesen wäre. Er wohnte in derselben Gasse, und sie waren gemeinsam von der Moschee nach Hause gegangen. Nach dem Abendgebet waren sie noch lange mit den anderen Männern zusammengeblieben, um über Geschäfte zu reden und über Politik. Wieder einmal hatte die Zentralregierung in Kabul versucht, sich in die Angelegenheiten der Paschtunen zu mischen. Der König wollte auf Geheiß der Briten (die Afghanistan als eine Art Protektorat hielten) eine Straße durch ihr Gebiet bauen. Die Männer waren empört. Gab es erst eine Straße, würden bald Polizisten und Richter folgen, und über kurz oder lang würden sie die Paschtunensöhne in ihre Armee einziehen, damit sie Krieg führten gegen ihr eigenes Volk.

Als Nangin Khan und sein Nachbar in die schmale Sackgasse eingebogen waren, die zu ihren jeweiligen Häusern führte, war ein junger Mann mit gesenktem Kopf wie ein Schatten an ihnen vorbeigehuscht und hatte etwas gemurmelt, das einem Gruß nur entfernt ähnelte. Wie tief er den Kopf auch senkte, das Mondlicht ließ sein Gesicht erkennen. Er wohnte nicht in ihrer Gasse. Im Nachhinein erinnerte sich Nangin Khan (und wohl auch

1 Große Versammlung

sein Nachbar), dass der Sohn des Sardat Khan als Einziger aus dem Dorf an jenem Abend nicht in der Moschee gewesen war. Die beiden Männer warfen einander einen fast unmerklichen Blick zu und verabschiedeten sich hastig.

Eine hohe Mauer aus gestampftem Lehm schirmte Nangin Khans Hof nach außen ab. Er beäugte misstrauisch jeden Winkel, ehe er das Haus betrat. Hossai stand mitten im Zimmer, untätig, als sei sie eben hereingekommen. Sie konnte keinen triftigen Grund angeben, warum sie weder am Spinnrad saß noch zu ihrer Schwester gegangen war, bei der die beiden Söhne die Nacht verbrachten.

Die unbeholfene Erklärung, zu der sie ansetzte, wartete er gar nicht ab. Er legte seine Flinte an, die er immer noch in der Hand hielt, und schoss.

Das Ereignis muss sich etwa um 1900 zugetragen haben. Genau wusste es niemand, denn Jahreszahlen spielten keine Rolle im gleichförmigen Leben der Menschen auf dem Dorf. Auf jeden Fall war es lange vor meiner Geburt.

Der zweite Teil der Blutrache zur Rettung der Mannesehre meines Urgroßvaters erwies sich als weniger leicht durchführbar. Sardat Khan war der reichste Großgrundbesitzer der Umgebung. Er stellte seinem Sohn zwei schwer bewaffnete Leibwächter zur Seite, die ihn überallhin begleiteten. Nangin Khan hatte keine Chance, sich dem Sohn des Sardat Khan zu nähern, ohne sein eigenes Leben zu gefährden.

Seine Existenz auf Erden wurde ihm zur Qual. Ohne die junge Frau an seiner Seite alterte er schnell. Wie in Trance bestellte er seine Felder im Rhythmus der Jahreszeiten und ritt abends ebenso in sich gekehrt wie er gekommen war ins Dorf zurück, ohne den Menschen in die Augen zu blicken, die ihm unterwegs zu Fuß oder auf Eselsrücken entgegenkamen. Sardat Khans aufreizend schöner Sohn war nicht zu fassen. Nangin Khan ging nicht mehr zur Moschee, betrat nie mehr ein Teehaus und besuchte weder die *Dschirga*[2] noch die Loja Dschirga. Solange seine Ehre befleckt blieb, war er nicht würdig, am gesellschaftlichen Leben teilzunehmen. Alle seine Gedanken kreisten um seine Ehre und um die Schande, dass es ihm nicht gelingen wollte, sich reinzuwaschen. Die Leute ließen ihn in Ruhe. Keiner fragte nach seinem Befinden und keiner verhöhnte ihn. Seine Zeit würde kommen, das wussten sie. Er blieb ein angesehener Mann, der vorübergehend in Quarantäne lebte.

Die Jahre vergingen, und Nangin Khan wurde immer niedergeschlagener. Die Aussicht zu sterben, ohne seine Ehre reingewaschen zu haben, lastete schwer auf ihm. Seine Söhne wurden von der Schwester ihrer toten Mutter aufgezogen. Den Vater kannten sie nur als verschlossenen Eigenbrötler, der zu Hause viel betete, jedoch nie in die Moschee ging wie die anderen Männer. Ihn zu fragen, woran ihre Mutter gestorben war, an die sie sich immer ungenauer erinnerten, wagten sie nicht. Sie spürten, dass es etwas gab, an das sie niemals rühren durften. So vergingen die Jahre.

Allah sei Dank seid ihr nun schon Männer, wurden Naser und Delawar eines Tages, als der Ältere der beiden etwa siebzehn oder achtzehn war, auf der Straße vom Dorfältesten angesprochen. Es ist Zeit, dass ihr an der nächsten Loja Dschirga teilnehmt.

Die beiden waren so überrascht, dass es ihnen die Sprache verschlug. Die Teilnahme an der Großen Ratsversammlung bedeutete den Eintritt in die Welt der Männer. Man würde bei Fragen, die das gesellschaftliche Leben der Paschtunen regelten, ihre Meinung anhören. Sie würden gleichwertige Mitglieder ihres Stammes sein. Oft waren sie bei Gesprächen in den Teehäusern dabei gewesen, wenn die Männer von der Loja Dschirga zurückkamen und aufgeregt weiterdiskutierten. Einmal ging es um Erbstreitigkeiten innerhalb eines Clans, ein andermal um

2 Einfache Versammlung

Weideplätze oder Abholzungsrechte in den Bergen, um die sich mehrere Stämme stritten. Oft gab es Tote und Verletzte auf allen Seiten. Das Hauptanliegen der Paschtunen war es jedoch, ihre wirtschaftliche und damit politische Unabhängigkeit von der Zentralregierung zu wahren. Nur diese Autarkie sicherte ihnen ihre Freiheit. Wenn diese ernsthaft bedroht war, hatten es die Stammesältesten leicht, bei Konflikten in der Loja Dschirga Einigung herbeizuführen. Denn die Freiheit war den Paschtunen das höchste Gut, hinter das alle anderen Interessen zurücktraten. Dass dem König in Kabul bei der Ausübung seines Amtes immer die britische Besatzungsmacht im Nacken saß, war ihnen gleichgültig, solange er sich nicht in die inneren Angelegenheiten der Paschtunen mischte. Kabul war weit.

Zu Hause angekommen, fanden Naser und Delawar ihren Vater beim Nachmittagsgebet vor, wie so oft. Sie setzten sich in einer Ecke auf die Matratze und warteten respektvoll, bis er sein Gebet beendet hatte. Fast gleichzeitig begannen sie zu sprechen, doch schon bald überließ der ältere Bruder dem Jüngeren das Wort, eigentlich ein Regelverstoß. So war es seit ihrer frühen Kindheit gewesen. Delawar war der Schlauere, der Wortgewandtere von beiden. Kaum hatte er voller Stolz seinem *baba* von ihrer Begegnung mit dem Dorfältesten und dessen schmeichelhaftem Angebot erzählt, verdüsterte sich die Miene des Vaters. Er schwieg und schaute nur brütend auf den Gebetsteppich unter seinen Knien. Den Söhnen war es unerklärlich, warum sich der Vater über diese Ehre nicht freute.

Solange der Sohn des Sardat Khan lebt, geht ihr mir nicht zur Loja Dschirga!

Der mit Ingrimm hervorgestoßene Satz lud nicht zur Nachfrage ein, und den Söhnen blieb nichts anderes übrig, als sich so rasch wie möglich zu entfernen.

Neugierig geworden, berichteten sie der Tante über das seltsame Verhalten des Vaters. Und so erfuhren sie endlich, wie ihre Mutter gestorben war, wobei sich die Tante anfangs ebenso gewunden ausdrückte wie Nangin Khan vor bald fünfzehn Jahren: Sie hat das Gewehr geputzt, und dabei hat sich ein Schuss gelöst und sie direkt in die Brust getroffen. Erst nach einer Pause fügte sie im Flüsterton hinzu: Euer Vater war anwesend, als es geschah. Und dann erwähnte sie fast beiläufig den Sohn des Sardat Khan.

Sofort begriffen die Söhne, mit welcher Last ihr Vater lebte. Sie wussten auch, dass er in seinem Alter nicht mehr in der Lage sein würde, die Blutrache zu vollziehen. Nun lag es an ihnen, die Ehre des Vaters wiederherzustellen.

Weitere Jahre vergingen. Naser und Delawar heirateten, der Ältere sogar ein zweites Mal. Naser hatte einen Sohn und eine Tochter, Delawars Tochter Pari war ein Jahr alt. Man schrieb das Jahr 1927. Im Mai 1919 hatte König Amanullah Großbritannien den Krieg erklärt und bereits drei Monate später den Vertrag von Rawalpindi unterschrieben. Mit dem Abkommen erkannte Großbritannien Afghanistan als souveränen und unabhängigen Staat an. Die Grenze zwischen Afghanistan und Britisch-Indien (heute Pakistan) verlief quer durch das Stammesgebiet der Paschtunen. Diese Grenzziehung im Osten war bereits 1893 durch den Durand-Vertrag geregelt worden, der die damalige Niederlage der Afghanen im zweiten anglo-afghanischen Krieg besiegelte. Die Paschtunen hatten diese willkürliche Durchtrennung ihres Gebiets nie ernst genommen. Auf den steilen Bergpfaden des Hindukusch waren sie die unumschränkten Herrscher.

Der Vater wurde immer älter, die Zeit drängte. Also fassten die beiden Söhne einen Plan. Wollten sie nach Vollzug der Blutrache in Frieden mit ihren Familien leben, konnten sie in ihrem Dorf nicht bleiben, denn eines stand fest: Sardat Khan würde seinen Sohn rächen. Sie mussten *mahadschirin* werden, Emigranten. Sie mussten ihr Dorf verlassen und sich außerhalb der Reichweite der Paschtunenstämme begeben. Am sichersten waren sie in Kabul, wo König Amanullah regierte. Seit er die Regentschaft übernommen hatte, waren viele Paschtunen aus Britisch-Indien in das unabhängige Afghanistan gezogen. Der reformfreudige König war den Flüchtlingen wohlgesonnen – jede Familie bekam eine Parzelle für ihr Haus und ein kleines Stück bebaubares Land als Starthilfe für das neue Leben in der Fremde.

Die Flucht über den Khayber-Pass wurde sorgfältig geplant. In einer stockfinsteren Neumondnacht brach die Familie auf, die beiden jungen Frauen mit ihren Babys auf Pferden, Nasers erste Frau, der alte Vater und seine Söhne nebenher zu Fuß. Von ihrem Hausrat konnten sie wenig mitnehmen. Die Brüder kannten die verschlungenen Bergpfade auswendig, jede Biegung, jede Abkürzung, jede gefährliche Schlucht war ihnen vertraut. Als Kinder und Jugendliche hatten sie die älteren Männer, die zur Loja Dschirga auf die afghanische Seite des Khayber zogen, mit den beiden Pferden ihres Vaters bis zur Passhöhe begleitet. Von dort setzten die Männer ihren Weg zu Fuß fort, und die Brüder ritten zurück ins Dorf. So machten sie es jetzt wieder. Auf der anderen Seite des Passes angekommen, ließen Naser und Delawar ihre Familien unter der Obhut des Vaters in einer Höhle zurück, bestiegen die Pferde und kehrten um.

Die Morgendämmerung begann gerade heraufzuziehen, als die Männer des Dorfes sich auf den Weg zum Morgengebet machten. Die Brüder beobachteten aus sicherer Entfernung, wie alle männlichen Dorfbewohner – darunter auch Sardat Khan, sein Sohn und die beiden Leibwächter – ihre Schuhe auszogen und die Moschee betraten. Sie wussten, in welcher Reihe Sardat Khans Sohn stehen und dass jeder Mann seine Flinte neben sich gelegt haben würde. Nachdem alle zu beten begonnen hatten, schlichen sie sich zum Eingang. Sie wussten, dass die Betenden während des Gebets mehrmals in die *sadschda* gehen würden – sich kniend vorbeugten und mit der Stirn den Boden berührten. In dieser Stellung konnten sie nicht wissen, was hinter ihrem Rücken geschah.

Diese Stellung warteten die Brüder ab, um beide gleichzeitig auf den einzigen Körperteil von Sardat Khans Sohn zu schießen, der von ihrem Standort aus als Ziel in Frage kam. Der Coup gelang. Eine Schrecksekunde lang hob keiner der Männer den Kopf. Noch wusste niemand, wer erschossen wurde und wer geschossen hatte. Diese winzige Verzögerung nutzten die beiden, um sich auf ihre Pferde zu schwingen und davonzugaloppieren. Als alles ruhig blieb, setzten sich die Männer auf. Einer blieb liegen.

Da mühten sich die beiden Reiter bereits den steinigen Pfad hinauf zum Khayber-Pass, wo ihre Familien auf sie warteten. Den Umweg, den sie auf der anderen Seite nehmen mussten, um allfällige Verfolger abzuschütteln, hatten Naser und Delawar genau ausgekundschaftet.

Als die Dorfbewohner sahen, dass die Häuser des Nangin Khan und seiner Söhne leer standen, wussten sie, dass sie die Familie nie wiedersehen würden. Sie hatten ihr Land nicht verkauft und kein Mobiliar mitgenommen. Sardat Khan wies die Leibwächter auch nicht an, die Verfolgung aufzunehmen. Er hatte immer gewusst, dass sein Sohn niemals in Ruhe leben würde, und hatte bloß gehofft, dass auch die zweite Generation nicht in der Lage sein würde, die unvermeidliche Blutrache zu vollziehen. Wenn Paschtunen in ihrer Ehre gekränkt werden, üben sie, sagt man, auch noch nach vierzig Jahren Rache. Naser und Delawar verdienten Respekt.

Über einen Monat dauerte die Reise den Kabul-Fluss entlang. Mehr als von den felsigen Bergrücken der Hindukusch-Ausläufer, die ihnen im fruchtbaren Tal den Weg abschnitten, wurde die Familie von Aufständischen aufgehalten. Die Paschtunen wehrten sich gegen die Reformen des Königs, die sie in ihrer Autonomie einschränkten und kräftig zur Kasse baten. Amanullah Khan, selbst Paschtune, hatte den Krieg gegen die Briten mit Hilfe der Paschtunenstämme gewonnen. Die Paschtunen hatten ihre Söhne mit ihren eigenen Gewehren in den Krieg geschickt, obwohl sie nicht zum Militärdienst verpflichtet waren. Nicht eine einzige Kugel hatten sie von der Armee des Königs verlangt. Doch nun mussten sie Steuern an die Zentralregierung zahlen, statt der früher üblichen Naturalabgaben für Landbesitz und Vieh. Als privates Kapital ausblieb, das Amanullah Khans ehrgeizige Reformen finanzieren sollte, wurden die Steuern weiter in die Höhe geschraubt. Die Abgabe für ein *dscherib*[3] bewässertes Land wurde von fünf auf bis zu zwanzig Rupien erhöht, die für den Besitz eines Esels verfünffacht. Ständig traf man sich zu neuen, erregten Versammlungen, und auch die Hasara, Turkmenen und Usbeken schlossen sich dem Protest an. Dass Amanullah die Schulpflicht für beide Geschlechter einführte und die Polygamie abschaffte, interessierte dagegen weniger.

Auch in Dschalalabad, immer noch paschtunisches Gebiet, hielt sich Nangin Khans Familie nicht auf, aus Angst, die Rache des Sardat Khan könnte sie doch noch einholen. Sicher fühlten sie sich erst, als sie die Hauptstadt Kabul mit ihren sechzigtausend Einwohnern erreichten, den Sitz des Königs, der mit seiner Revolution die Ehre der Afghanen gerettet hatte.

Amanullahs Regentschaft war vor fast sieben Jahren durch einen Mord möglich geworden. Es ging das Gerücht um, er habe seinen eigenen Vater – Emir Habibullah Khan – erschießen lassen. Er sei auf der Jagd in Dschalalabad versehentlich von einer Kugel getroffen worden, hieß es in der offiziellen Lesart. Habibullah Khan hatte mit unumschränkter Autorität die Politik seines Vaters fortgeführt, der seinerseits im Jahr 1905 einen Vertrag abgeschlossen hatte, in dem er die Hoheit über die afghanische Außenpolitik gegen die Summe von jährlich 160 000 Pfund an die Briten abtrat. Im Übrigen hielt sich Habibullah Khan einen großen Harem und scherte sich wenig um die Staatsgeschäfte. Das Volk murrte.

3 Flächenmaß, 1 Dscherib = 1952 m²

Sein Sohn dagegen umgab sich mit jüngeren, fortschrittlich und national denkenden Afghanen, machte sich nach der Befreiung des Landes von der britischen Besatzung daran, ein laizistisches Staatswesen aufzubauen und setzte ein Parlament ein. 1923 wurde die afghanische Verfassung verabschiedet und ein Zivilrecht eingeführt, das neben die *Scharia*[4] trat. Amanullah Khans Verwaltungsreform zielte darauf ab, aus der Stammesaristokratie ein Staatsbeamtentum zu machen. Und er wandte sich offen gegen den Schleierzwang für Frauen. Die Religion verlange von den Frauen nicht, Hände, Füße oder Gesicht zu verschleiern, sagte er. Sie schreibe überhaupt keine besondere Art von Schleier vor. Will man der Überlieferung glauben, dann legte Königin Soraya, noch bevor Amanullah Khan zu Ende gesprochen hatte, unter allgemeinem Applaus den Schleier ab, und andere Frauen folgten ihrem Beispiel.

Das Kabul, in dem sich die Paschtunen-Familie von der anderen Seite des Khayber-Passes 1927 niederließ, war kaum größer als die heutige (zum großen Teil zerstörte) Altstadt zu beiden Seiten des Flussufers. Als Einwanderer aus der britischen Kolonie Indien bekamen sie für den Bau ihres Hauses eine Parzelle, sonst hatte Amanullah Khans Regentschaft keine Auswirkungen auf ihr Leben. Die Schulpflicht für Mädchen kam meiner Mutter nicht mehr zugute. Schon zwei Jahre nach ihrer Ankunft wurde der König gestürzt – mit Unterstützung der Briten, die während des allgemeinen Aufruhrs die Bevölkerung zusätzlich gegen ihn aufwiegelten. Amanullah unternahm zum Beispiel in dem Jahr, als meine Vorfahren in Kabul eintrafen, mit seiner Frau eine Reise nach Europa, die ihn auch nach Deutschland führte. Religiösen Würdenträgern und einflussreichen Kollaborateuren wurde eine Fotomontage zugespielt (aus britischer Quelle, so munkelte man), auf der Soraya in einem Badeanzug oder in einer anderen freizügigen Bekleidung zu se-

4 Islamisches Recht

hen war. Der König sei vom Glauben abgefallen, empörten sich die Mullahs, seine Frau stelle sich im Ausland nackt zur Schau. Um dem drohenden Bürgerkrieg vorzubeugen, dankte Amanullah Khan am 14. Januar 1929 ab. Er ging nach Italien ins Exil und starb 1960 in Zürich.

Verglichen mit dem, was folgte, war Amanullahs zehnjährige Regentschaft eine Periode der Stabilität. Der Tadschike Habibullah Kalakani aus Kalakan, genannt Batsch-e-Saqqao (Sohn des Wasserträgers), machte sich den allgemeinen Trubel zunutze und besetzte, von Amanullahs Gegnern unterstützt, mit einer Bande von Abenteurern Kabul. Der »Räuberkönig« ernannte sich zum Emir von Afghanistan, bis Amanullahs ehemaliger Kriegsminister Nader Khan mit Hilfe der im Hintergrund weiterhin schaltenden und waltenden Briten dem Spuk ein Ende setzte. Der Sohn des Wasserträgers wurde erschossen und danach erhängt. Mit ihm starben siebzehn seiner Anhänger.

Doch die Kette der politischen Morde riss nicht ab. Auch Nader Khan wurde am 8. November 1933 von einem Schüler des Nedschat-Gymnasiums (der einzigen deutschen Schule in Kabul) erschossen, während er den Abiturienten das Abiturzeugnis überreichte.

Über Nacht musste nun der Sohn, der neunzehnjährige Mohammad Saher Schah, das Amt des Regenten übernehmen, das er ausübte, bis er 1973 ins römische Exil ging. In der ersten Zeit überließ er alle wichtigen Entscheidungen seinem Premierminister und Onkel Mohammad Haschem Khan, unter dessen Regierung sich die Wirtschaftsstruktur Afghanistans allmählich veränderte. In den dreißiger Jahren wurden Industrie- und Handelsgesellschaften gegründet und an ausländische Firmen Konzessionen zur Erschließung des Landes vergeben. Insbesondere zu Deutschland, Italien und Japan stellte Afghanistan enge Wirtschaftsbeziehungen her. 1938 wurde eine wöchentliche Flugverbindung (die erste ihrer Art) zwischen Kabul und Berlin aufgenommen. Trotzdem erklärte Saher Schah sofort nach Beginn des Zweiten Weltkriegs die Neutralität seines Landes, was die guten Beziehungen zu Deutschland jedoch nicht beeinträchtigte. Erst im Oktober 1941 (nach der anglo-sowjetischen Invasion des Iran) hatte Afghanistan keine andere Wahl, als der Forderung Großbritanniens und der Sowjetunion nachzukommen und alle Deutschen und Italiener auszuweisen. Die diplomatischen Beziehungen zu Berlin wurden nie abgebrochen.

Meine Großmutter Golghotai konnte sich nie an die räumliche Enge gewöhnen, die sie in Kabul erwartete. Die Häuser standen so dicht nebeneinander, dass es auf den ersten Blick nicht möglich war, zwischen tragenden Wänden und Hofmauern zu unterscheiden. Man konnte auch nicht erkennen, welche Wand zu welchem Haus gehörte und welche Räume zu welchem Hof. Um Platz zu gewinnen, hatten die Bewohner des Quartiers zwei- und dreigeschossige Häuser errichtet und oft auch noch die Gassen überbaut. Von dem mit einem kleinen Blumengarten geschmückten Innenhof führten mehrere Treppen ins Haus zu den verschiedenen Wohneinheiten, die nicht miteinander verbunden waren. Wollte Golghotai zu ihrer nebenan wohnenden Schwägerin, musste sie erst in den Hof hinunter.

Die beiden Pferde, die sie über den Khayber-Pass gebracht hatten, bildeten das Anfangskapital für ein kleines Transportunternehmen, das Nangin Khan mit seinen Söhnen aufzog. Das Geschäft ging so gut, dass sie für die schwere Arbeit schon bald einige junge Knechte einstellten.

Delawar Khan, mein Großvater, war ein ungewöhnlicher Mann. Schlank, sehnig und hochgewachsen, strahlte er eine Respekt gebietende Autorität aus, die ihn gleichwohl nicht daran hinderte, mit Hingabe an seiner zierlichen Frau zu hängen. Golghotai war siebzehn Jahre jünger als ihr Mann und sehr schön. Anders als bei den meisten Paschtuninnen, deren Augen dunkel sind, waren ihre grau. Ihr Gesicht, umrahmt von pechschwarzem, zu langen Zöpfen geflochtenem Haar, war weiß, ihre Wangen von hauchzarten Äderchen durchzogen, die sie immer frisch aussehen ließen. Wenn Golghotai an heißen Sommertagen in der kleinen Küche auf dem Dach des Hauses vor dem Lehmherd hockte, bangte er um ihre empfindliche Haut. Selbst als die Familie noch jede Afghani (die neue nach der Eröffnung der Afghanischen Staatsbank 1938 eingeführte Währung) umdrehen musste, pflegte Delawar Khan seine Frau von Zeit zu Zeit herunterzurufen. Mit blitzenden Augen ermahnte er sie, ihre zarten Hände zu schonen, lieber solle sie sich ein neues Kleid nähen. Mit einem schelmisch-verlegenen Lächeln drückte er ihr ein Päckchen in die Hand. Es wird dir stehen, sagte er mit weicher Stimme, während Golghotai ungeduldig das braune Packpapier aufriss.

Oft war es schwere bunte Atlasseide aus Turkmenistan oder Samarkand, die Delawar Khan seiner Angebeteten mitbrachte, manchmal Kajal für ihre hellen Augen oder eine Halskette aus Silber. Meine Großmutter konnte sich glücklich schätzen. Es war selten, dass ein paschtunischer Mann sich die Blöße gab, die Zuneigung zu seiner Frau so offen zu zeigen, zumal Golghotais erstes Kind nur ein Mädchen war. Doch über seine Erstgeborene, die schon als Baby dichtes schwarzes Haar hatte, freute sich der Vater wie über einen Sohn. Er bedauerte, dass er nicht wohlhabend genug war, ein Dienstmädchen einzustellen, damit Golghotais Hände den ganzen Tag nichts anderes zu tun hätten als ihr Töchterchen zu liebkosen.

Nangin Khan, mein Urgroßvater, war zufrieden. Seit seine beiden Söhne die Blutrache vollzogen hatten, konnte er seinen Lebensabend in Ruhe verbringen. Er beobachtete zwar mit Missfallen die allzu offenherzig zur Schau gestellte Liebe seines jüngeren Sohnes zu dessen Frau, doch nie hätte er gewagt, Kritik zu üben an einem seiner Söhne, die ihn von der Last der Schande befreit hatten. Bei Naser, seinem Älteren, der seiner Vorstellung von Männlichkeit eher entsprach, lief alles nach Wunsch. Nachdem es (als sie noch im Dorf lebten) große Aufregung in der

Familie gegeben hatte, weil Nasers erste Frau nicht schwanger wurde, hatte sich diese selbst nach einer zweiten Ehefrau für ihren Mann umgesehen. Diese Selbstlosigkeit brachte ihr bei den Nachbarn viel Respekt ein. Sie hatte die Jüngere in den Haushalt eingeführt und war erleichtert, als diese sich nicht nur anstellig zeigte, sondern auch nach neun Monaten einen Sohn gebar. Danach musste die erste Ehefrau zwar auf die nächtlichen Besuche ihres Gatten verzichten, fand sich jedoch andere Tätigkeiten, die sie mindestens genauso zu befriedigen schienen. Als ihr Mann einmal längere Zeit krank war, übernahm sie die Verantwortung für die ganze Familie. Sie nähte sich aus einem derben khakifarbenen Baumwollstoff (den normalerweise nur Männer tragen) ein großes Kopftuch, das ihren ganzen Körper umhüllte, zog lange, weite Gewänder aus demselben Material an und wurde nie wieder in einem farbenfrohen Kleid gesehen, wie es die Paschtuninnen üblicherweise tragen. Da keine Gefahr bestand, andere Männer durch ihre Schönheit zu reizen (denn sie war immer schon von schlichtem Äußeren gewesen), nahm niemand von der Veränderung ihrer Erscheinung Notiz. Sie hielt sich die meiste Zeit außerhalb des Hauses auf, arbeitete auf den Feldern ihres Mannes oder machte im Dorfbasar Besorgungen für die Familie. Auch in Kabul, wo die meisten Frauen unter dem Einfluss der Tadschikinnen auf der Straße die *burqa*[5] trugen, den Ganzkörperschleier, ging Nasers erste Frau stets mit unbedecktem Gesicht aus.

Mein Urgroßvater war schon immer ein schweigsamer Mann gewesen. Im Alter begnügte er sich damit, fünfmal am Tag in seinem Zimmer zu beten, nun wieder freitags die Moschee aufzusuchen und das Geschehen in den Familien seiner beiden Söhne mit Argusaugen zu beobachten. Zu den Mahlzeiten wurde er von einem Kind geholt und nahm an seinem Ehren-

5 Das Wort *burqa* ist Paschtu, auf Dari (Persisch) heißt der Ganzkörperschleier *tschaderi.*

platz an der zur Tür gewandten Stirnseite des Zimmers schweigend das Abendbrot ein. Gab es etwas zu entscheiden – ob ein Knecht eingestellt oder ein neuer Wagen angeschafft werden sollte –, wurde ohne Widerspruch ausgeführt, was er anordnete.

Pari, das Baby mit dem dichten Haarschopf, blieb Delawar Khans Lieblingskind, auch nachdem der Stammhalter geboren wurde, und danach noch zwei weitere. Als wäre sie kein Mädchen, prahlte er in den Teehäusern von Anfang an mit seiner Tochter. Umso mehr später, als sie kein Wickelbaby mehr war. Wenn er am Freitagmittag von der Arbeit kam, wusch er sich, zog frische Kleider an und nahm Pari mit in die Moschee, wo sie zu seinen Füßen spielte, das einzige Mädchen. Danach hob er sie wieder auf seine Schultern und schlenderte mit ihr hoch zu Ross ins Teehaus, wo sie artig neben ihm saß und den Gesprächen der Männer lauschte, wieder das einzige Mädchen. Mag sein, dass Delawars Vater sich schämte für seinen verweichlichten Sohn, doch was in seinem Kopf vorging, konnte niemand wissen, und niemand hätte gewagt, ihn danach zu fragen.

In Paris wachen schwarzen Augen und in den unerschrockenen Fragen, die sie ihm stellte, erkannte mein Großvater sich selbst. Seine Zärtlichkeit für das kluge Kind ließ ihn übersehen, dass die Männer einen Augenblick lang ihre Gebetsketten ruhen ließen, ihn erstaunt und vielleicht auch ein wenig verächtlich ansahen, wenn er im Teehaus Einzug hielt, den Kopf zwischen Paris Beinen. Oder wenn er das Männergespräch unterbrach, um dem Kind wie einer Erwachsenen etwas zu erklären. Golghotai merkte wohl, dass sie bei ihrer Tochter wenig zu melden hatte, doch Pari blieb ein braves Kind, das ihren Anweisungen zwar ohne Begeisterung, aber mit dem erforderlichen Maß an Fügsamkeit Folge leistete. Vielleicht empfand meine Großmutter auch so etwas wie Eifersucht auf das Mädchen, das eine Freiheit genoss, von der sie als erwachsene Frau nur träumen konnte. Vielleicht hätte auch sie gern am Arm ihres Mannes das Teehaus besucht.

Schulen für Mädchen gab es nur für die Mitglieder der Königsfamilie und der Aristokratie. An langen Winterabenden kuschelte sich Pari auf der Matratze in den Schoß ihres Vaters und zeichnete mit dem Finger die Schriftzeichen des Koran nach. Fasziniert betrachtete sie die lang gezogenen Schnörkel und stellte sich Gott als geschwungene Linie vor und sich selbst als Punkt, um den sich die Linie schützend schlang. Allmählich lernte sie, den Koran zu lesen, ohne die arabischen Wörter zu verstehen, eine religiöse und meditative Übung.

Das Wesen Gottes erklärte ihr der Vater. Gott mag keine Mittelsmänner, sagte er mit seiner weichen Stimme, und das Kind schmiegte sich behaglich in die einschläfernde Litanei. Gott möchte direkt angesprochen werden, Gott lebt in deinem Herzen, Gott ist dir näher als deine Wimpern. Man muss nicht in die Moschee gehen, um zu Gott zu beten, und niemand darf dir vorschreiben, wie und wann du mit deinem Gott Zwiesprache hältst. Gott ist auf unsere Gebete nicht angewiesen. Gott hat weder Vater noch Mutter und er selbst ist weder Vater noch Mutter, und doch ist er gütiger zu den Menschen als deren Väter und Mütter. Gott ist das Licht, das in jeden Winkel deines Lebens leuchtet. Wir sind Muslime und als solche glauben wir an vier Propheten und vier heilige Bücher. Pari musste ihre Namen der Reihe nach auswendig lernen, denn am Tag der Auferstehung würde Gott sie danach fragen. Dann sollte sie antworten: Ich glaube an die Propheten Ibrahim, Mussa, Issa und Mohammad[6], an die heiligen Bücher Taurat, Indschil[7], Sabur[8] und Koran. Und Pari lernte, dass Gott in den Worten des letzten seiner Propheten von den Menschen verlangte, sich ihres Verstandes zu bedienen, um Wahres von Falschem zu unterscheiden.

Pari entwickelte ein zärtliches Verhältnis zu ihrem Gott. Wenn

6 Abraham, Moses, Jesus, Mohammed

7 Tora, Bibel

8 Mit *Sabur* sind die in der Bibel erwähnten Psalmen von David gemeint.

sie sich in den Wintermonaten auf dem Dach des Hauses wärmte, blickte sie zur Sonne hinauf und dachte an die Worte des Vaters: Gott ist das Licht, das in jeden Winkel deines Lebens leuchtet.

Es muss an einem dieser langen Winterabende gewesen sein, als Paris unbeschwerte Kindheit ein Ende nahm. Sie mag vielleicht zehn Jahre alt gewesen sein, ein stets zufriedenes Kind, das der Mutter im Haushalt half und sich um ihre drei jüngeren Brüder kümmerte. Die Familie saß wie so oft an große Kissen gelehnt um den *sandali,* einen mitten in den Raum gestellten quadratischen Tisch, der den Erwachsenen gerade bis zur Brust reichte, wenn sie mit angewinkelten Beinen auf dem mit Matratzen ausgelegten Boden saßen. Unter dem Tisch befand sich das *manqal,* ein rundes Blechgefäß mit drei Metallfüßen. Die darin enthaltene Holzkohle war ausgeglüht und mit reichlich Asche zugedeckt. Über den Tisch war eine nur zu diesem Zweck angefertigte, mit einer Marmorplatte beschwerte Steppdecke gebreitet, die zu allen vier Seiten den Sitzenden genügend Platz bot, mit ihren Beinen darunter zu schlüpfen. Naser Khan und seine beiden Frauen hatten Tüten mit Naschereien mitgebracht, deren Inhalt sie auf die warme Marmorplatte leerten: Rosinen, Mandeln, Feigen, *noqol*[9], getrocknete Aprikosen, Maulbeeren. Im Mittelpunkt der Aufmerksamkeit stand Abdullah, der Geschichtenerzähler. Er war irgendwann im Haus aufgetaucht, und da man ihn gut behandelte und ihm stets eine warme Mahlzeit vorsetzte, kam er wieder. Pari konnte ihre Augen nicht von dem kraftstrotzenden Paschtunen abwenden. Mit seiner dicken schwarzen nach der Art eines mittelalterlichen Pagen geschnittenen Haarmatte und dem nach oben gezwirbelten Schnurrbart erschien er ihr der Inbegriff von Männlichkeit – so ganz anders als ihr schlanker Vater mit der leicht gebogenen schmalen Nase. Wenn Abdullah der Familie die Gnade eines Lächelns schenkte, blitzten zwischen seinen vollen Lippen zwei Reihen

9 Mit Zuckerguss überzogene Mandeln

Zähne so weiß und glänzend wie Perlen, und wenn er von den Feen und Riesen in den kaukasischen Qafqas-Bergen erzählte, glühten seine Augen wie die Holzkohle unter dem sandali. Wenn Pari ihn mit vor Hitze und Aufregung geröteten Wangen darum bat, machte er ihr auch vor, wie der Riese schnarchte. Immer und immer wieder wollte sie es hören, denn wenn der Riese schlief, dann konnte die von ihm gefangen gehaltene Fee ihr weißes Federkleid anziehen und als Taube über den Kaukasus fliegen. Auf der anderen Seite der Qafqas-Berge war die Luft lau, und der Baum, unter dem der Liebste wartete, war mit rosa Blüten übersät. Die ganze Nacht herzten sich der Jüngling und die Fee im weißen Kleid, bis es bei Einbruch der Morgendämmerung Zeit wurde, den Rückflug anzutreten, damit die Taube in ihrem Gefängnis eintreffen konnte, ehe der Riese zu schnarchen aufhörte und seine furchterregenden Augen öffnete. Abdullah hatte die Fähigkeit, eine Geschichte nie zu Ende zu bringen, sodass alle schon gespannt auf die Fortsetzung am nächsten Abend warteten. Wer ihm all dies beigebracht hatte, wusste er selbst nicht, er konnte es einfach.

Im Sommer hockte Pari vor dem Taubenschlag der Nachbarn, gurrte der weißen Taube zu und zweifelte nicht daran, dass sie sich in der Nacht in eine wunderschöne Fee verwandeln würde. Vielleicht war es ihr eigener Name, der ihr gerade diese Geschichte so sehr zu Herzen gehen ließ. Pari ist das persische Wort für Fee.

Da saßen sie nun alle und lauschten und wärmten sich die Füße unter der Decke. Pari schmiegte sich an ihre Mutter und stieß dabei versehentlich gegen Golghotais Fuß. Für ein Kind war es nicht einfach, so lange Zeit in einer einzigen Stellung zu verharren, und überdies durfte man sich die Füße nicht am heißen Blechgefäß verbrennen, weshalb man darauf achten musste, nicht unter die nahe am Fußboden angebrachte Leiste zwischen den Tischbeinen zu geraten. So rutschte Pari also hin und her und stieß an Golghotais Fuß. Doch mit ihren Zehen spürte sie, dass dieser Fuß nicht allein war. Golghotai schräg gegenüber, auf dem schlechtesten Platz an der Tür, saß einer der Knechte, die im Haus stets gern gesehene Gäste waren und Golghotai bei dieser oder jener Verrichtung im Haushalt zur Hand gingen. Wenn Delawar Khan sich schon kein Dienstmädchen leisten konnte, so sollte seine Frau wenigstens die Knechte zu Hilfsdiensten heranziehen können, wenn sie gerade nichts anderes zu tun hatten. Der junge Knecht, der Golghotai gegenübersaß, unterschied sich von allen Menschen, die Pari je gesehen hatte. Sein gelocktes Haar war blond und seine Haut sehr hell, noch heller als die ihrer Mutter. Vor allem aber fielen seine rot unterlaufenen Augen auf, die zwischen fast weißen Wimpern hervorlugten und die er ständig so stark zusammenkniff, dass Pari nie die Farbe der Iris erkennen konnte. Er zwinkerte in einem fort, als störe ihn das Licht, obwohl der Raum an jenem Winterabend nur von einer einzigen Öllampe mehr schlecht als recht beleuchtet war. Plötzlich konnte Pari sich nicht mehr auf Abdullah konzentrieren. Sie schaute zum Knecht hinüber, aber sein Gesicht verriet nichts von dem, was sich unter der Decke abspielen mochte. Sie hätte schwören können, dass sie bei der Mutter einen fremden Fuß gespürt hatte und dass dieser nur dem Knecht gehören konnte. Um sicherzugehen, stieß sie wie zufällig noch ein zweites Mal an den Fuß der Mutter und zog ihren diesmal nicht gleich zurück. Der dritte Fuß verschwand augenblicklich, und Pari musterte den Knecht nun genau. Es kam ihr vor, als sei er unmerklich zusammengezuckt, um gleich wieder auffallend teilnahmslos zum Geschichtenerzähler hinüberzublicken.

Von da an beobachtete Pari die Vorgänge im Haus akribisch. Da ein Blick, dort ein kurzes geflüstertes Gespräch zwischen Tür und Angel, wie konnten die beiden ahnen, dass das kleine Mädchen sie nicht mehr aus den Augen ließ? Es war nicht zu übersehen, wie die Mutter über das normale Maß hinaus am Wohlergehen ihres Knechts Anteil nahm. Von jeder Mahlzeit zweigte sie für ihn einen randvollen Teller ab und ließ sich bei Tätigkeiten helfen, die sie mühelos alleine hätte erledigen können. Als Pari einmal vom Spielen kam, saß der Knecht nicht wie sonst im Hof, sondern mit der Mutter im Zimmer – eine schier unglaubliche Regelüberschreitung.

Pari begann bockig zu werden und sich vor der Hausarbeit zu drücken. Soll es doch der Knecht tun, dachte sie trotzig. Ihr Vater, der sie nichts ahnend immer noch ins Teehaus mitnahm, während sich wer weiß was im Haus abspielte, tat ihr Leid, und sie versuchte alles, um ihn glücklich zu machen. Sie bügelte sein *kamis*[10], brachte ihm Tee, wenn er von der Arbeit kam, und verwickelte ihn in lange Gespräche, die ihn stolz machten auf seine wissbegierige Tochter. Den Knecht mit seinen Kaninchenaugen hasste sie inbrünstig.

Im Haus gab es noch eine zweite Person, die genügend Muße hatte, das Kommen und Gehen der Knechte zu beobachten: Nangin Khan, Paris Großvater. Zwar sprach der Alte kaum, saß stundenlang reglos da, schob die Perlen seiner Gebetskette hin und her und murmelte vor sich hin. Nie hätte Pari gewagt, das Wort an ihn zu richten, wenn sie ihn zum Abendessen holte. Das bedeutete jedoch nicht, dass er nicht wahrnahm, was um ihn herum vor sich ging. Das freundschaftliche Verhältnis zwischen seiner Schwiegertochter und dem jungen Albino war ihm nicht entgangen. Eines frühen Nachmittags im Sommer verließ er sein Zimmer, um sich auf das Dach des Hauses zu begeben, wo die Frauen kochten und Wäsche wuschen. Es kam nicht oft vor, dass er außerhalb der Essenszeiten sein Zimmer verließ, wer weiß, welche Vorahnung ihn dazu trieb. Was er sah, genügte. Golghotai schrubbte ein Hemd, und nicht weit von ihr entfernt stand der Knecht – mit nacktem Oberkörper. Seine weiße Haut glänzte in der Sonne. Der Alte warf seiner Schwiegertochter einen Blick zu, der alles sagte, drehte sich um und kehrte in sein

10 Langes Hemd mit seitlichem Schlitz

Zimmer zurück. Augenblicklich nahm Golghotai das nasse *kamis* aus der Tonschüssel, drückte es dem Knecht in die Hand und schickte ihn mit einer stummen Kinnbewegung fort. Eilig begab auch sie sich in ihr Zimmer.

Ihre Schläfen pochten. Ihr Mann würde abends heimkommen, und der Alte würde ihm erzählen, was er gesehen hatte. Ein Satz würde genügen. Sie würde keine Gelegenheit haben, sich zu rechtfertigen. Sie hatte es zu weit getrieben. Delawar Khan hatte ihr mehr als die übliche Freiheit gelassen, weil er ihr vertraute. Das Misstrauen des Alten, das sie in seinem Blick gesehen hatte, war eine Macht, gegen die jede Auflehnung sinnlos war. Sie wusste, weshalb sie ihr Leben in der Fremde zubringen musste, weshalb die Familie ihr Dorf verlassen hatte. Sie wusste, wie ihre Schwiegermutter gestorben war. Die Zeit ihrer Bestrafung war gekommen. Sie hatte keine Chance. Ihr Gedankenflug kam zum Stillstand, als sie die Flinte ihres Ehemanns erblickte, die in der Ecke lehnte. Plötzlich wurde sie ruhig. Wie von unsichtbarer Hand gelenkt, ergriff sie das Gewehr und begab sich in das Zimmer des Alten.

Dieser saß mit dem Gesicht zur Tür auf seinem Gebetsteppich. Er hob die Augen, und ihre Blicke kreuzten sich. Er dachte nicht einmal daran aufzustehen. Gleich würde sich sein Schicksal erfüllen. Seine Schwiegertochter hatte nur diese eine Chance, ihrem eigenen Tod zuvorzukommen. Und sie war schneller als er. Sie legte an und schoss ihm in die Brust. Er fiel zurück, ohne einen Laut von sich zu geben, und Golghotai legte die Flinte neben ihn.

So ist mein Urgroßvater gestorben.

Meine Großmutter lief ins Nachbarhaus, wo der Schwager mit seinen beiden Frauen lebte.

Kommt schnell herüber, es ist ein Unfall passiert!

Ein Junge wurde geschickt, Delawar Khan zu holen.

Er hat das Gewehr geputzt, und es hat sich aus Versehen ein Schuss gelöst.

Delawar Khan betrachtete den Vater in seinem Blut und schwieg. Es war kein Unfall gewesen. Was hatte sein Vater gesehen, um sterben zu müssen? Welches Geheimnis nahm er mit ins Grab? Aber Delawar Khan fragte nicht. Er wollte es nicht wissen. Sollte seine Frau Schande über die Familie gebracht haben, würde er handeln müssen. Er hatte vier Kinder, die in der Fremde ohne Mutter aufwachsen würden. Für ihn war Kabul immer die Fremde geblieben, die Fremde, in die ihn die Blutrache getrieben hatte. Sein gesamtes Leben hatte durch die Flucht einen anderen Verlauf genommen. Eine lähmende Müdigkeit ergriff ihn. Er wollte sein Leben nicht erneut ändern. Und – er liebte seine Frau.

Mein Großvater beschloss also, die Frage nicht zu stellen. Doch das Misstrauen zerfraß ihm das Herz. Wie eine Schlange nistete es sich ein und war nicht mehr zu verscheuchen. Er zog sich zurück, wurde einsilbig, schenkte seiner Frau keine Seidenstoffe mehr, verlor seine Fröhlichkeit und seinen Charme. Selbst Pari gelang es nicht mehr, ihn aufzuheitern.

Je trauriger der Vater wurde, desto bitterer wurde der Hass, den Pari gegen ihre Mutter hegte. Golghotai lebte in ständiger Angst. Sie ahnte, warum ihre Tochter so widerborstig geworden war. Pari war nicht mehr zu bändigen. In ihrer Ohnmacht versuchte die Mutter, den Gehorsam der Tochter zu erzwingen. Sie fing an sie zu schlagen und wurde von Mal zu Mal gewalttätiger. Als sie einmal auf ihrer Brust kniete und dem Kind in blinder Wut die Gurgel zudrückte, kam ihr Mann dazu.

Wenn du noch einmal deine Hand gegen meine Tochter erhebst, werde ich dich töten!

Die Stimme meines Großvaters war kalt und schneidend. Golghotai wusste, er würde es tun, würde sie töten. Auch Pari wusste es und ließ ihre Mutter von nun an in Ruhe, um den Vater zu schützen.

Das Familienleben war nun von gegenseitiger Ablehnung, Misstrauen und Feindseligkeit geprägt. In dieser Atmosphäre wuchs Pari zu einem schönen und stolzen jungen Mädchen heran, das ihre Mutter verachtete und den Vater bemitleidete. Wenn ihre Brüder draußen mit einem Knäuel aus Stoffresten Volleyball spielten oder vor der Stadt ihre selbst gebauten Drachen steigen ließen, holte sie sich die liegen gelassenen Schulbücher und übte Lesen, so wie sie es vom Vater gelernt hatte. Als sie etwa fünfzehn Jahre alt war, erkrankte der Vater im Winter an einer Lungenentzündung und starb. Delawar Khan wurde sechsundvierzig Jahre alt.

Golghotai war schwanger, und Pari hatte keinen Beschützer mehr.

PARIS HOCHZEIT

Nach dem Verlust des Brotverdieners geriet die Familie in Armut. Ohne die Aufsicht meines Großvaters arbeiteten die Knechte gelegentlich auch schon in die eigene Tasche. Vorläufig schlief der Albino noch bei den Pferden im Serail und kam nur ins Haus, um von Golghotai Aufträge entgegenzunehmen. Eine Witwe musste ehrbar sein, eine schwangere umso mehr.

Golghotais fünftes Kind wurde unter einem bösen Stern geboren. Seine Mutter trug noch die gedeckten Farben, die während der vierzigtägigen Trauerzeit schicklich waren, als die Wehen mit unerwarteter Heftigkeit einsetzten. Sie war allein im Haus mit einem ihrer Söhne und fand keine Zeit, ihn zur Schwägerin zu schicken, vielleicht schämte sie sich auch. Sie packte ein Tuch, lief hinaus, kauerte sich in eine Ecke des Hofs und ließ das Kind aus dem Leib rutschen.

Es wurde Schirin genannt – die Süße. Ein gewisser Sinn für Ironie war Golghotai nicht abzusprechen, denn das Neugeborene sah aus wie ein untergewichtiges Äffchen. Meine Großmutter hatte sich nie mit ihrer letzten Schwangerschaft abgefunden. Als mein Großvater erkrankte, konnte sie sich ausrechnen, dass er in diesem Leben nicht mehr für sie sorgen würde.

Als Schirin geboren wurde, war ihr Erzeuger tot. Schirin war ein Kind, das seinen Vater gefressen hatte, und ein Mädchen obendrein. Sie war für alle im Haus nur eine Bürde. Obwohl Golghotai genügend Milch hatte, um es die üblichen zweieinhalb Jahre zu stillen, blieb das Mädchen klein und knochig. Die Lieblosigkeit, mit der sie zur Brust genommen und wieder abgelegt wurde, ließ Schirin wohl früh erkennen, dass sie auf sich allein angewiesen war in dieser Welt.

Die Einzige, die ihr zur Seite stand, war ihre Schwester Pari.

Zwischen den beiden, der ersten und der letzten Tochter meines Großvaters, entstand ein ungleiches Bündnis. Pari war überzeugt, dass ihr Vater an verletzter Ehre gestorben war, und war nicht bereit, der Mutter diesen Verlust zu verzeihen. Sie spürte, wie es die noch nicht einmal dreißigjährige Golghotai zum Knecht drängte, und tat ihr Bestes, ihr diese Perspektive zu vermiesen.

Golghotai war klar, dass sie den Knecht auch nach der einjährigen Anstandsfrist nicht heiraten konnte, solange Pari im Haus war. Das rebellische Mädchen war eine Plage, gleichzeitig aber ihr größtes Pfund. Schön war sie, mit ihren schwer über den Rücken hängenden Zöpfen und den mit Kajal umrandeten Kohleaugen. Und ehrbar war sie, hielt stets den Blick gesenkt, konnte im Koran lesen und trieb sich nicht den ganzen Tag bei Nachbarinnen herum. Mit einer guten Partie hätte Golghotai zwei Fliegen mit einer Klappe geschlagen: Die Luft wäre rein für den Knecht, und vom Brautgeld könnte etwas für sie abspringen.

Sie schaute sich um.

Zur Totenfeier für ihren Mann hatte ihr die ganze Nachbarschaft drei Tage hintereinander Kondolenzbesuche abgestattet, obwohl sie selbst kaum jemanden kannte und sich mit niemandem angefreundet hatte. Die Stadt Kabul war ihr fremd geblieben, und sie litt unter der Trennung von ihrer Familie im Dorf auf der anderen Seite des Khayber-Passes. Sie weigerte sich, Dari zu lernen, das von den meisten Stadtmenschen gesprochene afghanische Persisch, und redete eine Generation später mit uns Enkelkindern immer noch Paschtu, auch wenn wir hartnäckig in unserer Bildungssprache Persisch antworteten.

Auf der Trauerfeier lernte meine Großmutter die Frau des Tadschiken Mohammad Saman Khan kennen. Mohammad Saman Khan war Schatzmeister beim König Mohammad Saher Schah und seine unverheiratete Schwester Gesellschafterin und Ratgeberin von dessen Mutter, die sie aus Dankbarkeit für ihre Dienste schon ganze sieben Mal auf Pilgerreise nach Mekka geschickt hatte. Weshalb sie nur Bibi Hadschi genannt wurde – die Großmutter, die in Mekka war. (Alle älteren Frauen wurden bei den Tadschiken Bibi genannt, Großmutter.) Sie weihte ihr Leben dem Islam und ging als eine Art inoffizielle Geistliche im Königshaus ein und aus.

Mohammad Saman Khans Frau hatte bei der Totenfeier einen Blick auf die heiratsfähige Tochter des Verstorbenen geworfen und war angetan von Paris Schönheit, die durch ihre tiefe Trauer nur noch unterstrichen wurde. Eine paschtunische Schwiegertochter für ihren Erstgeborenen wäre keine schlechte Liaison, mochte sie gedacht haben. Die Paschtunen waren für ihren Stolz bekannt und heirateten üblicherweise unter sich. Eine Paschtunin von untadeligem Ruf im Haus wäre eine Eroberung, die ihrer Familie gut zu Gesicht stünde.

Die beiden Frauen wurden bald handelseinig. Nachdem die ersten Wochen der Trauer verstrichen waren, kam die Tadschikin ins Haus und suchte um Paris Hand an. Golghotai hätte es nicht besser treffen können. Der Clan, in den ihre Tochter einheiraten würde, war angesehen und reich wie kein zweiter. Dass sie als Tadschiken der Volksgruppe angehörten, die in Kabul das Sagen hatte, ließ Golghotai hoffen, endlich den Makel der Emigrantin abstreifen zu können.

Plötzlich hieß es: Wir feiern Verlobung. Du wirst dich zurechtmachen, und sie werden mit Geschenken kommen.

Pari war wie vor den Kopf geschlagen.

Wer ist es?

Ich habe dir einen schönen jungen Mann aus einer einflussreichen Familie ausgesucht. Einen Besseren wirst du nicht finden.

Wer ist es? Wer?

Der Sohn des Mohammad Saman Khan.

Was? Dieser Nichtsnutz? Diesen eitlen Tropf willst du mir zum Mann geben! Nie im Leben!

Pari hatte Mohammad Rasul Khan einmal gesehen und sich

ihre Meinung sofort gebildet. Ein Narziss war er, einer, der nichts anderes tat im Leben als im eigenen Sportstudio mit Freunden seinen Körper zu pflegen. Als sie ihn vom Dach des Hauses durch ihre Gasse gehen sah, stolzierte er mit federndem Gang ganz in Weiß die Straße hinunter, als wollte er der Erde sagen: Sei dankbar, dass ich auf dich trete. Pari hatte ihren Vater auch deshalb geschätzt, weil er bis zu seinem Tod immer hart arbeitete. Als Emigrant war er über die Berge in die Stadt gezogen und hatte sich in der Fremde eine neue Existenz aufgebaut. Jeder Mensch hat auf dieser Erde eine Aufgabe zu erfüllen, dachte sie verächtlich, als sie den Pfau auf der Straße sah. Noch der geringste Grashalm hat eine Funktion. Du jedoch, Rasul Khan, hast keine. Deinen schönen Leib hat dir Gott geschenkt, den Reichtum dein Vater. Welche arme Frau wird dich wohl eines Tages bekommen?

Ausgerechnet ihn hatte ihr die Mutter zum Mann ausgesucht. Pari war entschlossen, ihre Würde zu wahren.

Der Tag der Verlobung kam. Männer trugen ein langes, rundherum mit Spitze geschmücktes und mit Atlasseide bezogenes Brett über ihren Köpfen vom Haus der Frau des Mohammad Saman Khan zum Haus der Brautmutter. Die künftige Schwiegermutter und ihre unverheirateten Töchter begleiteten den Zug, machten mit ihren Handtrommeln Musik und tanzten. Die Männer stellten das Brett vor der Mauer ab und überließen Hof und Haus den Frauen. Golghotai war zufrieden, als sie die Tülldecke lüftete. Die mitgebrachten Geschenke konnten sich sehen lassen: Kleider, Schals, Schleier, alles aus feinster Seide, funkelnde Schuhe aus Indien, ein Holzkästchen mit einem Schmuckset – Ohrringe, ein Kollier, ein dicker Armreif und jede Menge Ringe. Dazwischen gestreut Noqol.

Die künftige Schwiegermutter war bereits in Golghotais Haus gewesen und kannte die bescheidenen Verhältnisse der Paschtunenfamilie, doch meine Großmutter hatte sich angestrengt.

Sie reichte Tee mit Kardamom und Rahm und hatte Kekse, Halwa und Noqol vorbereitet. In etliche Dutzend zu Säckchen gebundene karierte Seidentücher aus Tadschikistan hatte sie *schirni* gefüllt – Süßigkeiten für die Verwandten beider Familien, die nicht an der Verlobung teilnehmen konnten. Man würde sie ihnen später bringen und auf diese Weise die bevorstehende Hochzeit bekannt geben.

Es fehlte nur eine: die Braut. Pari hatte die Vorbereitungen zu ihrem Ehrentag nicht mitbekommen, weil sie unter einem Vorwand zu ihren Tanten ins Nachbarhaus gelockt worden war. Sie wurde auch nicht zurechtgemacht, wie es sich gehörte, denn niemand wollte die schlafenden Hunde wecken. Dass das Mädchen die Stirn haben würde, der Veranstaltung gänzlich fern zu bleiben, hätte sich niemand träumen lassen. Aber genauso war es. Als die Gäste die Braut sehen wollten und Golghotai sie holen ging, konnte kein Bitten und Flehen, kein Hinweis auf die Familienehre sie dazu bewegen, sich zu zeigen.

Ich lasse mich nicht verkaufen!, schrie sie und verschanzte sich in einem Winkel des Zimmers, von wo sie nur mit Gewalt hervorzuholen gewesen wäre. Dieses Schauspiel wollte Golghotai den Gästen ersparen, und so beschränkte sie sich darauf, Paris Schamhaftigkeit und ihre große Trauer über das Hinscheiden des Vaters zu unterstreichen.

Als meine Großmutter erkannte, dass mit ihrer Tochter nicht zu spaßen war, gab sie auf. Sie nahm die Burqa, die ihr mein Großvater nach der Ankunft in Kabul gekauft hatte, vom Nagel an der Tür und trat den schweren Gang zu Mohammad Saman Khans Haus an. Oft kann sie in ihrem Kabuler Leben nicht auf der Straße gewesen sein. Ich jedenfalls habe sie nie verschleiert erlebt. Wohl war ihr gewiss nicht auf ihrem Weg zum Haus des einflussreichen Tadschiken. Bei den Paschtunen hätte die Rücknahme eines Heiratsversprechens zu der schicksalhaften Kettenreaktion der Blutrache führen können. War der Vater der

Braut ein mächtiger Mann und erzwang die Auflösung der Verlobung, konnte es vorkommen, dass sich der geprellte Bräutigam am künftigen Nebenbuhler rächte. Die Braut selbst wurde auf diese Weise zu lebenslanger Jungfernschaft verurteilt. Golghotai, die ihren Dünkel nie abgelegt hatte, setzte jedoch auf den geringeren Stellenwert der Ehre in der tadschikischen Familie und bat die Frau des Mohammad Saman Khan, das ganze Unterfangen wegen der unerwarteten Unbotmäßigkeit ihrer Tochter Pari abzubrechen. Selbstverständlich würde sie die Geschenke zurückgeben.

Wo denken Sie hin, meine Dame!, empörte sich diese und legte den ganzen Hochmut einer Angehörigen des höheren Stands in ihre Stimme. Wollen Sie heute ja sagen und morgen nein? Unmöglich! Ein Versprechen ist ein Versprechen. Sind wir denn hier auf dem Basar?

Golghotai bekam keine Gelegenheit, etwas zu erwidern, die Frau redete wie ein Wasserfall. Und was hätte sie ihrem Zorn entgegensetzen können?

Wir sind eine große angesehene Familie, mit uns kann man nicht so umspringen! Was würde Mohammad Saman Khan dazu sagen? Ich wage gar nicht, ihm mit einer solchen Nachricht unter die Augen zu treten. Ihre Tochter soll doch froh sein, mit einem Mann wie unserem Rasul verheiratet zu werden. Er könnte schließlich jedes Mädchen in der Stadt bekommen. Ich hatte Mitleid mit Ihnen, weil Ihr Mann gestorben ist, Gott hab ihn selig. Und ich dachte, Ihre Pari sei ein ehrbares Mädchen. Wenn ich gewusst hätte, dass sie so ungehorsam ist... Aber jetzt ist nichts mehr zu machen. Wenn ruchbar würde, dass ein unbedarftes junges Mädchen sich für unsere Familie zu gut ist...

Die Frau ließ ihre Sätze unbeendet. Aber die Drohung kam an.

Unverrichteter Dinge kehrte meine Großmutter heim.

Pari schäumte. Niemals würde sie andere über sich verfügen lassen. Wenn du beschützt werden willst, heirate doch seinen Vater!, schleuderte sie der Mutter entgegen. Ich bin keine Sache, die man verkauft oder kaufen kann.

Ob ihre Mutter sich den Kaninchenknecht ins Haus holte oder nicht, war Pari jetzt egal. Nun ging es um sie selbst, um ihre Würde und um Gerechtigkeit. Einen Taugenichts wie Rasul würde sie nie und nimmer zum Mann nehmen.

Doch bald sah sie ein, dass es gar nichts brachte, ihrer Mutter das Leben zur Hölle zu machen, denn Golghotai war ebenso machtlos wie sie selbst. Ich lebe in der Hauptstadt Kabul, überlegte Pari, dem Sitz der Zentralregierung. Auch eine Frau muss das Recht haben, ein Gericht anzurufen, wenn sie gegen ihren Willen zur Heirat gezwungen wird. Schließlich fragte der Mullah bei der religiösen Trauung sowohl den Mann als auch die Frau vor Zeugen dreimal, ob sie in die Heirat einwilligten. Beide wurden gefragt.

Es war das Jahr 1941. In Europa geschah das große Morden. Premierminister Mohammad Haschem Khan hatte es zwar verstanden, Afghanistan aus den Kriegshandlungen herauszuhalten, doch der Außenhandel stagnierte, die Einfuhr von Maschinen und Ersatzteilen geriet ins Stocken, und die erst kurz vor Kriegsbeginn mit ausländischer Hilfe in Gang gesetzten bescheidenen Industrieprojekte erlitten einen schweren Rückschlag, da die ausländischen Experten abgezogen wurden.

Von all dem wusste Pari nichts. Als sie in ihren eigenen Krieg eintrat, hatte sie keine Ahnung, auf welcher Rechtsgrundlage sie handelte. Sie wusste nur, dass auch die Scharia und der Koran keine Frau zwangen, gegen ihren Willen zu heiraten.

Pari ging zum Gericht. Ein unerhörter Vorgang: Eine Fünfzehnjährige ruft das Gericht an, um gegen ihre Vermählung Rechtsmittel einzulegen.

Das Gericht (eines der wenigen von den Engländern hinterlassenen Gebäude im viktorianischen Stil) wirkte düster und ehrfurchtgebietend. Pari lief durch lange Korridore und fragte sich von Büro zu Büro durch, bis sie vor dem Richter stand.

Der Richter der ersten Instanz sah sie entgeistert an und stellte ihr eine Reihe Fragen: Wo ist dein Vater? Warum bist du alleine gekommen? Hast du keine Brüder? Wer sind deine Verwandten?

Der Vater ist gestorben, antwortete Pari, die Brüder sind noch klein, wir haben keine Verwandten, wir sind *mahadschirin*, Emigranten. Da zischte der Richter zwischen den Zähnen und kritzelte etwas auf ein Blatt Papier.

Es dauerte lange, sehr lange, ehe sie eine Antwort erhielt, und vermutlich hätte sie nie eine erhalten, wenn sie sich nicht immer wieder Einlass erzwungen und an ihre Angelegenheit erinnert hätte.

Du musst heiraten, teilte ihr der Richter der ersten Instanz mit und schloss die Akte.

Pari ging in die Berufung. Der zweite Richter schüttelte ungläubig den Kopf, ermahnte sie, daran zu denken, dass der ihr in Aussicht gestellte Ehemann für ein Mädchen ihrer Herkunft ein Geschenk des Himmels sei, und kritzelte etwas auf ein Blatt Papier.

Wieder dauerte es lange, ehe sie eine Antwort erhielt, und sie musste unzählige Male durch die düsteren Korridore laufen und an Türen klopfen, um zu verhindern, dass ihre Angelegenheit in einer Schublade verschwand.

Du musst heiraten, urteilte der Richter des Berufungsgerichts endlich und schloss die Akte. Du wirst es mir noch danken, fügte er hinzu.

Inzwischen wuchs die pockennarbige Schirin heran. Alle stießen sie herum. Pari, die zwar mit ihren eigenen Sorgen reichlich zu tun hatte, war die Einzige, die für das vernachlässigte Wesen Mitleid empfand. Sie zog einen Bindfaden durch ein Loch, das sie in eine Streichholzschachtel gebohrt hatte, umwickelte ein Zündholz mit einem Stofffetzen. Stundenlang lief das Kind in der warmen Jahreszeit im Hof im Kreis und zog das ärmliche Wägelchen mit der winzigen Puppe hinter sich her. Manchmal kauerte sich Schirin auch in den Schatten der Lehmmauer, sodass ihre spitzen Knie durch die Hosenbeine stachen, und redete geduldig auf das Zündholz ein. Pari hatte ihm mit Lippenstift rote Wangen gemalt, wie die ihrer Mutter.

Drei Jahre lief Pari nun schon von Richter zu Richter. Der Termin beim Obersten Gericht war für einen Spätsommerabend des Jahres 1944 angesetzt. Diesmal kam ihre Mutter mit. Sie hatte begonnen, den Stolz ihrer Tochter zu bewundern. Golghotai wusste, dass der Arm des verhinderten Schwiegervaters lang war und sein Geldbeutel dick. Alles, was sie jetzt noch für ihr Kind tun konnte, war, sie zur letzten Instanz zu begleiten. Vielleicht würde ihre Anwesenheit der Sache mehr Gewicht verleihen.

Auch Mohammad Saman Khan war erschienen, und sein Gewicht wog schwerer.

Ha, rief der Oberste Richter und rückte seine Lammfellmütze zurecht. Du bist das freche Ding, von dem ich schon seit Jahren hören muss. Schämst du dich nicht, um diese Zeit noch unterwegs zu sein, draußen ist es schon dunkel. Geh nach Hause und heirate den Sohn des Mohammad Saman Khan.

Er zischte zwischen den Zähnen, kramte auf seinem mit grünem Filz bezogenen Mahagonischreibtisch in Papierstapeln, strich bedächtig über seinen Bart und schaute Pari schließlich fest in die Augen wie ein strenger Vater.

Ich denke, ich werde dich jetzt gleich vermählen, damit diese Geschichte ein für alle Mal ein Ende hat. Ich habe das Dokument schon vorbereitet.

Pari begriff, dass sie verloren hatte. Gut, sagte sie und erwiderte den Blick des Richters. Gut. Eine höhere Instanz als das Oberste Gericht gibt es nicht. Wenn Sie der Meinung sind, dass ich vermählt werden soll, dann vermählen Sie mich eben.

Sprach's und verließ erhobenen Hauptes den Raum.

Im Hof des Gerichtsgebäudes wartete ein Zweispänner, in den ihr nunmehriger Schwiegervater gerade eingestiegen war. Er beugte sich zu Pari hinunter.

So, mein Kind, nun hast du begriffen, dass niemand einen Prozess gegen mich gewinnen kann. Geh nur ruhig nach Hause zu deiner Mutter, mein Sohn ist viel zu gut für dich.

Pari hob den Kopf. Was sagst du da? Nach Hause? Sie sah an ihm vorbei. Du hast mich gewonnen, jetzt musst du mich verdauen.

Sprach's und stieg in die Kutsche.

Komm nach Hause, Tochter, zeterte Golghotai. Du hörst doch, dass er dich ziehen lässt. Komm nach Hause zu deiner Familie.

Hör auf herumzukreischen, schimpfte Pari. Geh du heim zu deinen Kindern. Ich bin jetzt die Schwiegertochter des Mohammad Saman Khan.

Gaslaternen im Hof, elektrisches Licht im Haus, alle Räume des zweistöckigen Gebäudes hell erleuchtet, noch nie hatte Pari so viel künstliches Licht gesehen. Einen Tag nach dem Ende des Fastenmonats feierte die Familie das Ramadamfest. Und natürlich wusste man, dass das Oberste Gericht Mohammad Saman Khan Recht geben würde, und hoffte, dass er Pari gleich mitbringen würde. Ein doppelter Anlass zum Feiern.

Farbenprächtige raschelnde Seide, leuchtendes Grün und Blau und Gelb, noch nie hatte Pari so viel Farbe auf einmal gesehen. Musik, Handtrommeln, Gesang, Gelächter, Getuschel, noch nie hatte Pari eine solche Heiterkeit erlebt. Kleine Mädchen betasteten scheu ihre langen Zöpfe. Unsere Fee ist angekommen! Endlich bist du gekommen! Noch nie war Pari mit solcher Freundlichkeit aufgenommen worden.

Alle Türen standen offen. Das Tor zu ihrem ärmlichen Haus war immer abgeschlossen. Nachts kam noch ein schwerer Riegel vor, und die Mutter verwahrte den Schlüssel unter ihrem Kopfkissen, als könnte die Blutrache des Sardat Khan aus dem Dorf jenseits des Khayber-Passes sie auch nach vierzig Jahren noch erreichen.

Benommen stand Pari inmitten des Frauengewimmels, bestaunt, getätschelt, auf die Wangen geküsst. Zwei junge Mädchen ihres Alters nahmen sie an der Hand und zogen sie über die Veranda in ein kleineres Zimmer mit einem Koffer voller Kleider. Willenlos ließ Pari sich die abgetragene Alltagskleidung ausziehen und schlüpfte in eine cremefarbene Hose mit einer Spitze am Saum der Hosenbeine. Die Seide schmiegte sich an ihre Schenkel. Gewöhnt, die *schalwar*, die paschtunische Pluderhose, um ihre Beine zu spüren, kam sie sich fast nackt vor in dem wesentlich engeren Beinkleid. Darüber zog sie folgsam das rot gemusterte Kleid, das die beiden Mädchen für sie ausgesucht hatten.

Du musst schön sein heute Abend, schmeichelten sie, bald bist du eine Braut. Bald sind wir deine Schwägerinnen, kicherten sie und öffneten Paris Zöpfe, kämmten entzückt ihr dichtes Haar, flochten es neu, zogen ihr die Lippen mit Lippenstift nach, betupften die Ohrläppchen mit Sandelholzöl, legten ihr ein hauchdünnes, zum Kleid passendes Tuch um den Kopf und ließen sie in den Spiegel schauen. In Paris Haus bemalten sich die Frauen mit der grünen Schale der Walnüsse die Lippen, die sich daraufhin orange färbten, unterschiedlich getönt je nach Hautbeschaffenheit. Das hielt ein paar Tage an und dunkelte dann nach, bis die Lippen nach etwa einer Woche braun wurden, ein unangenehmer Nebeneffekt. Pari sah sich zum ersten Mal bewusst im Spiegel, zu Hause diente der Spiegel den Männern zum Rasieren. Was sie sah, gefiel ihr.

Komm, Schwester, drängten die Mädchen. Vorbei an den vielen Zimmern zogen sie Pari über die Treppe in den hellsten und größten Raum. Auf dem Boden mehrere Schichten Wollteppiche, an den Wänden kostbare Seidenteppiche, in den Vitrinen chinesisches Porzellan, im oberen Teil der Fenster Buntglasscheiben, durch die die Gaslaternen aus dem Hof schimmerndes Licht auf die festliche Gesellschaft warfen. Verwandte, Freundinnen, Nachbarinnen. Vor den Frauen auf ihren Matratzen waren lange weiße Tischtücher ausgebreitet worden, auf denen sich auf großen runden Porzellanplatten duftende Reispyramiden türmten. Einfacher Basmatireis, Safranreis mit Orangenstreifen, Reis mit Kardamom und Pistazien. Rundherum angeordnet Gemüse, Lammfleisch, Rebhühner, Wachteln in Mandelsauce. Zum Nachtisch Obst, Pfirsiche, zart wie die Wangen einer Jungfrau, und fünf Sorten Weintrauben, deren Außenhaut ebenso weich war wie ihr Inneres. Pari war geblendet. Sie hatte sich selbst nie als arm oder ihr schlichtes Zuhause als gering empfunden. Der Vater hatte ihr Achtung für den Seelenreichtum von Menschen vermittelt. Sie ließ sich durch den Prunk auch nicht einschüchtern, der Schönheit jedoch konnte sie nicht widerstehen.

Es wurde ihr ein Platz an der Stirnseite des Raums zugewiesen, neben Bibi Dschan, der gnädigen Frau, ihrer künftigen Schwiegermutter. Ich selbst habe Bibi Dschan nur als Nana gekannt, wie Rasul und seine acht Geschwister ihre Mutter nannten. Ihren richtigen Namen habe ich nie erfahren. Zur Begrüßung fasste Nana Pari am Kinn – eine Einladung, ihr die hohle Hand zu küssen. Dann küsste Nana der Schwiegertochter den Scheitel. Der Hass und die Kränkung der vergangenen drei Jahre waren wie weggeblasen. Es war, als habe ihr jemand kaltes Wasser ins Gesicht geschüttet und sie aus einem Alptraum geweckt, in dem es nur Freund und Feind, Sieger und Besiegte gab. Und sollte die Frau des Mohammad Saman Khan Groll gegen das widerspenstige Mädchen gehegt haben, deretwegen sie so lange auf diesen Tag warten musste, so ließ sie sich nichts davon anmerken. Die dünnen rattenschwanzartigen Zöpfe über den flachen Brüsten, betrachtete die kleine, sehnige Frau aus ihren vogelartigen Augen mit Wohlgefallen das stolze Mädchen an ihrer Seite. Mit ihren langen knochigen Fingern drehte sie flink den Reis zu kleinen Bällchen und ermunterte Pari, sich zu bedienen. Magst du *qabeli* (ein Reisgericht mit Mandeln, Rosinen, Pistazien und Karottenstreifen) oder gefülltes Rebhuhn? Hier, koste von der Granatapfelsauce. Mit Genugtuung beobachtete Nana, dass die junge Paschtunin über ebenso gepflegte Tischsitten verfügte wie sie selbst. Ihre Fingerkuppen schienen die Speisen kaum zu berühren, und sie führte sie zum Mund, ohne den Lippenstift zu verwischen. Noch nie hatte Pari so köstlich gegessen. Es mag ihr zweitältester Bruder gewesen sein, derjenige, den später alle den »Poeten« nannten, der ihr von der Sinnenfreude der Tadschiken vorgeschwärmt hatte. Wie Recht er hatte!

Als nach dem Essen jede Frau eine kleine Teekanne aus chinesischem Porzellan und eine bunt gemusterte Tasse vor sich stehen hatte, lenkte Nana das Gespräch auf die Hochzeitsvorbereitungen. Was sind deine Lieblingsfarben? Welche Gerichte sollen wir zubereiten lassen? Werden Hof und Haus groß genug sein für zweihundert Gäste, hundert Frauen und hundert Männer, oder sollen wir lieber an einem anderen Ort feiern? Vielleicht feiern wir das Fest doch lieber auf unserer *qala*? Nein, das ist unbequem für die Leute aus der Stadt. Nicht jeder hat ein Fahrzeug.

Pari kam aus dem Staunen nicht heraus. Sie haben eine Qala, eine Lehmburg? Sechzehn Räume sind zu klein? Zweihundert Gäste? Pari hatte ihre eigene Familie schon für ziemlich groß gehalten. Wie viele Menschen kann man kennen, ohne sie durcheinander zu bringen? Sie beteiligte sich mit Interesse an dem Gespräch, als gelte es, die Hochzeit einer guten Freundin zu planen. Vor allem aber war sie dankbar, dass die Freundlichkeit der Frauen ihre eigene Erstarrung gelöst hatte.

Rasul Khan, der Bräutigam, wurde mit keinem Wort erwähnt. Männer zeigten sich an diesem Abend nicht. Sie hatten sich in den Gästetrakt des Gebäudes zurückgezogen, dessen kleinerer

Hof durch eine Mauer mit einer Tür vom Frauenhof getrennt war. Die Frauen werden es schon schaffen, das wilde Ding zu zähmen, mögen sie gedacht haben.

Die Hochzeitsvorbereitungen dauerten mindestens eine Woche. Den Anblick von Schwiegervater und Bräutigam ersparten sie Pari in dieser Zeit der Umstellung und Eingewöhnung. Ein Schneider wurde ins Haus geholt, um Maß zu nehmen. Mehrere Komplets wurden in Auftrag gegeben, Kleider mit weiten Röcken und passende Hosen aus Seide. Mehrmals gingen die Schwägerinnen mit Pari die einzelnen Schritte der Zeremonie durch.

Am Abend vor dem Fest bestrichen ihr die Mädchen des Hauses Hände und Füße mit Henna. Die normalerweise im Haus der Braut stattfindende Zeremonie diente dem Abschied von der Kindheit und wurde unter Gleichaltrigen begangen. Auch die anderen Mädchen bestrichen sich die Hände mit Henna. Am nächsten Morgen waren ihre Handflächen dunkelrot.

Drei Tage und drei Nächte dauerte das Hochzeitsfest. Während am ersten Tag die Gäste eintrafen, begleiteten die jungen Frauen des Hauses die Braut ins Hamam, das an diesem Tag für die Hochzeitsgesellschaft reserviert war. Für diesen Dienst ersetzte man der *hamami* den üblichen Tagesverdienst.

Da Paschtunen keine Hamamkultur haben, schenkte Nana der Schwiegertochter eine Hamam-Garnitur, eine große Schüssel zum Haarwaschen, einen Napf zum Wasserfassen, einen Bimsstein für die Füße, einen herzförmigen Tonstein für die Hände, einen Holzkamm, eine Zahnbürste und einen Handspiegel, alles in ziseliertes Silber gefasst. Geführt von der Hamami, betrat Pari in einem um die Hüften geschlungenen weißen Tuch den mit Marmorplatten ausgelegten Baderaum. Durch den Dampfschleier hindurch erkannte sie ein hohes Doppelbecken mit Hähnen für kaltes und heißes Wasser. In ziselierten Kupfereimern brachten die *kissamal*, die Peeling-Frauen, den Kundinnen das Wasser. Zum ersten Mal sah Pari andere Frauen nackt.

Eine Kissamal aus dem Bergstamm der Hasara bearbeitete Paris Körper mit einem Handschuh aus rauer Kreppseide, bis ihre Haut sich rötete. Mit roter Tonerde wusch sie ihr das Haar, mit Eigelb spülte sie es. Als es angetrocknet war, flocht sie ihr die Zöpfe. Pari wies die kräftig gebaute Frau mit dem mongolischen Augenschnitt an, ihr den Scheitel nicht mehr in der Mitte, sondern leicht seitlich zu ziehen und die Zöpfe nach vorne zu flechten. Diese bei den Paschtunen übliche geringfügige Veränderung der Haartracht würde sie als verheiratete Frau ausweisen.

In einem kleinen abgetrennten Raum gab eine ältere Kissamal Pari eine übel riechende Paste und unterwies sie, diese auf die Scham- und Achselhaare aufzutragen, die danach mit einer Spatel entfernt wurden. Die Paste durfte weder zu kurz einwirken noch zu lang, sonst würde die Haut verätzt. Dann zupfte sie Paris Augenbrauen zu dünnen Sicheln und riss den Gesichtsflaum mit einem geschickt gedrehten Garn aus.

Die ganze Prozedur dauerte etwa sechs Stunden. Um die Mittagszeit wurde von zu Hause Essen vorbeigebracht.

Im Haus warteten die Kleider. Für die *nekah*, die religiöse Trauung durch den Mullah, wurde Pari in Grün eingekleidet. Grün ist die Farbe des Glücks.

Den grünen Schleier vor dem Gesicht, wurde sie von der Schwiegermutter und einigen älteren Frauen in ein Zimmer geleitet und auf eine Matratze gesetzt. Sie versank fast in den großen, mit Baumwollwatte gefüllten Kissen. Als der Mullah den Raum betrat, senkte Pari den Blick. War sie einverstanden, Mohammad Rasul Khan, den Sohn des Mohammad Saman Khan, zum Mann zu nehmen? Vor der Tür standen zwei nahe männliche Verwandte, deren Aufgabe es war, zu bezeugen, dass die Braut ohne Zwang eingewilligt hatte. In einem Nebenzimmer musste der Bräutigam dem Mullah dieselbe Frage beantworten. Das Ritual wurde dreimal wiederholt.

Danach verschwand Rasul mit seinem Tross wieder ins Gästehaus. Die Frauen erfrischten sich mit Tee, Süßigkeiten und Obst.

Auf einem nahe gelegenen Platz war in einem Zelt eine Küche aufgebaut worden. Mehrere Hammel waren geschlachtet worden, der beste, seit Jahren in riesigen Tonfässern aufbewahrte Basmatireis wurde aus dem Keller geholt. Die Köche arbeiteten, als ginge es um ihr Leben.

Nach dem Abendessen, das an Üppigkeit das Essen am Tag von Paris Ankunft bei weitem übertraf, wurde die Braut für die Hochzeitszeremonie vorbereitet. Jetzt musste sie ganz in Weiß sein, an den Füßen aus Indien importierte spitz zulaufende und mit Goldfaden bestickte Schuhe aus weißem Leder. Fast zu klein und schmal war Pari für all den Schmuck, den ihr die Schwägerinnen umhängten und ansteckten. Kollier, Armreife, Ringe und Ohrringe, aus Gold und mit Rubinen besetzt, hatte Bibi Hadschi aus Saudi-Arabien mitgebracht. Auf Paris Stirn trugen die Brautjungfern eine dünne Schicht Flüssigharz für den Silberflitter auf und klebten bunte Pailletten über die Augenbrauen. Zum Schluss hüllten sie ihr Gesicht in eine Wolke von *safeda*, ein weißes Puder aus Eierschalen, umrandeten ihre Augen mit Kajal, malten ihr die Lippen rot, röteten ihre nunmehr blassen Wangen mit Lippenstift und klebten ihr zum Abschluss noch eine kleine Paillette auf die Unterlippe. Beinahe hätten sie das duftende Sandelöl vergessen. Der weiße Tüllschleier bedeckte Kopf und Oberkörper. So angetan, fühlte Pari sich steif wie eine Holzmarionette.

Auch Rasul hatte tagsüber mit Freunden das Hamam aufgesucht und seinen muskulösen Körper massieren und peelen lassen. Auch ihm wurden die Achsel- und Schamhaare entfernt.

Glatt rasiert und wohlriechend, schlüpfte er in ein weißes *schalwar-kamis*[11]. Darüber zog er eine Weste aus einem beigefar-

11 Paschtu für eine weite Hose und ein langes Hemd mit seitlichem Schlitz. Rasul selbst nannte diese beiden Kleidungsstücke auf Dari *perahan* und *tonban*.

benenen, Ton in Ton mit Seide bestickten Kaschmirstoff. Den zur Weste passenden zusammengelegten Schal warf er über die Schulter. Seine Füße steckten in mit Goldfaden bestickten Sandalen. Auf dem Kopf trug er eine Kappe aus dem zarten Fell junger Karakullämmer, deren rostrote Härchen sich gleichmäßig in eine Richtung wellten. An der Seite des Vaters wartete er auf seinen Auftritt.

Mittlerweile schwirrte es in Haus und Hof schon vor Gästen. Die Frauen kamen mit Koffern und mächtigen Kleiderbündeln angereist. Alle paar Stunden klagten sie, wie verschwitzt sie seien, und wechselten das Kleid – um in einer Nacht die gesamte mitgebrachte Garderobe vorzuführen. Die Dächer und Höfe waren mit Teppichen ausgelegt. Da es im Haus nicht genug davon gab, hatten Verwandte Tage zuvor ihre eigenen Teppiche hinübergeschickt. Frauen- und Männerhof waren taghell erleuchtet. Junge Mädchen kletterten aufs Dach, um in den Hof des Männerhauses zu lugen. Entlang der Hofmauern lagen Matratzen und Kissen. Im Hof trugen die Gäste Schuhe, vor den Zimmern zogen sie sie aus, und die Kinder stolperten darüber. Eine Dienerin hatte den Auftrag, die Schuhe zu beiden Seiten des Flurs immer wieder paarweise zusammenzustellen.

Paris Onkel Naser Khan hielt sich seit dem Nachmittag bei den Männern auf. Ihre Mutter erschien gegen Abend mit den beiden Schwägerinnen. Von dem Prunk und dem unvertrauten Trubel eingeschüchtert, drückten sie sich scheu an die Mauer, bis Nana kam, um sie zu begrüßen und ins Haus zu geleiten. Sie nahm sie mit in den Raum mit den nahen Verwandten und wies ihnen den Ehrenplatz an ihrer Seite zu.

Vom eigenen Musizieren und Tanzen ermattet, warteten die Frauen ungeduldig und gespannt auf die professionelle Musik. Würde Mariam kommen? Als die Musiker endlich Einzug hielten, ging ein Freudenschrei durch die Menge. Mariam war gekommen! Alle rannten in den Hof, wo für die Musiker (ihrem niedrigen sozialen Rang entsprechend) in Türnähe ein mit Teppichen ausgelegtes Podest aufgebaut worden war.

Im Schrank eines abgeschlossenen Raums wartete, in Brokat eingeschlagen, der Spiegel in seinem verschnörkelten Rahmen. Auf dem obersten Brett eines eigens dafür vorgesehenen Regals wartete auch der alte Koran, der von Generation zu Generation weitergereicht wurde. Er war in mehrere Tücher gehüllt, die mit Bändern zusammengehalten wurden. Bei jeder Hochzeit kam ein neues Tuchkleid dazu.

Bevor Pari der schwere Brokatschal aus Benares über den Kopf gelegt wurde, versöhnten sich Mutter und Tochter. Nana forderte Pari auf, der Mutter die Handfläche zu küssen, und die Mutter küsste der Tochter den Kopf. Über den Abdruck des Lippenstifts auf ihrer Innenhand musste Golghotai lächeln. Sie war stolz auf ihre Tochter, geblendet vom Flitter auf ihrer Stirn. Nun sah sie wirklich aus wie die Fee in Abdullahs Märchen. Pari selbst konnte mit dem Benaresi-Schal über dem Gesicht nicht mehr sehen und musste von Golghotai die Treppe hinuntergeleitet werden. Vor und hinter ihnen tanzten und musizierten die Frauen. Nana hatte den Koran geholt und hielt ihn über Paris Kopf. Die Musiker stimmten das beliebte Hochzeitslied an, in dem der Braut, die Abschied nimmt vom Elternhaus, Glück für ihr neues Leben gewünscht wird. Schreite langsam, du unser Mond, lautete der Refrain.

Gleichzeitig wurde der Bräutigam von seinem Vater durch die Tür des Männerhofs hereingeführt. Auch Mohammad Saman Khan hielt einen Koran über den Kopf seines Sohnes. Mit ihnen kamen einige männliche Verwandte und Freunde. Mehrere junge Männer nutzten die Gelegenheit, in ihrem Windschatten in den Frauenhof zu schlüpfen. Die Frauen hielten sich schamhaft den Kopfschleier vors Gesicht, versuchten aber gleichzeitig, einen Blick ihres Versprochenen zu erhaschen.

An der Stirnseite des Hofes war für das Brautpaar ein Podest aufgebaut worden. Zum Schutz vor den Füßen der herumtobenden Kinder hatten die Frauen des Hauses über die Matratze und die großen Kissen ein weißes Laken gebreitet, das nun entfernt wurde. Auf dem niedrigen Tisch – die Tischdecke hatte Nana für ihre älteste Tochter aus China kommen lassen – lagen die Gegenstände für das Hochzeitsritual.

Als das Brautpaar sich von zwei Seiten dem Podest näherte, ging ein Regen von Noqol und Münzen auf sie nieder, um die sich die Kinder balgten. Pari und Rasul stellten sich auf die Matratze, die so prall gefüllt war, dass sie balancieren mussten, um aufrecht stehen zu bleiben. Nun sollte es eigentlich einen kleinen Wettstreit geben. Der- oder diejenige, der oder die sich zuletzt setzte, würde in der Ehe das Sagen haben. Natürlich ging es immer so aus, wie es zwischen Männern und Frauen vorgesehen war, aber zumindest der Schein sollte gewahrt bleiben. Pari, die diesen tadschikischen Brauch nicht kannte und der man ihn auch wohlweislich vorher nicht erläutert hatte, setzte sich beim ersten Tippen auf ihre Schulter folgsam nieder. Ein Kichern ging durch die Menge, das weder die Braut noch deren Mutter zu deuten wussten.

Nachdem sich auch der Bräutigam gesetzt hatte, zufrieden mit seinem einfachen Sieg im ersten Geschlechterkampf ihrer Ehe, legte Nana den Koran auf den Tisch, der Koran des Vaters wurde weggebracht. Eine Schwägerin trug den verhüllten Spiegel herbei. Eine ehrbare Frau – und Bibi Hadschi war mit Abstand die Ehrbarste – trug den beiden mit einer Silberspatel Henna auf, der Braut auf die Handfläche, dem Bräutigam auf den kleinen Finger, umwickelte die Kleckse zum Schutz der weißen Hochzeitsgewänder mit schmalen Dreiecktüchern aus Brokat und band sie mit den daran befestigten Goldfäden fest. Zwei junge Frauen öffneten den auf dem Tisch bereitliegenden zusammengelegten Brokatschal und hielten ihn von beiden Seiten über das Brautpaar, sodass sie eine Weile vor den Blicken der Umstehenden geschützt waren. Dann wurde der Koran feierlich aufgeschlagen, und der Bräutigam las eine Sure. Eine

Frau entfernte Paris Ganzkörperumhüllung, eine andere zog das Tuch vom Spiegel.

Nun lüftete Pari ihren Tüllschleier. Über den Spiegel schaute sich das Paar zum ersten Mal in die Augen. Dieser erste Blick in einen Spiegel, in den noch niemand geblickt hatte, war Symbol für den Neubeginn. Das Eheleben des frischen Brautpaars sollte nicht durch fremde Schicksale bedrängt werden. Unter dem Schutz der über sie gebreiteten Decke hatten sie einige Minuten Zeit für sich. Was in diesen geheimnisvollen Augenblicken geschah, beflügelte stets von neuem die Phantasie der unverheirateten Mädchen. Doch schon nach wenigen Augenblicken der Intimität lugte eines der Mädchen unter den Schal. Saß die Braut wieder mit gesenkten Augen da, wurde das Tuch entfernt, und die Musik brandete auf. Rasul reichte Pari mit einem Silberlöffel Saft aus Zuckerwasser, Safran, Anis, einer Prise Kardamom und Rosenwasser und tauchte dann nach kurzem Zögern den Löffel erneut in die Bronzeschale mit der eingravierten Koransure – er nahm sich selbst, da Pari keine Anstalten machte, ihm ihrerseits wie vorgeschrieben den gefüllten Löffel zu reichen. Alle lachten.

Stapelweise wurden kleine Teller gebracht. *Malida*, der traditionelle Hochzeitskuchen – ein mit wohlriechendem Speiseöl beträufelter und mit Rosenwasser, Kardamom, Mandelsplittern und Pistazien gewürzter und zu einer Pyramide aufgeschichteter Sandkuchen – wurde mit einem Löffel auf die Teller verteilt und den Gästen mit Tee gereicht. Eigentlich war der Kuchen nur für die Frauen gedacht, doch die Mütter sorgten dafür, dass auch ihre heiratsfähigen Söhne ein Stück bekamen. Alle, die Malida aßen, würden nicht mehr lange auf ihre Hochzeit warten, hieß es. Auch die gestreuten Noqol und das Kleingeld nahmen die Gäste gern als Glücksbringer mit nach Hause.

Inmitten des Getümmels saßen Braut und Bräutigam beklommen auf ihrem Kissenthron. Der Spiegel wurde wieder zugedeckt, der Schal zusammengelegt, der Koran geschlossen und weggetragen.

Jetzt scharten sich alle um das Brautpaar. Die Männer umarmten den Bräutigam und klopften ihm auf die Schulter. Die jungen Frauen küssten der Braut die Wangen, die alten fassten sie am Kinn und ließen sich die Handfläche küssen. Ungezählte faltige Hände verschiedenen Geruchs boten sich Pari zum Kuss dar, bis sie sich schwindlig fühlte.

Noch trieben sich ein paar junge Männer im Frauenhof herum, bis sie schließlich verscheucht wurden. Auch der Brautvater zog sich zurück. Der Bräutigam war nun das einzige männliche Wesen unter so vielen Frauen und spürte, wie er seine so sehr zur Schau gestellte Sicherheit verlor. Hier galten andere Regeln. Von Zeit zu Zeit warf er einen Blick auf die von Pailletten und Flitter schillernde junge Frau an seiner Seite. Ihre schwarzen Zöpfe kringelten sich in ihrem Schoß. Wenn sie gerade keine Hände küsste, blickte sie scheu zu Boden. Er konnte es nicht fassen, dass dieses wilde Geschöpf mit einem Mal so zahm geworden war. Und so schön.

Jubel unterbrach seine Gedanken. Mariam begann zu tanzen. Sie tanzen zu sehen war für einen Mann ein besonderes Privileg, das Rasul Khan zu schätzen wusste. Mariam war mit ihren sechzehn Jahren in Kabul bereits eine Legende. Und sie war teuer. Wer sie auf seiner Hochzeitsfeier tanzen ließ, bekundete Großzügigkeit und guten Geschmack. Mariam trug einen schwingenden knöchellangen Rock aus fast durchsichtiger grüner Seide und eine eng anliegende, mit Pailletten übersäte Bluse. Ein langer dünner Schal, fest um die Taille gebunden, betonte die Zerbrechlichkeit ihres Körpers. Ihre Fußgelenke steckten in breiten Lederbändern, an denen jeweils fünf Reihen Schellen befestigt waren. Mariam hatte ihren eigenen Stil entwickelt und tanzte eine Mischung aus indischem, arabischem und Sufi-Tanz. Sie drehte sich nicht auf der Stelle um ihre eigene Achse, wie sie es als Kind von ihrer Mutter gelernt hatte, sondern nahm sich beim Drehen den gesamten Raum. Dabei schlug sie bei jedem Schritt mal den einen, mal den anderen Fuß kräftig auf den Boden, sodass die Fußschellen im Wettstreit mit den Tabla-Trommeln der Musiker eine eigenständige Melodie hervorbrachten. Im Rhythmus der Trommelschläge bewegte sie dazu nach arabischer Art Hüften und Brüste. Die Frauen applaudierten frenetisch. Mariam hatte soeben ihre Zöpfe geöffnet und ließ das Haar über den Rücken fließen. Sie drehte eine große Runde, blieb einen Augenblick stehen, warf den Kopf in den Nacken und einen provozierenden Blick ins Publikum. Ihre linke Augenbraue hob sich fragend und verführerisch zugleich: Na, gefalle ich euch? Eine Sekunde später tanzte sie wieder wie entrückt, tanzte und tanzte. Ekstatisch drehte sie sich schließlich nach Sufi-Manier noch einmal um die eigene Achse. Ihr weiter Rock breitete sich um sie aus, bevor sie zu Boden sank und in der gebauschten Seide reglos liegen blieb wie eine Seerose auf dem Teich. Das Publikum hielt den Atem an. Ob sie tatsächlich aus Erschöpfung hingefallen war, blieb ihr Geheimnis. Auf jeden Fall tat sie es nicht zum ersten Mal. Es war Mariams Erfindung, ihre persönliche Schlusssequenz.

Während die Frauen in ihrem Hof die hohe Schule des Tanzes genossen und der Bräutigam als Zaungast dabei sein durfte, mussten sich die Männer nebenan mit einem bescheideneren Schauspiel begnügen: den *batscha basenger* – tanzenden Jünglingen. Die als Frauen gekleideten Knaben waren von einigen Gästen als Gastgeschenk mitgebracht worden. Sie trugen weite Röcke aus Seidenstoff und einen Schleier um das Gesicht, sie waren geschminkt und hatten ihr Haar nach Pagenart geschnitten. Sich einen »schönen Knaben« zu halten, gehörte bei den meisten Feudalherren zum guten Ton. Die Aufgabe der Jünglinge war es, Einkäufe zu erledigen, im Männerhof das Essen aufzutragen, die Gäste zu bewirten, ihnen die Wasserpfeife, die *tschelim,* vorzubereiten und am Nachmittag, wenn sich alle zum Mittagsschlaf hinlegten, dem Hausherrn die Beine zu massieren. Dafür und für noch andere Dienstleistungen wurden die abfällig *batscha berisch* – bartlose Jünglinge, Milchbärte – genannten Knaben mehrmals im Jahr neu eingekleidet und durften ihren Herrn überallhin begleiten. Solange ihre Glieder zart waren und ihr Körper glatt, genossen sie auch nach Einsetzen des Bartwuchses eine gewisse Schonfrist. Dann wurden sie entlassen. Hatten sie Glück, sorgte ihr Herr für sie vor, kaufte ihnen einen Laden oder einen Lieferwagen als Starthilfe für ein kleines Transportunternehmen. Manchmal gab er ihnen eine seiner Töchter zur Frau. Oder sie arbeiteten eine Zeit lang weiter als professionelle Tänzer oder verdingten sich als Beifahrer.

Meine Großmutter hat mir die Geschichte eines solchen Knaben aus Nordafghanistan erzählt, der sich seinem Herrn durch Flucht nach Kabul entziehen wollte. Er fand Arbeit als Beifahrer, wusste jedoch nicht, dass das Unternehmen, das ihn bezahlte, seinem Herrn gehörte. Dieser beauftragte einen seiner Fahrer, den Jungen zu töten. Während einer Überlandfahrt täuschte der Fahrer einen Radschaden vor und ließ den Jungen unter den Laster kriechen. Der Wagenheber verrutschte, der Junge wurde zerquetscht. Als seine Mutter vom Tod ihres Sohnes erfuhr, wusste sie, dass es kein Unfall war. Alle wussten es.

Am frühen Morgen wurden Pari und Rasul von Nana in ihr Zimmer gebracht. Golghotai verabschiedete sich mit einem Kuss von ihrer Tochter und wünschte ihr Glück. Schlafstatt und Steppdecke waren mit weißer Atlasseide bezogen, den Raum hatte eine von Nanas älteren Freundinnen für die Hochzeitsnacht vorbereitet. Unter anderem hatte sie ein geschnitztes indisches Holzkästchen mit Perlmuttintarsien neben das Kopfkissen gestellt, das zwei weiße Baumwolltücher in der Größe von Herrentaschentüchern enthielt. Mohammad Rasul Khan wusste Bescheid.

Überhaupt schien er im Gegensatz zu Pari sehr aufgeklärt zu sein. Zuerst öffnete er die Goldfäden der kleinen Dreiecktücher, die die weiße Wolke, in der Pari steckte, vor Hennaflecken schützten. Längst war die Farbe in die Haut eingezogen. Wie erstarrt ließ sich Pari von Rasul aus ihrer Kleidung schälen, Schicht um Schicht. Darauf hatte sie niemand vorbereitet. Glatt wie ein Kind stand sie mit ihren schmalen Hüften und kleinen Brüsten nackt vor dem fremden Mann und schämte sich. Im Nachhinein verstand sie, dass der Alte seinem Sohn diese Vorsichtsmaßnahme befohlen hatte, um einen Betrug auszuschließen. Pari hätte ein Fläschchen Blut unter ihren Kleidern ins Hochzeitgemach schmuggeln können. Vielleicht, so meinte der Schwiegervater wohl, hatte sie sich gegen ihre Verheiratung nur deshalb so hartnäckig gewehrt, weil sie keine Jungfrau mehr war.

Doch alles verlief, wie es sich gehörte. Die Braut war unbefleckt, und der Bräutigam erwies sich als fähig, dies mit Hilfe der Baumwolltücher zu beweisen. Nachdem sie am frühen Nachmittag erwacht und ins Bad gegangen waren, schlich die Alte ins Hochzeitsgemach, bemächtigte sich des Kästchens, begutachtete den Inhalt und eilte unverzüglich zu Bibi Dschan.

Sie hat ein erhobenes Haupt, meldete sie.

Flink eilte sie weiter zu Golghotai und erstattete mit denselben Worten Bericht. Die sah sie hochmütig an. Das ist doch selbstverständlich, erwiderte sie.

Der Schwiegervater wurde von seiner Frau informiert: Deine Schwiegertochter hat ein erhobenes Haupt.

Die Frau, die die gute Nachricht überbrachte, erhielt zum Dank Stoffe für Kleid, Hose und Kopftuch.

Über den Verbleib der beiden weißen Tücher ist nichts bekannt.

Nun war Pari bereit für ihren zweiten Hamam-Besuch. Wären die Tücher unbenutzt geblieben, hätte er verschoben werden müssen. Wir werden noch warten, hätte man diskret mitgeteilt, die Hochzeitsnacht war lang, alle Gäste waren müde und sind gleich eingeschlafen.

Die Hamami war an diesem Tag besonders freundlich, denn nun würde es bald Geschenke geben, die ihr zusammen mit übrig gebliebenen Süßigkeiten vom Fest von Nana überreicht wurden.

Diesmal war das Hamam nicht mehr für sie reserviert. Verstohlen blickte Pari durch den weißlichen Dunst auf hängende Brüste und dicke Bäuche, auf wulstige Hüften und Krampfadern, auf angeklatschtes Haar, das die Kopfhaut durchschimmern ließ. Es war tröstlich zu sehen, mit welcher Gelassenheit die Frauen ihre Körper ertrugen, wie sehr sie die Stunden der Ruhe und Entspannung unter sich genossen. Sie bewunderten Paris Hamam-Set, lugten in den Vorraum, um zu sehen, ob die Schwiegermutter mitgekommen war, und warfen wehmütige Blicke auf die Braut, deren weizenfarbene Haut ihren Körper wie ein glattes Futteral umschloss. Und Pari schämte sich.

Allmählich begann Pari ihren Mann zu mögen. Er hatte gepflegte Umgangsformen, behandelte sie mit Respekt und erkennbarer Zuneigung. Immer noch empfand sie die alte Geringschätzung für einen, der neben seinem persönlichen Vergnügen keine Aufgabe im Leben gefunden hatte, doch in Rasuls klaren braunen Augen tanzten grüne Funken, seine Witze brachten sie zum Lachen und seine kräftigen Arme boten ihr Geborgenheit. Nach Jahren der Rennerei durch endlose Gerichtskorridore war es wohltuend, zur Ruhe zu kommen. Den Tag verbrachte Pari mit den Frauen des Hauses, und abends fing sie an, auf Rasul zu warten.

Vierzig Tage lang war sie Braut und wurde von allen bedient und verwöhnt. Verwandte kamen mit Geschenken vorbei. Mit einem großen Fest musste die Phase des Müßiggangs enden. Nun wurde Pari in den Haushalt eingeführt und lernte, die köstlichen Gerichte der Tadschiken zuzubereiten.

Sie wurde bald schwanger. Als sie einen Sohn zur Welt brachte, stieg ihr Ansehen in der Familie merklich.

Rasul war überglücklich, und Pari lebte nur noch für ihren kleinen Salim. Von allen geliebt und geachtet, war Pari bereit, in der Behaglichkeit des materiellen Wohlstands unbekümmert das Ende ihrer Tage abzuwarten.

DIE ENTFÜHRUNG

Salim! Der Schrei gellte durch die kalte Winterluft.
Er ist oben, riefen die Frauen, auf dem Dach.
Nein, ist er nicht, kreischte Pari.

Sie war den »Tee beantworten« gegangen, wie der Gang zur Toilette in Afghanistan umschrieben wird. Als sie zurückkam, war das Dach leer, auf dem die Frauen mit ihren Kindern eben noch die letzten wärmenden Sonnenstrahlen des Tages genossen hatten.

Aufgeschreckt rannten die Frauen durchs Haus, schauten in jede Kammer und sogar in die Schränke, fragten andere Kinder nach dem zweijährigen Salim. Er blieb wie vom Erdboden verschluckt.

Hört auf damit, rief Pari, halb lachend, halb angsterfüllt. Sagt mir endlich, wo er ist! Immer noch glaubte sie, die Frauen machten Spaß und hielten den Jungen irgendwo versteckt. Als sie nicht mehr wusste wohin, warf sie einen Seitenblick aus dem Fenster an der Hinterseite des Hauses.

Die Frauen rannten hinunter. Salim lag wie ein Bündel auf der Gasse. Er war zwischen die Stäbe des Geländers gerutscht und vom Dach gefallen. Pari legte ihn an die Brust. Er saugte einmal schwach und tat seinen letzten Atemzug.

Rasul leistete seinen Militärdienst ab. Jemand lief, um ihn zu holen. Als er das Haus betrat, lag das Baby wie eine Wachspuppe auf der Matratze. Eine der Frauen hatte ihm die Augen geschlossen. Es herrschte heilloses Durcheinander. Alle schrien und weinten. Rasul presste schweigend die Lippen aufeinander. Er rannte in die Küche, packte ein Messer und jagte Pari wie ein Besessener vor sich her.

Nichtswürdige, brüllte er, du hast meinen Sohn getötet!

In Panik sprang Pari aus dem Fenster und blieb bis zum Hals in einem Schneehaufen stecken, den man vom Dach gekehrt hatte.

Der Schrecken über diesen zweiten Sturz an einem Tag verwandelte Rasuls Wut in dumpfe Verzweiflung. Während der gesamten Trauerzeit sprach er kein einziges Wort mit Pari. Auch die Frauen, die sie in ihrem Haus so herzlich aufgenommen hatten, behandelten sie wie Luft. Pari blieb mit ihrem Schmerz allein. Rasul suchte Trost bei seinen Freunden und besuchte wieder öfter das Sportstudio. Wenn er zu Hause war, saß er brütend in einer Ecke. Plötzlich sprang er auf, brüllte wie ein verwundetes Tier und stürzte sich mit geballten Fäusten auf Pari. Immer öfter tat er es, mit einer solchen Brutalität, dass die Schwägerinnen um ihr Leben bangten.

Niemand stellte sich ihm in den Weg. Eine Mutter, die nicht in der Lage war, auf ihr Kind aufzupassen (so der Vorwurf, den alle gegen sie erhoben), hatte in ihren Augen jeden Anspruch auf Schutz verwirkt. Auch Nana, die so großen Wert auf vollendete Umgangsformen beim Teetrinken aus ihren Dschanan-Porzellantassen legte, sah ungerührt zu, wenn ihr Sohn ihre zierliche Schwiegertochter verprügelte. Es war, als sei die Erinnerung an Paris frühere Auflehnung mit voller Wucht zurückgekehrt. Nana bereute jetzt gewiss, dass sie so hartnäckig auf der Einhaltung des Eheversprechens bestanden hatte. Auch Paris Hass auf den Schwiegervater kehrte wieder. Hielte er seinen Sohn an der kurzen Leine, dann wäre Rasul nicht so brutal, davon war sie überzeugt. Es war wie damals. Ihr Zorn richtete sich weniger gegen den Sohn als gegen den Vater.

Von allen geächtet und immer auf der Hut vor ihrem gewaltsamen Ehemann, wurde Paris Leben im feindseligen Haushalt des Mohammad Saman Khan zum Martyrium.

Wenn Rasul sie misshandelte, flüchtete sie aufs Dach, um von dort auf das Dach des Nachbarhauses zu springen. Die Frauen von nebenan hatten Mitleid mit ihr, behandelten ihre Verletzungen und gewährten ihr für eine Weile Schutz. Sie gaben der Schwiegermutter sogar Bescheid, die (weit davon entfernt, sich Sorgen zu machen) froh war, den paschtunischen Fremdkörper eine Zeit lang nicht sehen zu müssen.

Es war an einem dieser Tage, als Pari – unverschleiert und verweint – dem Kommandeur im Hof des Nachbarhauses über den Weg lief. In den wenigen Sekunden, die es dauerte, bis der unerhörte Vorgang in ihr Bewusstsein drang und sie die Lider senkte, kreuzten sich ihre Blicke. Er hatte große fiebrige Augen in der Farbe von Oliven. Noch nie hatte sie solche Augen gesehen.

Als Kommandeur der Armee des Königs zog der Paschtune von Provinz zu Provinz. Jedes Mal, wenn er in eine neue Provinz versetzt wurde, heiratete er eine Tochter des örtlichen Stammesfürsten, um die Verbindung zur Zentralregierung zu festigen und einer etwaigen Rebellion zuvorzukommen. So kam es, dass er, wie es der Koran erlaubt, jeweils mit vier Frauen verheiratet war. Insgesamt hatte er es auf diese Weise zu acht Ehefrauen gebracht, von denen fünf ihn im Laufe seines Lebens Witwer werden ließen. Der Kommandeur war nicht mehr der Jüngste. Zum Zeitpunkt ihrer Begegnung war er in der Provinz Nangrahar stationiert und mit drei Frauen verheiratet. Zwei von ihnen lebten in Kabul – in dem Haus, auf dessen Dach Pari sich bisweilen flüchtete.

Mit der Familie des Mohammad Saman Khan verband ihn eine langjährige Freundschaft. Gerne nahm er ihre Einladungen zum Essen an, denn die tadschikische Küche war für ihre Raffinesse bekannt – was man von der paschtunischen nicht behaupten konnte. Pari war in der Zeit ihrer Ehe zu einer hervorragenden Köchin ausgebildet worden. Wenn Gäste erwartet wurden, kochten die Frauen unter Nanas Anleitung den ganzen Tag. Abends wurde das Essen von weiblichen und männlichen Dienstboten aufgetragen.

Vor dem Blickwechsel im Hof des Nachbarhauses hatte Pari den Kommandeur schon einmal gesehen. Im Sommer, als die Welt noch in Ordnung war im Haus des Mohammad Saman Khan und es zu stickig war, um im Haus zu essen, hatte sie ihn durch das Loch in der Hofmauer erspäht – die Frauen hatten es gebohrt, um die Männer nebenan zu beobachten. Der Kommandeur schlug sich mit gefülltem Rebhuhn den Bauch voll und pries das Essen überschwänglich, wagte es aber gleichzeitig, die Lieblingsspeise seiner Mutter zu loben.

Ihr werdet nie glauben, was das war!, erzählte Pari kichernd den Schwägerinnen. Spinat und Maisbrot! Die jungen Frauen waren sich einig: Er war ein unkultivierter Soldat.

Allerdings keiner, über den man sich hinwegsetzen konnte. Die Stämme und Provinzen waren autonom. Aufgabe eines Kommandeurs der Königlichen Armee war es, sie in Schach zu halten. Für diese Diplomatie, die Zuckerbrot und Peitsche fein austarierte, holte sich der König gern einen gewandten Paschtunen, der sich in den paschtunischen Provinzen sicher bewegte. Die Stammesfürsten ließen sich ihrerseits nicht lumpen, wenn es darum ging, den Kommandeur dazu zu bringen, bei der Zentralregierung in ihrem Interesse tätig zu werden. Mit einem Wort: Ein Abgesandter des Königs war kein armer Mann. Der Kommandeur mit den olivgrünen Augen hievte auch seine Brüder in gute Positionen. Alle sieben waren Statthalter und hohe Finanzbeamte in den Provinzen und mehrten ihren Wohlstand redlich, indem sie von allen Seiten Bestechungsgeschenke annahmen.

Der Augenblick im Hof war flüchtig gewesen wie ein Flügelschlag, und doch hatte Pari alles gesehen. Das mit roten Äderchen durchzogene Augenweiß, die vollen Lippen unter dem grauen Schnurrbart, die breiten Schultern und großen Hände, die wie Pranken an seinen Armen hingen.

Wie von selbst fasste Pari einen Plan. Zwar wusste sie noch nicht, wie er auszuführen sei, doch einen Plan hatte sie nun.

Im vor Spannung knisternden Haus des Mohammad Saman Khan hatte Pari einen Komplizen. Rasuls zweitjüngster Bruder wurde ihr Freund, ein sanfter, feingliedriger junger Mann namens Sabur – der Geduldige. Schon vor Salims Tod hatte er sie ab und zu ins Teehaus mitgenommen, ein Ort, den Pari von ihrer Kindheit her gut kannte. Sie liebte das gedämpfte Licht um die mit Teppichen bezogenen Podeste, die die Männer mit bloßen Füßen bestiegen, um, den Blick auf das glänzende Messing des Samowars gerichtet, an Kissen gelehnt ihren Tee zu schlürfen, an der Wasserpfeife zu saugen und über Gott und die Welt zu räsonieren.

Nimm mich mit, bat sie.

In Frauenkleidung war an ein Betreten des Teehauses nicht zu denken, also ließ Sabur Pari in seine Kleider schlüpfen. Mit ihren schmalen Hüften und kleinen Brüsten war sie in dieser Verkleidung von einem Jungen nicht mehr zu unterscheiden. Vor Lachen prustend versuchten sie gemeinsam, Paris lange Zöpfe unter einem Turban zu verstecken. Auch der junge Mann wusste nur ungefähr, wie ein Turban fachgerecht zu binden war. In seiner Familie trug niemand eine solche pompöse Kopfbedeckung. Pari schob das schließlich mehr schlecht als recht geschlungene Machwerk tief ins Gesicht, um ihre gezupften Augenbrauen zu verbergen. Wortlos lehnte sie im Teehaus an Saburs Seite und genoss es, für eine kurze Weile an der Welt der Männer teilzuhaben.

Seit Salims Tod hatte Pari im Haus des Mohammad Saman den Rang einer Aussätzigen. Die gelegentlichen Besuche im Teehaus mit Sabur wurden ihr zur seelischen Rettung. Es geschah auf einer dieser kleinen Fluchten, dass sie nur zwei Matratzen weiter den Kommandeur erblickten. Er schickte den beiden ein feines ironisches Lächeln. Auch Pari lächelte und schob den Turban hoch, damit er sie nur ja erkenne. Der Kommandeur lud sie ein, sich zu ihm zu setzen, und nun beteiligte auch sie sich am Gespräch. Keiner der drei verriet ihre Maskerade.

Wann werden Sie wieder nach Nangrahar zurückkehren? Wie sind dort die politischen Verhältnisse? Lässt man Sie in Ruhe arbeiten? Wie geht es deinem Vater, Sabur? Was machen die Ländereien? Wird die Familie den Sommer auf der Burg verbringen? Eine Qala in der Nähe von Kabul ist eine feine Sache. Meine Burg ist in Dschalalabad, da kann man nur im Winter hin, im Sommer ist es dort viel zu heiß.

Es ist Zeit, nach Hause zu gehen, sagte der Kommandeur schließlich, ihr seid noch jung. Kommt, Jungs, ich begleite euch.

Der Heimweg war kurz. Der Kommandeur ging rechts neben Pari und wie aus Versehen streifte er ihre Schulter. Sie spürte die leichte Berührung wie einen Schlag – und wich nicht aus.

Wenn das Klima in Nanas Haus unerträglich wurde, flüchtete Pari manchmal auch zu ihrer Mutter und blieb mehrere Tage oder sogar eine ganze Woche weg. Golghotai hatte sich mit dem Knecht arrangiert und war in Maßen zufrieden mit ihrem kargen Leben. Wenn nur Schirin, ihr letztes Kind, nicht gewesen wäre.

Als Pari das Haus verließ, verlor Schirin ihre einzige Verbündete. In dieser Zeit bekam sie die Pocken. Während man für gewöhnlich Kindern und besonders Mädchen, die an Pocken erkrankten, die Hände mit prall gefüllten Sand- oder Vogelfuttersäckchen umwickelte, damit sie sich nicht kratzen konnten, wurde Schirin ihrem Schicksal überlassen. Vielleicht rechnete Golghotai insgeheim mit Schirins Tod, vielleicht war sie auch nur schon zu diesem frühen Zeitpunkt von der Aussichtslosigkeit aller Anstrengungen überzeugt, ihrer jüngsten Tochter je einen Mann zu finden, so oder so. Jedenfalls unterließ sie es, ihr die Säckchen umzubinden, und zurück blieben tiefe Pockennarben an Gesicht und Körper, die das unansehnliche Mädchen noch weiter entstellten. Dass sie ohne ärztliche Behandlung (was für arme Familien ohnehin nicht in Frage kam) nicht an der Krankheit starb, war wohl ihrer außergewöhnlichen Zähigkeit zu verdanken.

Inzwischen war Schirin sieben Jahre alt geworden, ein vernachlässigtes spindeldürres Kind, das von allen herumgestoßen wurde und sich unbeaufsichtigt auf den Gassen der Kabuler Altstadt herumtrieb.

Pari hatte auch im Haus ihrer Mutter einen männlichen Verbündeten. Ihr zweitältester Bruder, den alle den »Poeten« nannten, hatte drei Leidenschaften: das Drachensteigen, die Dichtkunst und das Haschischrauchen. Ich vermute, dass die Reihenfolge eher umgekehrt war. Er war ein sanfter Jüngling mit einem stark ausgeprägten Freiheitsdrang. Wegen seiner Gier nach Haschisch war er nicht in der Lage, diszipliniert zu arbeiten. Obwohl er der Gebildetste in der Familie war, viele Gedichte der afghanischen und persischen Klassiker auswendig hersagen konnte und eine wunderschöne Handschrift hatte, half er dem Knecht im Familienbetrieb und schlug sich mit Gelegenheitsarbeiten durch. Der Poet war Paris Lieblingsbruder, wie er später auch mein Lieblingsonkel wurde. In ihrem Namen schrieb er dem Kommandeur einen Brief, in dem sie ihn bat, sich an einem bestimmten Tag außerhalb des Hauses mit ihr zu treffen. Unter der Burqa, die ihr Nana gleich zu Beginn ihrer Ehe geschenkt hatte, war eine solche Verabredung durchaus möglich, ohne sich in übermäßige Gefahr zu begeben. Der Poet stand Schmiere.

Hastig klagte Pari dem Kommandeur ihr Leid über ihr jämmerliches Leben im Haus des Mohammad Saman Khan.

Ich halte es nicht mehr aus!, rief sie unter Tränen.

Warte, hab etwas Geduld, ich werde mir etwas einfallen lassen.

Seine Augen hatten wieder diesen fiebrigen Glanz. Seine tiefe nachklingende Stimme ließ ihn als Retter wie geschaffen erscheinen.

Über meinen Bruder kannst du jederzeit mit mir Kontakt aufnehmen, flüsterte Pari und huschte wie ein Schatten um die Ecke.

Die genauen Umstände sind mir nicht bekannt. Ausgerechnet dieses für mich keineswegs unerhebliche Ereignis wurde mir nicht geschildert. Meine Großmutter hatte ein schlechtes Gewissen, ihre Tochter in eine unglückliche Ehe getrieben zu haben, so viel weiß ich. Der Kommandeur muss auch ihr ein willkommener Retter in der Not gewesen sein. Und so ermöglichte sie es wohl, dass die beiden sich in ihrem Haus trafen.

Fest steht, dass Pari schwanger wurde und am 20. November 1948 ein Mädchen zur Welt brachte, das sie Malalai nannte. Die historische Malalai ist berühmt, eine afghanische Jeanne d'Arc. Um 1880 (während des zweiten anglo-afghanischen Krieges) entriss die Siebzehnjährige den Händen eines auf dem Schlachtfeld von Maiwand (in der Nähe von Kandahar) Gefallenen die Fahne und führte die zaudernden Truppen zum Sieg gegen die britische Armee. Sie trug Männerkleidung.

Es sieht meiner Mutter ähnlich, dass sie mir ausgerechnet den Namen Malalai gab.

Halte dich bereit, ich hole dich ab. Die Nachricht des Kommandeurs wurde ihr vom Poeten überbracht.

Nun, da ein Ende ihres unwürdigen Lebens abzusehen war, fand Pari den Mut, es ihrem Widersacher heimzuzahlen. Als sie wieder einmal von Rasul geschlagen wurde, nahm sie das gewickelte Neugeborene und begab sich in den Gästetrakt zu Mohammad Saman Khan.

Du lässt zu, dass ich misshandelt werde, warf sie dem Schwiegervater vor.

Als er nicht antwortete und sie nur feindselig anstarrte, legte sie Malalai vor ihm auf den Teppich und sagte mit derselben Stimme, mit der sie vor Gericht den Richter aufgefordert hatte, sie zu vermählen: Dieses Kind ist nicht von deinem Sohn.

Was sagst du da? Mohammad Saman Khan schnappte nach Luft.

Dieses Kind ist nicht von deinem Sohn, wiederholte meine Mutter. Du wirst bald erfahren, von wem es ist.

Sie hob das Bündel vom Boden und kehrte erhobenen Hauptes zurück in ihr Zimmer.

Mohammad Saman Khan hatte keine Zeit, sich von dem Schock zu erholen und geeignete Schritte zu überlegen, denn schon am nächsten Nachmittag riss ihn ein ohrenbetäubender Lärm aus seiner Mittagsruhe.

Der Zeitpunkt für die Rettungsaktion war perfekt. Doch der Kommandeur hatte es vor allem auf einen bühnenreifen Auftritt abgesehen.

Als Mohammad Saman Khan vor sein Haus trat, um nachzusehen, wer den Lärm verursachte, bot sich ihm ein ungewöhnliches Schauspiel. Vom Eingang der schmalen Gasse näherte sich, hoch zu Ross angeführt vom Kommandeur (einem Freund Saman Khans), im Laufschritt eine Kompanie Soldaten. Sie schwangen eigenartige Waffen: Äxte, Hacken, Beile, Sicheln, Hämmer und anderes Arbeitsgerät.

Macht aus dem Haus des Saman Khan ein öffentliches Klo!, rief der Kommandeur den grölenden Soldaten zu. Zerschlagt, was ihr zerschlagen könnt! Nehmt mit, was ihr mitnehmen könnt!

Das ließen sich die Männer nicht zweimal sagen. Auch die Nachbarn liefen herbei und versuchten so viel wie möglich von dem wenigen mitgehen zu lassen, was das Pferd des Kommandeurs und die Äxte und Hacken der Soldaten noch unzerstört ließen. Wem dabei ein Teller oder eine Tasse aus Dschanan-Porzellan in die Hände fiel, konnte sich glücklich schätzen. Ringsum krachte und splitterte es, dass es eine Lust war. Teppiche und Truhen wurden aus den Fenstern geworfen, sprangen auf und entließen zur Freude der Nachbarn Schmuck und Seidengewänder auf die Gasse. Ohne Türen und Fenster und mit mannshohen Löchern in der Fassade sah das Haus am Ende tatsächlich aus wie eine öffentliche Toilette.

Wie aufgeschreckte Hühner liefen die Frauen kreischend und unverschleiert durchs Haus, ohne zu wissen, ob sie lieber sich selbst retten sollten oder ihr Hab und Gut. Keine konnte sich erklären, was in den Kommandeur gefahren war.

Nur Mohammad Saman Khan wusste sogleich Bescheid. Er rief die Frauen zusammen und trieb sie in den Gästehof, wo sie fürs Erste in Sicherheit waren. Dann ließ er am Hintereingang die Kutschen vorfahren und die Frauen und Kinder zur Qala bringen, seiner zwanzig Kilometer entfernten Lehmburg. Unter ihnen Pari und ihr Kind.

Der Kommandeur tauchte aus seinem Zerstörungsrausch wieder auf, als er den Käfig leer sah und alle Vögel ausgeflogen. Er blies die Aktion ab, eilte zu seiner Kompanie, holte sich eine einspännige Kutsche und befahl ein paar berittenen Soldaten, ihm zu folgen. Er wusste, wohin sein Widersacher Pari gebracht hatte.

Es war Abend geworden. Ein eisiger Wind fegte über die baumlose Ebene vor den Toren Kabuls. Der Kommandeur saß mit einer Decke über den Knien in der Kutsche. Die Pferde galoppierten über die schneeverwehte Schotterstraße durch eine menschenleere tote Landschaft. Auf dem Weg zur Qala musste ein Arm des Kabulflusses überquert werden. Das im Sommer träge dahinplätschernde Rinnsal wurde im Frühjahr zum reißenden Strom, der die wackligen Holzbrücken mit sich riss. Im Sommer wurden sie behelfsmäßig repariert, doch im Winter war es bei Eis und Schnee ein gefährliches Unterfangen, sie mit Pferdekutschen, Lastwagen oder Bussen zu überqueren. Viel zu hastig trabte das Pferd des Kommandeurs auf die vereiste Brücke, rutschte aus und stürzte. Die Kutsche kippte um, und das Geländer verhinderte gerade noch, dass sie auf den vereisten Fluss krachte. Der Kommandeur wurde aus der Kutsche geschleudert. Als er sich aufrappeln wollte, versagte sein rechtes Bein den Dienst. Das Pferd blieb unversehrt.

So nahm die heroische Entführung von Pari und Malalai ein unrühmliches Ende. Die Truppe machte kehrt und fuhr nach Kabul ins Armeekrankenhaus.

Außer einer zweiten kleineren Lehmburg in etwa fünfhundert Meter Entfernung stand die viereckige Qala einsam inmitten verschneiter Felder. Die Wohnräume befanden sich auf der Breitseite des riesigen Innenhofs, direkt neben dem massiven Eingangstor. Die anderen drei Seiten waren von einer etwa zehn Meter hohen dicken Mauer aus gestampftem Lehm umschlossen, an deren Innenseite hohe Pappeln, die im Sommer die feindselige Mauer fast vollständig verdeckten, jetzt aber ihre kahlen Äste gespenstisch in den Abendhimmel reckten.

Man darf annehmen, dass Pari nach der waghalsigen Eröffnung über die Vaterschaft ihres Kindes und der folgenschweren Verkettung der Ereignisse auf dieser einsamen Burg nicht besser behandelt wurde als in der Stadt. Als der Kommandeur bis zum späten Abend nicht eintraf, um sie zu holen, wusste sie, dass sie in Lebensgefahr schwebte. Hätte sich der Vorfall auf paschtunischem Gebiet ereignet, sie wäre bereits eine tote Frau. Die festungsartige Lehmburg mit den vier Ecktürmen war wie ein Gefängnis, aus dem es kein Entrinnen gab. Und in der Tat wurde Pari während der ersten Nacht in ein Zimmer gesteckt, das man von außen verschloss.

Schon früh am Morgen kam Serghuna herübergelaufen. Sie hatte vom Turm ihrer Burg gesehen, wie in der Abenddämmerung mehrere Kutschen vorfuhren und die Frauen ohne Burqa in die Qala rannten. Die plötzliche Ankunft der Familie war ungewöhnlich. Normalerweise wurden die Bauern vorher verständigt, damit sie das Haus vorbereiten konnten. Es war außerdem noch nie vorgekommen, dass die Familie sich im Winter dort einquartierte. Das Gebäude musste eiskalt sein.

Serghuna war die Witwe von Mohammad Saman Khans Bruder. Ihr Mann war jung gestorben, und die kaum dreißigjährige zweifache Mutter wollte sich auf keinen Fall wieder verheiraten, was vor allem der Schwager von ihr erwartete. Serghuna wusste wohl, warum sie es nicht tat. Bei einer Wiedervermählung wäre fast der ganze Besitz ihres verstorbenen Mannes an dessen Bruder zurückgefallen. Verständlicherweise war Mohammad Saman Khan der widerspenstigen Schwägerin wenig zugetan. Die beiden hätten einander zwar von Burg zu Burg zuwinken können, hätten sie gewollt, doch wie die Dinge lagen, sahen sie einander in der Regel nur bei Hochzeiten und Totenfeiern. Serghuna bedurfte ihres Schwagers auch sonst nicht. Sie war eine resolute Frau, die ihre Bauern fest im Griff hatte. Diese wohnten im Dorf jenseits des Flusses und arbeiteten auf Serghunas Feldern. Weil sie den Ernteertrag gerecht unter ihnen aufteilte, und, wie es hieß, ihre Jugend ihren Kindern weihte, genoss sie als ehrbare Frau hohes Ansehen. Ihre Kinder ließ sie jeden Tag mit der Kutsche zur Schule nach Kabul fahren.

Pari, die man am Morgen aus ihrem Gefängnis befreit hatte, kauerte mit mir im Arm in einer Ecke, als Nana begann, Serghuna in unzusammenhängenden Worten von dem Krieg zu erzählen, der sie aus Kabul vertrieben hatte. Am heftigsten beklagte sie den Verlust ihres Dschanan-Porzellans. Sie hatte hochwertige Teppiche verloren, Truhen mit Kleidern und Schmuck, schon bei der Geburt ihrer Kinder eingelagerten Basmatireis, doch sie jammerte nur über das Porzellan. Am Ende verstieg sie sich sogar zu der Behauptung, es habe »Dschanan« geschrien, als die Wilden es aus dem Schrank rissen. Nana muss wohl an das persische Gedicht gedacht haben, in dem es heißt, eine Dschanan-Schale lobpreise sich selbst mit ihrem Klang.

Pari tat Serghuna Leid. Sie hatte die junge Braut bei deren Hochzeit gesehen und war von ihrer stolzen und gleichzeitig scheuen Schönheit beeindruckt gewesen. Sie wusste, wie schwer es für eine Frau war, sich im Clan des Mohammad Saman Khan zu behaupten, umso mehr für eine, die keine Tadschikin war. Serghuna selbst hatte die hohen Wangenknochen und die helle

Haut ihrer usbekischen Vorfahren und war lange Zeit geächtet worden, ehe sie am Ende siegreich aus dem Kräftemessen mit ihrem Schwager hervorging. Ohne ihre Kinder als schützenden Vorwand wäre es ihr vielleicht auch nicht gelungen.

Von nun an kam Serghuna jeden Tag, was sie noch nie getan hatte. Ob sie helfen könne, fragte sie, und ob sie Essen vorbeibringen solle? Gerührt von so viel Mitgefühl, taute Nana allmählich auf, und Serghuna erfuhr stückweise die ganze Geschichte. Ihre regelmäßigen Besuche boten Pari Schutz. Beide wussten, dass man darüber sinnierte, wie die rebellische Schwiegertochter aus dem Weg zu schaffen sei, ohne dass die Familie eines Mordes überführt wurde. Rächen mussten sie sich. Hörner aufgesetzt zu bekommen, war das Schlimmste, was einem Mann widerfahren konnte. Pari hatte den Bogen überspannt.

Am Nebenbuhler war die Rache bereits vollzogen. Die Späher hatten Mohammad Saman Khan noch in derselben Nacht von der misslungenen Rettungsaktion berichtet. Gleich am nächsten Tag war er in das Krankenhaus gefahren, in dem das gebrochene Bein des Kommandeurs versorgt wurde. Der behandelnde Arzt war ihm gut bekannt, er wurde ins Teehaus gebeten und tat, wie ihm aufgetragen. Er amputierte seinem Patienten das Bein und beendete so dessen Karriere in der Armee. Wie viel Mohammad Saman Khan ihm für diesen Freundschaftsdienst zugesteckt hatte, ist nicht bekannt.

Nur einmal gelang es Serghuna, Pari allein zu sprechen. Auf Paschtu flüsterte sie ihr zu: Solange du in der Qala bist, bist du in Sicherheit. Sieh zu, dass du nie die Burg verlässt. Egal, was passiert, du bleibst drinnen!

Diese eindeutige Botschaft stimmte Pari zuversichtlicher. Die Burg bedeutete nun nicht mehr nur Gefahr, sondern auch Schutz. Serghuna würde helfen. Sie strahlte eine Selbstgewissheit aus, der Pari vertraute. Sie sprach wenig, hörte lieber aufmerksam zu, doch wenn sie etwas sagte, hatten ihre Worte Gewicht. Egal, was passiert, du bleibst drinnen! Pari spürte, dass dieser Befehl lebenswichtig war.

Ein paar Wochen lang herrschte gespannte Ruhe auf der Burg. Die Männer hielten sich tagsüber in der Stadt auf und kümmerten sich um ihren zerstörten Wohnsitz, die Frauen brachten die frostig kalte Qala in Schuss. Pari ignorierten sie. Meine Mutter erledigte mechanisch alle Verrichtungen, die zur Versorgung eines Kleinkinds erforderlich sind, und war im Übrigen froh, überhaupt am Leben zu sein. Der Schwiegervater ging ihr aus dem Weg. Er konnte ihren Anblick nicht ertragen.

Es war am späten Nachmittag und noch hell, als es geschah. Das Baby lag gewickelt auf der Matratze. Rasul betrat den Raum und packte das Kind. Komm mit, rief er Pari beim Hinausgehen zu.

Wie jede Mutter, der man das Kind wegnimmt, stand Pari unwillkürlich auf und folgte ihm.

Na komm schon, drängte Rasul.

Bis kurz vor das Tor folgte sie ihm. Dann erinnerte sie sich an Serghunas Warnung und blieb stehen.

Komm mit, rief Rasul ungeduldig, du kannst nicht länger auf der Qala bleiben.

Nein, ich bleibe.

Rasul öffnete das zweiflügelige Tor und entfernte sich auf dem Kiesweg einige Schritte von der Burg.

Komm schon!

Nein!

Ohne sich umzusehen legte er das Baby in den Schnee. Hol dein Kind! Du willst doch nicht, dass es hier draußen erfriert.

Der Kiesweg führte zu einer Pappelallee. In der Ferne konnte Pari zwischen den Bäumen eine schwarze Kutsche erkennen. Sie sollte weggebracht werden. Ihr Herz zog sich zusammen.

Bring Malalai sofort zurück!

Nichts geschah. Pari nahm ihre ganze Willenskraft zusammen, drehte sich um und ging ins Haus. Nach einer Weile hörte sie, wie Rasul ihr Zimmer betrat. Wortlos legt er das Kind auf die Matratze.

Ich frage mich, ob es eine Erinnerung gibt, die so früh ins Kindesalter zurückreicht. Es ist keine Erinnerung im eigentlichen Sinn, bloß eine schemenhafte Ahnung, ein bedrückendes Gefühl von Traurigkeit, das mich beschleicht, wenn ich eine verschneite Landschaft am frühen Abend sehe.

Und wieder vergingen Wochen gespannter Ruhe. Eines Tages tauchte Rasul überraschend um die Mittagszeit auf. Ohne Vorwarnung packte er Pari an den Zöpfen und zerrte sie aus dem Haus. Über den Kiesweg schleifte er sie, bis ihr Kleid zerfetzt war. Ihr Geschrei ließ Serghuna ans Fenster eilen. Sie erkannte die Gefahr, in der sich ihre Schutzbefohlene befand, und lief auf ihren Turm.

Kommt alle schnell zur Burg, rief sie ihren Bauern zu. Mein Cousin bringt seine Frau um!

Bewaffnet mit landwirtschaftlichem Gerät kamen die Bauern angelaufen und folgten ihr zur Burg des Schwagers. Als Rasul ihre Aufforderung, Pari loszulassen, ignorierte, blies Serghuna zum Angriff.

Schlagt zu! Wenn ihr ihn erschlagt, übernehme ich die Verantwortung.

Da legten die Bauern los, und Pari fürchtete, sie würden ihren Mann tatsächlich töten. Da ließ er von ihr ab.

Serghuna begleitete die Zerschundene zurück zur Qala und lief nach Hause, um Salbe zu holen und ein frisches Kleid.

Hast du keine Verwandten, Kind?

In der Zwischenzeit war auch Golghotai aktiv geworden. Sie hatte die Ruinen von Mohammad Saman Khans Haus gesehen. Sie wusste, dass die Familie in der Nähe des Dorfes Schewaki eine Qala besaß, und dass Menschen in solchen Burgen auf Nimmerwiedersehen verschwanden. Sie folgte Paris Vorbild und ging zum Gericht.

Das Leben meiner Tochter ist in Gefahr. Geben Sie ihr Schutz!

Der Richter muss wenig gute Gründe gesehen haben, sich wegen einer mittellosen Paschtunin mit dem einflussreichen Mohammad Saman Khan anzulegen. Finde sie, und wir werden sie beschützen, war alles, was er anzubieten hatte.

Golghotai lebte in großer Armut. Der Knecht versorgte sie zwar mit männlichem Schutz und einem gewissen Maß an Zuwendung, wirtschaftete aber auch gern in die eigene Tasche. Sie war nicht in der Lage, zu überprüfen, wie viel Geld er seiner Herkunftsfamilie in einem Dorf außerhalb Kabuls zuschanzte, wollte sich aber auch nicht mit ihm anlegen.

Da sie kein Geld für den Bus hatte, machte sie sich zu Fuß auf die Suche nach ihrer Tochter. Im Dorf Schewaki angelangt, gab sie sich als Bettlerin aus und klopfte an jede Tür, hoffend, Paris Stimme zu hören oder irgendeine Nachricht über sie aufzuschnappen. Vergebens. Wochenlang irrte sie durch die Gegend. Abends hatte sie Blasen an den Füßen, der Sandali war kalt, die Kinder verwahrlosten. Naser Khans Familie war wenig hilfreich. Der Knecht ging im Haus ein und aus, wirtschaftete ihr Unternehmen herunter, und die Ahnung kehrte wieder, dass Golghotai ihren Schwiegervater erschossen hatte. Sie war in den Augen ihrer Umgebung alles andere als eine ehrbare Frau.

Es war Frühling geworden. In ihrer Verzweiflung raffte sich Golghotai auf und klopfte an die Tür einer von Nanas Nachbarinnen in Kabul.

Ihr wisst doch, wo sich die Qala des Mohammad Saman Khan befindet, flehte sie unter Tränen.

Als eine der Frauen sie zur Tür begleitete, flüsterte sie ihr zu: Du musst die Brücke überqueren, die aus dem Dorf hinausführt. Dann lauf nach rechts flussaufwärts. Nach zwei Kilometern wirst du zwei Burgen sehen. Eine der beiden ist die Qala, die du suchst.

Da erkannte Golghotai, wie nah sie die ganze Zeit ihrem Ziel gewesen war, sie hätte nur den Fluss überqueren müssen. Die erste Burg, an die sie klopfte, war gleich die richtige. Das Tor wurde geöffnet, und schon sah sie im Hof eine völlig eingeschüchterte Pari. Sie saß neben ihrem Kind auf der Matratze.

Jetzt bist du sicher. Ich habe dich gefunden!, flüsterte Golghotai ihrer Tochter zu. Ich war schon bei Gericht und kehre jetzt gleich dorthin zurück. Hab keine Angst!

Bei Gericht ließ sich meine Großmutter vom widerstrebenden Richter eine Art einstweilige Verfügung ausstellen, in der festgehalten wurde, dass Mohammad Saman Khan zur Verantwortung zu ziehen sei, sollte ihrer Tochter etwas zustoßen. Mit diesem Papier kehrte sie zur Burg zurück, zeigte es Pari und hielt es Rasul Khan unter die Nase.

Jetzt kannst du sie behalten, solange du willst, verkündete sie siegessicher, nahm ihr Papier und zog ab.

Es folgte eine zermürbende Zeit für alle Beteiligten. Der Plan der Familie, Pari zu beseitigen, um die eigene angeschlagene Ehre wiederherzustellen, war nun vereitelt. Paris bloße Anwesenheit erinnerte ständig an den materiellen Schaden, vor allem aber an die schwere Demütigung, die sie der Familie zugefügt hatte. Erst jetzt erschloss sich Mohammad Saman Khan die volle Reichweite der Drohung »Nun musst du mich verdauen«, die Pari nach der erzwungenen Vermählung vor dem Gerichtsgebäude ausgesprochen hatte: Pari war unverdaulich. Er fühlte sich umso mehr verletzt, als ihm nun die Hände gebunden waren. Das junge Ding war am Ende ebenso Siegerin geblieben wie Serghuna.

Nicht, dass es Pari viel genützt hätte. Sie führte ein elendes Leben als Sündenbock für alles, was der Familie widerfuhr, und wartete auf eine Rettung, von der sie nicht wusste, wann und in welcher Form sie eintreffen würde. Nur das Baby Malalai erfüllte sie mit tiefer Dankbarkeit, wenngleich sie oft zu niedergeschlagen war, um sich mit mütterlicher Liebe mit der Kleinen zu beschäftigen. Sie fütterte und wickelte sie und legte sie auf die Matratze, wo Malalai sich still mit sich selbst beschäftigte. Ich soll ein außerordentlich ruhiges Baby gewesen sein, schon damals voller Mitgefühl für meine unglückliche Mutter.

Der zweite Winter auf der Qala kündigte sich an. Niemand wusste, was mit Pari geschehen sollte. Nana tat ihr Bestes, sie zu ignorieren, und trauerte weiter um ihr Porzellan. Fast täglich wurde Pari von ihrem Mann geschlagen. Sie lebte in einem feuchten Zimmer im Erdgeschoss, hatte kaum Holzkohle für ihren kleinen Sandali und ernährte sich von Essensresten. Rheumatische Schmerzen in den Beinen machten ihr zu schaffen. Gelegentlich musste sie Rasul Khan zu Willen sein. Sonst war sie nutzlos.

Bring sie weg. Ich kann sie nicht mehr ertragen, sagte Mohammad Saman Khan seinem Sohn immer häufiger.

Einmal wöchentlich kam Golghotai zu Besuch. Nachdem ein Jahr vergangen war, erfuhr sie, dass niemand mehr das undankbare Geschöpf um sich dulden wollte.

Nimm sie mit!, verlangte der in seiner Ehre gekränkte Feudalherr angewidert.

Also nahm meine Großmutter meine Mutter und mich zurück nach Kabul und wies uns in ihrem Haus ein Zimmer zu.

Pari war im sechsten Monat schwanger.

DIE BOTSCHAFT

Der Zweite Weltkrieg mit seinen Abermillionen Toten war zu Ende gegangen, die aus den Angeln geratene Welt wurde neu gemischt. Afghanistan wurde Mitglied der neu gegründeten Vereinten Nationen. Innenpolitisch steuerte es einen liberalen Kurs. Premierminister Schah Mahmud Khan befürwortete freie Wahlen und eine relativ freie Presse. 1947 zog sich Großbritannien aus Indien zurück. Aus Teilen Indiens und Afghanistans entstand ein neuer Staat. Paris Geburtsort auf der anderen Seite des Khayber lag nun in Pakistan. Afghanistan strebte die Rückgabe der einst ihm gehörenden Paschtunengebiete durch Pakistan an, forderte eine Volksabstimmung in den Stammesgebieten und votierte in der UNO-Generalversammlung gegen die Aufnahme des neuen Landes. Es kam zu bewaffneten Auseinandersetzungen zwischen pakistanischen Streitkräften und Paschtunen. 1949 weigerte sich die afghanische Regierung, die Durand-Grenze zwischen Pakistan und Afghanistan anzuerkennen, und die Paschtunen verkündeten – von der Weltöffentlichkeit ignoriert – die Gründung eines unabhängigen Paschtunistan.

Pari war zwar verstoßen aus dem Haus des Mohammad Saman Khan (ein Umstand, den sie keineswegs bedauerte), doch von dem Kind, das sie im Januar 1950 zur Welt brachte, wollte die Familie dennoch nicht lassen. In starrsinniger Verkennung der Tatsache, dass Pari die Welt um ein weiteres Mädchen bereichert hatte, bestand Bibi Hadschi auf dem Namen Karim. Meine Schwester sollte wohl den verunglückten Erstgeborenen ersetzen, und auch meine Mutter schien sich mit dieser männlichen Namensgebung angefreundet zu haben, denn sie tat alles, um aus meiner Schwester einen Jungen zu machen. Im Übrigen wurde es zu ihrer Lebensaufgabe, uns beide mit einem soliden Selbstbewusstsein auszustatten. Wir sollten es besser haben im Leben als sie. Wir sollten nie in die Lage geraten, unsere Würde verteidigen zu müssen.

Obwohl die Beziehung zwischen unserer und der Familie von Golghotais Schwager nicht die wärmste war, wuchs ich doch in einem Familienverband auf, der mit jeder weiteren Eheschließung und Familiengründung größer wurde. Einer Bienenwabe gleich erweiterte sich unser Haus mit dem bepflanzten Innenhof, auf dem sich alle trafen – in die Höhe ebenso wie in die Breite. Ich war ein stilles Kind, ein Schattenwesen, das in abgöttischer Verehrung an der Mutter hing und so spät erst zu sprechen begann, dass die Familie schon an meinem Geisteszustand zweifelte. Dass ich nicht taub war und folglich auch nicht stumm sein konnte, war nicht zu übersehen, denn ich war ein schreckhaftes Mädchen, das beim geringsten Geräusch zusammenzuckte. Wenn mein Onkel (Paris ältester Bruder, den ich stets nur den »Schläger« nannte) durchs Haus brüllte, hielt ich mir die Ohren zu. Wenn es donnerte, steckte ich den Kopf in den Schoß meiner Mutter. Hundegebell ließ mich mitten in einer Tätigkeit erstarren. Es war, als hätte Paris sanft modulierte Stimme mein Gehör auf einen einzigen Klang eingestellt.

Es ist also nicht weiter verwunderlich, dass ich mich jenen Personen in unserer Großfamilie zuwandte, zu denen auch meine Mutter ein inniges Verhältnis hatte, und die waren jene, die von den anderen abgelehnt oder verlacht wurden, die Stillen und Undurchsichtigen. Vom Poeten lernte ich die Liebe zu Literatur und Poesie. Er hatte dichtes schwarzes Haar, Schlupflider wie ein Chinese, ein sanftes Gesicht und rauchte für sein Leben gern Haschisch in der Wasserpfeife. Das brachte ihm die Verachtung seiner Brüder und namentlich des Schlägers ein, denn anders als in Kandahar und Masar-e-Scharif galt der Genuss von Haschisch in Kabul nicht als gesellschaftsfähig und schon gar nicht in unserer sittenstrengen, genussfeindlichen Familie. Meistens rauchte der Poet auch nicht zu Hause. Ein alter Mann betrieb in unserem Viertel ein Kellerlokal, in dem die Männer sich gegen einen Obolus für eine Weile von der Welt verabschiedeten. Der Poet war dort Stammgast. Wenn er mit geröteten Augen und einem glückseligen Lächeln auf den Lippen von der Spelunke kam, verhöhnte ihn sein älterer Bruder. Ich hingegen liebte dieses milde Lächeln. Und ich liebte die Schlupflider, unter denen seine Schlitzaugen im berauschten Zustand fast vollständig verschwanden. Als Kind nahm ich mir fest vor, ihn später zu heiraten, und bis heute ziehen mich Gesichter mit Schlupflidern erotisch an.

Meine erste Begegnung mit dem Haschisch machte ich als Wickelkind. Der Poet hatte sich angeboten, mit mir spazieren zu gehen, doch da ihm der Aufenthalt im Freien mit einem stummen Säugling rasch langweilig wurde, nahm er mich mit in die Haschischspelunke und legte das Bündel in eine Ecke, wo es still vor sich hindämmerte. Als er es nach einigen Stunden wieder zu Hause ablieferte, merkten Pari und Golghotai, dass ich nicht atmete. Sie hielten mich für tot, vom plötzlichen Kindstod hatten sie vielleicht gehört. In heller Aufregung ließen sie Rasul holen, damit er das Notwendige für die rasche Beerdigung veranlasse, offiziell war er ja weiterhin Paris Ehemann und folglich Familienoberhaupt. Weniger aufgeregt als die Frauen, merkte er gleich, dass ich sehr wohl atmete, wenn auch ungewöhnlich flach. Er packte mich und lief aus dem Haus.

Bist du verrückt, riefen ihm die Frauen hinterher, was läufst du mit einer Leiche herum?

Rasul stürmte in einen Laden, in dem Eiswürfel zur Kühlung von Lebensmitteln verkauft wurden, und steckte Malalai ein Stück Eis in den Mund. Dann lief er zum nächsten Barbier und ließ ihr den Kopf scheren, damit die Hitze aus ihrem Körper entweichen konnte: Er hielt den Zustand des Babys für einen Hitzschlag. Tatsächlich öffnete Malalai schon bald die Augen und kam zu sich. Pari und Golghotai waren hocherfreut, aber auch sehr erstaunt.

Das Kind war am Verdursten, mahnte Rasul. Ihr müsst ihm im Sommer mehr zu trinken geben. Dann trollte er sich.

Mag sein, dass der Poet nach diesem Schreck eine Verpflichtung verspürte, sich mir auf besondere Weise zuzuwenden. Wie auch immer: Zwischen uns entwickelte sich im Lauf der Jahre eine innige Beziehung. Jeden Morgen lief ich gleich nach dem Aufwachen zuerst zu ihm ins Zimmer und schlüpfte unter seine Decke. Das tat ich, bis ich etwa zwölf war und meine Großmutter es mir untersagte. Ich erinnere mich noch genau, wie traurig und verletzt ich war.

Ab meinem sechsten oder siebten Lebensjahr schickte mich der Poet um Haschisch ins Teehaus, wo er Stammkunde war. Danach ging er sogleich daran, die duftende Platte am Holzkohlenofen anzuwärmen und mit den Händen kräftig zu kneten.

Du musst die Platte so lange kneten, bis Öl austritt, mein Schwesterchen. Je mehr du knetest, desto besser schmeckt es. Du musst so lange kneten, bis auf deinen Handflächen Blasen entstehen.

Und in der Tat: Seine Handflächen waren immer voller Blasen, die platzten und eine Hornhaut bildeten.

Es darf nicht bröseln, sondern muss sich wie Leder biegen lassen.

Während dieser Prozedur lehnte ich an seinem Rücken, die Arme um seinen Hals, und schaute ihm über die Schulter. Wenn er fertig war, entfachte er die Holzkohlenglut und genehmigte sich seufzend das wohlverdiente Wasserpfeifchen. Ich liebte es, mich an seine Schulter zu pressen und den süßlichen Rauch einzuatmen. Wir wurden beide ganz ruhig und verbrachten Stunden in friedlicher Eintracht. Ich war stolz darauf, seine raffinierte Technik zu kennen, und lernte zwischen gutem und schlechtem Haschisch zu unterscheiden.

Wenn das Haschisch roh ist und doch so geschmeidig, dass es

nicht bröselt, haben sie dich ausgetrickst und Rosinen untergemischt, warnte er mich.

Ich war etwa sieben Jahre alt, als der Poet mich an der Hand nahm und mir verschwörerisch zuflüsterte: Heute gehen wir miteinander aus, aber du darfst es zu Hause nicht erzählen.

Wir gingen ins Kino. Man spielte die indische Verfilmung einer Geschichte, die er mir schon unzählige Male in verschiedenen Varianten erzählt hatte: die tragiromantische Liebe zwischen Laila und Madschnun. Laila war eine Fürstentochter, Madschnun ein einfacher Mann. Als die fürstliche Karawane durch sein Dorf zog, verliebten sich die beiden Ungleichen ineinander. Der Karawanenfürst wollte seine Tochter nicht dem armen Jüngling zur Frau geben und vermählte sie standesgemäß. Madschnun (was so viel heißt wie Verrückter) entsagte fortan den Bequemlichkeiten der Zivilisation und ging in die Wüste, um sein Leben der Suche nach Laila zu weihen. Bei jeder vorüberziehenden Karawane lief er hinterher und rief ihren Namen, vergebens. Eines Tages tauchte mitten in der Wüste wie aus dem Nichts ein Mann auf und schrie Madschnun an: Du Verrückter, pass auf, wo du hinläufst. Du störst mich beim Gebet. Madschnun erschrak und schüttelte über seine eigene Unaufmerksamkeit den Kopf: Du betest den Schöpfer an und hast mich dennoch gesehen, ich aber, sein Geschöpf, suche und habe dich nicht wahrgenommen. Die Geschichte ist von vielen Dichtern besungen worden, und ich kannte sie auswendig.

Jetzt wirst du Laila sehen, bereitete der Poet mich auf unser Kinoerlebnis vor. Natürlich hielt ich die Leinwand-Laila für die echte. Der Film lief unsynchronisiert auf Hindi. Weil er so oft ins Kino ging, konnte der Poet das Film-Hindi gut verstehen. Andauernd stieß ich ihn in die Rippen: Übersetze! Was sagt sie? Was sagt er? Also übersetzte er. Das Kino war voller Männer. Frauen gingen kaum ins Kino, und wenn, dann saßen sie abgetrennt in den hinteren Sitzreihen. Als es ihm mit der andauernden Tuschelei zu bunt wurde, beugte sich ein hinter uns sitzender Mann vor und zischte gehässig: Sie möchte wohl auch Schauspielerin werden! Es klang wie Hure. Danach waren wir still.

Nach dem Kino führte mich der Onkel in ein Kebab-Restaurant, wo wir nebeneinander auf einer länglichen Bank saßen und dem Kebabi zuschauten, wie er am offenen Schaufenster mit einem großen Messer das Fleisch schnitt und es auf der Holzkohle grillte. Ich bekam einen Lammspieß mit Salat und Fladenbrot und ein Jogurtgetränk. Von den Wänden warfen uns die indischen Filmstars auf den Plakaten verführerische Blicke zu. Aus dem Lautsprecher krächzte indische Filmmusik. Auch das war für mich ein Fest, denn zu Hause hatten wir kein Radio. Danach gingen wir in den Basar, wo die akustischen und visuellen Eindrücke wie ein Wasserfall über mich hereinbrachen. Der Poet kaufte mir bunte Armreife aus Glas, wie Laila sie im Film getragen hatte, ein Dutzend für jeden Arm. Langsam und zärtlich streifte er sie mir einzeln über, und ich fühlte mich wie die arabische Karawanenprinzessin mit ihrem Prinzen. Genüsslich Noqol aus der Tüte mampfend, schlenderten wir schließlich nach Hause. Als meine Schwester von meinen Erlebnissen erfuhr, die ich nicht mit ihr geteilt hatte, weinte sie. Noch heute habe ich deswegen ein schlechtes Gewissen.

Einmal nahm der Poet mich mit in einen Kriegsfilm. Kann es ein deutscher Film aus der Nazizeit gewesen sein? In meiner Erinnerung waren die Deutschen Helden. Sie tauchten mitten auf der Straße aus dem Gulli auf, schossen um sich und verschwanden wieder. Nach dem Film schwärmte mein Onkel von der Kriegsfertigkeit der Deutschen. Sie seien fähig, mehrere Tage zu kämpfen, ohne zu essen, sagte er. Ab und zu würden aus der Luft Pellkartoffeln für sie abgeworfen. Hitler sei ein guter Feldherr gewesen, sagte auch Rasul. In der Schule wurden wir über den Zweiten Weltkrieg sachlicher und unparteiischer informiert. Für die Engländer allerdings hatte man in Afghanistan wenig Sympathie. Während des Krieges hatten sich afghanische Schüler der französischen Schule und afghanische Schüler der deutschen Schule bekriegt wie die Völker Europas. Nach ihrem Sieg forderten dann die Alliierten die Auslieferung der deutschen Lehrer und Botschaftsangehörigen. Mohammad Saher Schah lehnte ab und ermöglichte den Deutschen die Flucht in die Türkei.

Nach dem Haschischrauchen war meines Onkels zweitliebste Beschäftigung das Drachensteigen, in der Steppenlandschaft außerhalb der Stadt oder auf der großen Brache in unserem Viertel. Seine riesigen Drachen fertigte er in tagelanger Arbeit aus buntem Seidenpapier und Bambusstäben. Drachensteigen war nicht nur ein Spiel, sondern ein Kampfsport. Hoch oben in den Lüften wurden die Garne der Drachen so lange aneinander gerieben, bis das schwächere riss. Der Poet war berühmt dafür, seine Drachen besonders hoch steigen zu lassen und die Garne seiner Gegner elegant zu zersägen. Das Garn wurde mit einer Klebemasse aus Teig und Rosinen gefestigt, dem man Porzellan- oder Glaspulver beimischte. Tagelang hing es über die Dächer gespannt und wurde so lange mit der Paste bearbeitet, bis es messerscharf war. Dann wickelte man es auf eine Spule mit zwei seitlichen Griffen, die zwischen Daumen und Zeigefinger festgehalten wurden, während der Drachen sich in einer gleitenden Bewegung das Garn holte. Nicht nur die Drachensteiger waren ausgesprochene Profis, sondern auch die Kinder, die die Spulen hielten. Gute Spulenhalter waren gesucht und ließen sich gegen Entgelt mieten. Die Kunst bestand darin, ruckartige Bewegungen zu vermeiden, damit die scharfkantigen Garnteile nicht unbeabsichtigt aneinander rieben und rissen – was gar nicht so einfach war, wenn der Drachen hoch in der Luft vom Wind gebeutelt wurde. Selbstverständlich war das Jungenarbeit. Mein Onkel aber machte mich zu seiner persönlichen Gehilfin.

Seine Vorliebe für den süßen Rauch hinderte ihn, wie schon erwähnt, daran, einer regelmäßigen Beschäftigung nachzugehen. Dennoch gelang es ihm, uns mit Gelegenheitsarbeiten finanziell über Wasser zu halten. Ohne ihn wären wir bettelarm gewesen.

Der Militärdienst des Poeten war ein kurzes Intermezzo. Während der Wache rauchte er einen Joint, schlief ein und wurde von der Ohrfeige seines Vorgesetzten geweckt. Tags darauf ließ er das Gewehr liegen und verschwand am Freitag ins Wochenende. Am Samstag verabschiedete er sich wie immer von uns und tauchte nicht mehr auf. Voller Sorge fuhr Pari mit dem Bus zu seiner Garnison außerhalb der Stadt und erfuhr, dass er desertiert war.

Desertion vom zweijährigen Militärdienst war ein schweres Vergehen. In ihrem eigenen Stammesgebiet mussten Paschtunen keinen Militärdienst ableisten, wohl aber in Kabul. Ein Deserteur konnte nicht in der Stadt bleiben. Ein ganzes Jahr hörten wir nichts vom Poeten. Manchmal weinte meine Mutter heimlich um ihren Lieblingsbruder, und manchmal weinte ich heimlich um meinen Lieblingsonkel. Aber dann kam sein Brief! Ein Brief mit bunten Briefmarken aus Karatschi, das irgendwo am Indischen Ozean liegt, so viel hatte ich in der Schule gelernt. Meine Mutter war nicht wiederzuerkennen. Wie ein Kind tollte sie durchs Zimmer, umarmte mich (was noch nie vorgekommen war) und jauchzte immerzu: Er lebt! Er lebt! Und dann: Lies, Malalai, lies vor!

Schwesterchen, schrieb der Poet, du musst dir den Ozean so vorstellen: ein Fluss, der keine Ufer hat! Denk an einen Fluss, der so groß ist, dass man das andere Ufer nicht sehen kann. Hier ist es unglaublich heiß, schrieb er weiter, und das Essen enorm scharf. Weil ich so viele indische Filme gesehen habe, kann ich die Sprache der Leute gut verstehen – sie heißt Urdu. Aber hier sind indische Filme verboten.

Was er in Pakistan trieb, schrieb er nicht, und auch nicht, wann er zurückkommen würde. Meine Mutter trug den Brief wie ein Amulett am Körper. Wenn sie nach dem Essen genüsslich ihre Chesterfield rauchte, die ich ihr (wie immer einzeln) vom Basar geholt hatte, zog sie den Brief manchmal hervor, entfaltete ihn ehrfürchtig und bat mich, ihn ihr vorzulesen.

Ein halbes Jahr später stand er vor uns, verlaust, ohne einen einzigen Afghani in der Tasche und todkrank. Ohne Pass und mit einer schweren Gelbsucht hatten er und fünf andere sich von paschtunischen Schmugglern zu Fuß über den Khayber führen lassen. Der vereinbarte Preis war günstig gewesen. In der Nacht wurden sie am Rand einer furchterregenden Schlucht überfallen. Der Bergführer war weit und breit nicht zu sehen, und die Räuber nahmen ihnen sämtliches Geld ab. Den einen, der sich weigerte, stießen sie die Schlucht hinunter. Am Morgen tauchte der Führer wieder auf: Was hätte ich tun sollen, die hätten mich doch auch getötet! Es war ein abgekartetes Spiel.

Ich war außer mir: Habt ihr denn den Mann nicht aus der Schlucht gerettet?

Schwesterchen, lachte mein Onkel, was glaubst du, was das für Männer sind! Die hätten uns dort einfach zurückgelassen. Ohne den Bergführer wären wir verloren gewesen.

Nur als Spulenhalter-Spezialistin konnte ich, das mausgraue Muttertöchterchen, mit meiner Schwester mithalten. Karim machte ihrem Männernamen alle Ehre. Meine Mutter steckte sie in *schalwar-kamis* nach Männerart und ließ zu, dass sie ausschließlich mit Jungen spielte und sich bald zu einer Bandenanführerin hocharbeitete. An warmen Tagen ließ sie ihren Drachen auf den Flachdächern der Häuser steigen, im Winter schlug sie Nägel mit runden Köpfen in ihre Schuhsohlen und entwickelte sich auf diesem Provisorium zu einer Meisterschlittschuhläuferin. Irgendwann kaufte ihr Rasul ein Jungenfahrrad, mit dem sie die Gegend unsicher machte. Damenräder gab es damals noch nicht. Karim war ein Mädchen mit riesigen schwarzen Augen in einem runden Babygesicht – sie musste ihre Stellung immer neu verteidigen. Abends kam sie von Diadochenkämpfen zerschunden und verdreckt nach Hause, mit verfilzten schwarzen Locken, zerkratzten Händen und gesprungenen Lippen. Den ganzen Tag hatte sie nichts gegessen und getrunken und ihre ständig laufende Nase mit dem Ärmel abgewischt, auf dem sich der verkrustete Rotz deutlich abzeichnete. Oft war ihre Hose zerrissen, unzählige Male fiel sie vom Fahrrad. Als sie sich einmal mit einem Jungen auf einer Wippe vergnügte, sprang der in böser Absicht plötzlich ab, und meine Schwester knallte auf den Boden und brach sich den Arm.

Da sie nie Geld hatte, ließ sie sich als Anführerin eine List einfallen. Wer bei ihrer im Viertel berüchtigten Bande dabei sein wollte, musste sich den Eintritt mit Geld erkaufen. In der Nachbarschaft gab es einen Hasara-Jungen, der sich nichts sehnlicher wünschte, als Mitglied von Karims Bande zu sein, um seinen niedrigen sozialen Status aufzubessern. Zwar war sein Vater als Besitzer des Serails wohlhabend, doch die Angehörigen der schiitischen Minderheit aus dem Hochland von Bamjan führten in Kabul überwiegend eine Pariaexistenz. Die meisten Hasara, erkennbar an ihrem mongolischen Gesichtsschnitt, verdingten sich in der Hauptstadt als Kulis und Dienstmädchen. Der Junge jedoch war der einzige Sohn des Serail-Besitzers und wurde reichlich mit Taschengeld verwöhnt. Genau darauf hatte es Karim abgesehen. Also führte sie in ihrer Bande die Kategorie »Soldat« ein. Der Hasara-Junge wurde Soldat, er hatte keine Wahl. Soldaten bekamen Heimaturlaub. Sofort nach seiner erkauften Bandenaufnahme wurde er auf Heimaturlaub geschickt. Bei seiner Rückkehr musste er dann erneut Eintritt zahlen. Wie oft Karim das Spiel wiederholte, weiß ich nicht ... Und selbstredend schwänzte sie andauernd die Schule: So war Karim, meine Schwester. Noch heute spielt sie afghanischen Poker wie ein Mann, foppt und betrügt ihre Mitspieler, schlägt sich mit der Hand auf die Oberschenkel und wirft mit derben Worten um sich. Das alles, wohlgemerkt, im feinen Kostüm und mit Stöckelschuhen an den Füßen.

Als Karim zehn und ich zwölf Jahre alt waren, schickte uns der Poet aus Masar-e-Scharif einen dunkelroten und einen leuchtend blauen Kordstoff. Karim ließ sich aus dem roten Stoff zur damals modernen Fischerhose eine kurze Jacke schneidern, für mich sah sie einen Dreiviertelmantel vor. Du bist ein Mädchen, sagte sie nach Bandenanführerinnenart, als ich wie sie eine Jacke haben wollte, du sollst deinen Hintern nicht zeigen. Dabei hatte sie schon damals einen größeren Hintern als ich! Ich wagte nicht zu widersprechen.

Sonst hatten wir wenig Kontakt miteinander. Für Karim war ich keine angemessene Partnerin, sie ignorierte mich einfach. Während sie draußen herumtobte, saß ich zu Hause bei der Mutter, half im Haushalt und lernte fleißig. Ich hatte kein eigenständiges Leben. Ich war ein Teil von Pari. Es mag in der sechsten Klasse gewesen sein (ich war zwölf Jahre alt), als meine Lehrerin mich einmal ermahnte, mir morgens das Gesicht zu waschen. Ich wasche mich doch, antwortete ich beleidigt. Aber du hast da etwas Schwarzes an der Wange, sagte sie, schau mal in den Spiegel. Da wurde mir klar, dass ich mich nie im Spiegel betrachtete. Ich spiegelte mich in meiner Mutter. Immer beobachtete ich sie. Wenn sich eine tiefe Falte zwischen ihre Augenbrauen schob, sank auch meine Stimmung augenblicklich. Wenn sie lachte (was selten vorkam), ging die Sonne für mich auf. Ich war Paris Schatten. Karim war ein normales Kind, wurde gerügt, geschlagen, geherzt, und kroch wie ein Baby unter Mutters Bettdecke. Ich lag stets allein auf meiner Matratze, ernst und ohne Zugang zu mütterlicher Wärme.

Doch natürlich gab es auch kleine Gemeinsamkeiten zwischen mir und meiner Schwester. An eine muss ich auch heute noch denken, wenn ich den Abendstern sehe: In den heißen Sommermonaten wurden unsere Bastbetten aufs Dach hinausgetragen und wir schliefen im Freien. Karim und ich teilten uns ein großes Bastbett, Pari schlief in ihrem kleineren. Vor dem

Einschlafen lagen wir auf dem Rücken und schauten in den Himmel. Jede von uns suchte sich einen Stern aus, der uns allein gehören sollte. Wir erhoben beide Anspruch auf den großen Abendstern. Ich habe ihn mir zuerst ausgesucht, sagte sie. Nein, ich war zuerst, konterte ich. Das ging so weiter, bis ich mir eine List ausdachte, gegen die sie nichts vorbringen konnte. Ich bin älter als du, sagte ich, also bin ich zuerst auf die Erde gekommen und habe mir den Stern schon zu einer Zeit ausgesucht, als du noch gar nicht geboren warst! Irgendwann wurde unser Streit von einer herzzerreißenden melancholischen Melodie unterbrochen, die aus dem benachbarten Serail herübertönte. Ein Mann (wahrscheinlich ein Karawanenführer) sang ein Lied, dessen Text nicht zu verstehen war und dessen lang gezogene traurige Rufe uns in der Stille der Nacht durch Mark und Bein gingen. Seine Stimme löste in mir ein Gefühl von Sehnsucht und Heimweh aus. Ich stellte mir seine Sehnsucht nach der Wüste vor, nach der Steppe oder den Bergen, die er mit seiner Karawane Jahr für Jahr durchquerte. Die bittersüße Stimme des Mannes brachte uns den Schlaf. Doch am nächsten Abend nahmen wir unseren Streit wieder auf.

Trotz der Kühle, die zwischen mir und meiner Mutter herrschte, war ich Paris Lieblingstochter. Vor allem ich sollte erhalten, was ihr versagt geblieben war: Bildung. Während die Kinder in Kabul mit sieben Jahren eingeschult wurden, schickte Pari mich schon als Sechsjährige zur Schule. Sie konnte es nicht erwarten. Für mich war diese erste Trennung von der Mutter ein schreckliches Erlebnis. Der Schulhof erschien mir wie ein Fußballfeld, es wimmelte vor Kindern, und sie machten mir Angst. In Zwanzigerreihen aufgestellt, lauschten wir der Rede der Schuldirektorin, die wie ein Nebel an mir vorüberzog. Unser Klassenzimmer lag am Ende einer Reihe hintereinander angeordneter Räume, und das Tageslicht drang nur spärlich zu uns. Ich war die Jüngste in der Klasse, die Sitzengebliebenen waren zwei Jahre älter als ich. Wie betäubt saß ich da und wagte keinen

Muckser. Am ersten Tag holte mich meine Mutter ab, später musste ich den kurzen Weg alleine bewältigen.

Im Schulhof konnte man sich bei fliegenden Händlerinnen in der Pause etwas zu essen kaufen, Kichererbsen und Salzkartoffeln, mit einem Schuss Essig. Ich liebte den Geschmack des Essigs auf der Zunge. Er holte mich mit seiner Schärfe wie ein kalter Wasserstrahl aus meinen Träumen. Pari gab mir jeden Tag für das Pausenessen einen Afghani mit. Das war viel Geld für ein kleines Mädchen, auch die Hälfte hätte gereicht. Eine sitzen gebliebene Achtjährige bekam meinen Reichtum spitz und passte mich nach dem Pausenklingeln an der Tür zum Schulhof ab. Sie entriss mir den Afghani und verschwand. Und so ging es weiter, das ganze erste Jahr. Ich hungerte schweigend und sagte meiner Mutter kein einziges Wort. Einmal stand die Mundräuberin nicht an der Tür, und der hoffnungsvolle Gedanke an die Kartoffel mit dem Essig ließ mir das Wasser im Mund zusammenlaufen. Doch sie wartete nur eine Treppe tiefer.

Diese Geschichte hat meine Mutter nie erfahren. Ich wagte nicht, ihr eine Niederlage einzugestehen. Ich musste immer die Beste sein. Der Notendurchschnitt wurde zusammengerechnet, und die drei Schülerinnen mit den besten Noten bekamen einen speziellen Vermerk ins Zeugnis: Beste, Zweitbeste, Drittbeste. Ich war immer die Beste. Jeder Mensch hat eine Aufgabe im Leben, Rasul (der für mich mein Vater war) hatte keine. Meine Aufgabe war es, in der Schule die Beste zu sein.

Du musst unbedingt das Abitur machen, ermahnte mich meine Mutter, als ich noch die Grundschule besuchte. Danach gehst du zur Universität. Und weil sie keine Vorstellung hatte, was nach der Universität noch kommen könnte, fügte sie nach einer Pause hinzu: Du gehst eben so lange zur Schule, wie es sie gibt. Aber als ich in die Pubertät kam, ließen meine Schulleistungen nach. Besonders in Mathematik war ich eine Niete. Doch Pari war nicht bereit, solche Schwächen zu akzeptieren: Was die anderen können, kannst du auch.

Nach der sechsjährigen Grundschule sollte ich am 21. März 1960 mit der Oberschule beginnen, in der man eine Fremdsprache erlernte. In Mädchenschulen wurde Englisch oder Französisch unterrichtet. Pari wusste nicht, was für mich besser sein würde. Also suchte sie eine Nachbarin auf, die als gebildet galt – eine junge Witwe mit vier Kindern. Diese lernten Französisch, Französisch aber würde nur in Europa gesprochen, sagte die Witwe, Englisch hingegen in der ganzen Welt.

Du lernst Englisch, entschied meine Mutter kategorisch.

Ob sie wusste, wo Europa liegt?

Eine Woche vor dem großen Ereignis besuchte ich eine Schulfreundin, die in der Nähe unserer künftigen Oberschule wohnte. Ich verließ das vertraute Gassengewirr der Altstadt, durchquerte den gestampften Lehmboden des offenen Basars und betrat mit einem erhabenen Gefühl die mit eleganten Häusern gesäumte Asphaltstraße. Sie ging in gerader Linie auf das Stadion zu, vor dessen Außenmauern Jahr für Jahr am 19. August mit großem Tamtam und einer Menge Rot-Schwarz-Grün der afghanische Nationalfeiertag begangen wurde. An der Gabelung nahm ich die Straße, die nicht in Richtung Neustadt, sondern den Kabul-Fluss entlangführte, und passierte eine Hängebrücke, die man die »zitternde Brücke« nannte. Wie jedes Frühjahr war der Fluss fast bis zur Höhe der Brücke angeschwollen und voller Schlamm, Holzstücken und Geäst aus den Bergen. Drei Monate sei der Fluss ein ehrfurchtgebietender Herrscher, sagte man in Kabul, neun Monate diene er nur zum Pissen. Als sich einmal das Gerücht verbreitete, der Fluss führe Leichen mit sich, versammelten sich so viele Menschen auf der zitternden Brücke, dass sie einstürzte und Hunderte mit sich riss. Am Fuß des stillen Vulkans, auf dem der Schnee auch im Winter nicht liegen bleibt, reckte das Mausoleum seine beiden Säulen in die Luft. Dahinter lag meine Oberschule, und meine späteren Mitschülerinnen gingen vor jeder Prüfung ins Mausoleum, um für eine gute Note zu beten.

Schon etwas müde vom einstündigen Fußmarsch irrte ich mich in der Adresse und geriet an ein Tor, das ich für die Wohnungstür meiner Freundin hielt. Als niemand auf mein Klopfen reagierte, öffnete ich mir selbst und schnappte nach Luft – vor mir erstreckte sich ein wahrer Garten Eden. Eine terrassenförmig angelegte Gartenlandschaft mit vereinzelten Bäumen führte zu einem großen dreistöckigen Gebäude, dessen linke Seite vollständig mit Efeu bewachsen war. Auf einem gemächlich dahinplätschernden Bach segelten Schwäne. Wie glücklich die Menschen sein müssen, die hier wohnen, dachte ich in meiner Verzückung und ahnte, dass dieses Paradies nicht der Wohnsitz der Familie meiner Freundin sein konnte.

Schließlich an der bescheidenen richtigen Adresse angelangt, beschrieb ich ihr, was ich gesehen hatte. Wer wohnte dort?

Aber in dem prächtigen Haus war unsere Oberschule untergebracht! Wir waren der erste Jahrgang eines neuen berufsvorbereitenden Schultyps für Mädchen. Gedacht war dabei in erster Linie an eine künftige Bürotätigkeit, und so brachte man uns Maschineschreiben, etwas Recht, etwas Ökonomie und ab der neunten Klasse Buchhaltung und Rechnungswesen bei. Viele der Absolventinnen studierten Jura. Ein Jahr vor meinem Eintritt in die Oberschule war der Schleierzwang für Frauen abgeschafft worden, und Frauen begannen sich an der Universität einzuschreiben, auf den Arbeitsmarkt zu drängen und politische Positionen einzunehmen.

So prachtvoll das Gebäude war, so sehr hatte ich unter einem ungeschriebenen Gesetz zu leiden, das mich zwang, bis zum Abitur mit meiner Sitznachbarin eine eheähnliche Beziehung einzugehen. Jeweils zwei Mädchen teilten sich eine Sitzbank (ohne Lehne) und einen Tisch, und diese Nachbarschaft war mit der unausgesprochenen Verpflichtung verbunden, dafür zu sorgen, dass die andere nicht sitzen blieb, damit man auch im folgenden Jahr gemeinsam die Schulbank drücken konnte. Ich hatte Pech. Neben mir saß eine unscheinbare, ruhige und vor allem faule Schülerin, die ich geschlagene sechs Jahre mitschleppen musste. In der zwölften Klasse verliebte sie sich in einen Jungen, und nun war ich nicht nur für ihren Schulerfolg, sondern auch für ihre Liebesbeziehung verantwortlich. Nicht nur schrieb ich ihre Liebesbriefe, sie hatte ihm offensichtlich so wenig zu sagen, dass sie mir auch bei der inhaltlichen Gestaltung freie Hand ließ. Meine Anstrengungen mündeten nach dem Abitur in eine Ehe – und ich war aus unserer Klasse die Einzige, die sie nicht zur Hochzeit einlud.

Noch vor meiner Einschulung begann Pari mir Geschichten zu erzählen. Sie konnte zwar den Koran lesen und mir bis zur sechsten Klasse bei den Schulaufgaben helfen, doch ihre eigentliche Begabung war das Erzählen. Pari war mein Kino. Sie erzählte so anschaulich, dass sich in meinem Kopf die Bilder förmlich überstürzten und mein Gedächtnis nie wieder verließen. Die meisten Geschichten bekam ich zu hören, wenn sie mir nach der Haarwäsche kleine Zöpfe flocht, Strähne für Strähne. Die Prozedur dauerte etwa zwei Stunden, und es war unendlich beruhigend, die sanft arbeitenden Finger meiner Mutter auf meinem Kopf zu spüren, fast wie eine Meditation. Sie erzählte mit ihrer sanften Stimme, und ich prägte mir alles genau ein. Ich wollte nichts vergessen, keinen einzigen Nebensatz, denn ihre Geschichten enthielten oft Botschaften an mich. Wenn sie erzählte, vergaß sie, dass ich noch ein Kind war, sprach zu mir wie zu einer Erwachsenen. Und manchmal sagte sie wie zu sich selbst: Hör gut zu, meine Tochter. Das sind Geschichten, die nicht jeder Frau jeden Tag passieren. Merk sie dir genau. Und wenn du groß bist, schreibst du sie in ein Buch.

Manchmal saßen auch einige ihrer Freundinnen dabei, hörten zu und erzählten ihrerseits Geschichten. Ich würde mich schämen, jemals die Stimme gegen Malalai zu erheben, hörte ich Pari einmal zu einer Freundin sagen. Auch diesen Satz merkte ich mir gut: Du darfst sie nie dazu bringen, sich genötigt zu sehen, ihre Stimme gegen dich zu erheben. Die Vorstellung, von meiner Mutter getadelt zu werden, verschaffte mir Höllenqualen. Einmal geschah es aber tatsächlich. Es war wieder im Gespräch mit einer Freundin. Ich saß an ihrer Seite und übte die eben gelernten Buchstaben. Sie wollten mir nicht gelingen, sie kamen immer auf dem Rücken zu liegen wie Schildkröten, nie standen sie aufrecht mit vorgewölbtem Bauch. Andauernd musste ich sie wegradieren und von neuem ansetzen. Wieso radiert sie so viel?, fragte die Freundin. Weil sie zu blöd ist, die Buchstaben zu schreiben, antwortete meine Mutter. Ich spürte, wie mir die Schamesröte ins Gesicht stieg, und nahm mir vor, ihr nie wieder Anlass zu geben, auf diese Weise über mich zu sprechen.

Ich war stolz auf meine Mutter. Im Haus des Mohammad Saman Khan hatte Pari gelernt, ihre Schönheit ins rechte Licht zu rücken. Jeden zweiten Tag zupfte sie ihre Augenbrauen und entfernte mit einem Garn den zarten Gesichtsflaum, eine kosmetische Pflicht, die sie sich am Tag ihrer Hochzeit ahnungslos aufgeladen hatte und nun ihr Leben lang fortsetzen musste, weil das mit der Wurzel ausgerissene Haar kräftiger nachwuchs. (Mich warnte sie schon früh davor, jemals damit zu beginnen.) Ihr dichtes schwarzes Kopfhaar, das in ihrem Leben nie geschnitten wurde, war der kostbarste Schmuck meiner Mutter. Ihre Haarpracht teilte sie mit meiner Großmutter. Wenn sie in unserem Zimmer (in dem wir wohnten und schliefen) mit großen bunten Kissen im Rücken im Schneidersitz dasaßen, schlängelten sich jeweils zwei dicke Zöpfe wie schwarze Schlangen am Körper der beiden Frauen entlang und endeten auf der Matratze, wo sie schwer und reglos auflagen.

Der Schneidersitz war für mich eine Tortur. Besonders bei den Mahlzeiten wurde streng darauf geachtet, dass ich bis zum bitteren Ende in dieser Haltung sitzen blieb. Pari und Golghotai konnten stundenlang so verharren. An meine Großmutter kann ich mich überhaupt fast nur sitzend erinnern, den Rumpf der Wasserpfeife mit der Rechten haltend, in der Linken das lange Bambusrohr, aus dem sie von Zeit zu Zeit einen tiefen Zug in ihre Lunge sog. Meine Mutter hatte schon früh gelernt, diszipliniert zu sein und körperliche Schmerzen zu unterdrücken. Ich jedoch hielt es gerade zehn Minuten im Schneidersitz aus, dann begannen meine Knie so zu schmerzen, dass ich etwas dagegen tun musste. Also stellte ich erst das rechte Bein so auf, dass das Knie beinahe meine Nasenspitze berührte. Dann schob ich das linke langsam unter den Po und hoffte inbrünstig, von den Erwachsenen nicht ertappt zu werden. Hatte ich endlich eine erträgliche Position gefunden, hörte ich auch schon meine Großmutter spötteln: Genau wie ihr Großvater! Nicht einmal beim Essen konnte er anständig sitzen, musste immer wie ein Kamel dahocken! Noch heute sitze ich am liebsten so: das linke Bein unter den Po geschlagen (und auf einem breiten Korbsessel mit vielen Kissen, der an meinem Schreibtisch steht). Und noch heute höre ich Golghotais Spott. Gut, dass ich auch von meinem Großvater etwas geerbt habe, denke ich dann.

Die Erzählnachmittage mit Pari, wenn sie meine Zöpfchen flocht, sind meine schönsten Kindheitserinnerungen. Dabei waren ihre Geschichten keineswegs immer für Kinderohren geeignet. Doch meine Mutter mutete mir früh die Wahrheit zu.

Zum Beispiel die über Mariam, die ekstatische Tänzerin, die bei Paris Hochzeit aufgetreten war. Mariam hatte das Tanzen von ihrer Mutter gelernt. Eines Tages wird aus dir eine richtige Tänzerin, hatte die Mutter sie schon als kleines Mädchen ermutigt. Mariams Vater betrieb einen kleinen Krämerladen, und die Familie hatte ihr bescheidenes Auskommen. Es hungerte niemand, die beiden Töchter hatten etwas zum Anziehen und wurden zweimal jährlich zu den Festtagen von Kopf bis Fuß neu eingekleidet. Sie besaßen ein kleines Haus mit zwei Wohnräumen, einer Küche und einem Badezimmer. Mariams Vater hatte es von seinem Vater und dieser wieder von seinem Vater geerbt. Freitags blieb der Vater zu Hause, und Mariam tanzte ihm nach dem Mittagessen vor. Wenn ihr von den vielen Drehungen, die sie ihm zuliebe vollführte, schwindlig wurde, sank sie in seinen Schoß. Sie blieb dort reglos liegen, und er streichelte ihre erhitzten Wangen.

Mit fünfzehn hatte sie ihren eigenen Tanzstil entwickelt, der sie bald bekannt machte – es gab keine Hochzeit in der näheren Umgebung, zu der Mariams Familie nicht eingeladen wurde. Jede Braut wünschte sich als Hochzeitsgeschenk eine Tanzeinlage von Mariam. Sie bevorzugte pastellfarbene Kleider, die sie mit einem bunten Schal um die Taille akzentuierte. Nach der Darbietung wurde sie mit Seidenstoffen in ihren Lieblingsfarben beschenkt, sodass sie zu jedem weiteren Tanz immer ein neues Kleid anziehen konnte.

Als sie sechzehn war, starb ihre Mutter überraschend an einer rätselhaften Krankheit. Mariam verfiel in tiefe Trauer und erwachte erst aus ihrem Dämmerzustand, als sie merkte, dass ihre kleine Familie zerfiel. Die jüngere Schwester war verwahrlost, der Vater ein gebrochener Mann und außerstande, die Familie zu ernähren. Da fasste Mariam einen Plan.

Sie suchte eine Gruppe professioneller Musiker auf, die bei Hochzeiten aufspielten, und bat sie, sich ihnen als Tänzerin anschließen zu dürfen. Die Männer waren begeistert. Mariam würde sich als Publikumsmagnet günstig auf ihre Gage auswirken. Die Frauen der Musiker reagierten zurückhaltender. Als die Männer weggegangen waren, um die freudige Botschaft im Viertel zu verbreiten, nahm eine alte Frau Mariam beiseite und sagte: Meine Tochter, hast du deinen Entschluss reiflich überlegt? Ist dir bewusst, dass dein Leben als Tänzerin einen anderen Verlauf nehmen wird, als du ihn dir vorstellen kannst? So gern gesehen wir auf Gesellschaften sind, in den Augen unserer Gastgeber sind wir doch nichts weiter als Musikanten. Keine ehrbaren Menschen. Wenn die Hochzeit vorbei ist, werden wir wieder gemieden. Sie heiraten unsere Frauen nicht und geben uns ihre Töchter nicht zur Frau. Sobald du deinen ersten bezahlten Auftritt auf einer Hochzeit gehabt hast, bist du nicht mehr die Mariam, die du einmal warst. Du hörst auf, eine ehrbare Frau zu sein. Du bist eine Tänzerin und wirst dieses Schicksal nie mehr abschütteln können. Und nun geh nach Hause und überleg es dir noch genau.

Auf dem Heimweg tat Mariam so, als habe das Gespräch mit der alten Frau nicht stattgefunden. Als habe sie selbst keine Entscheidung zu treffen. Sie fühlte sich weder bedrückt noch hatte sie Angst, sie spürte vielmehr eine eigenartige Zuversicht, von der sie nicht wusste, woher sie kam. Sie trug den Kopf hoch, als sie nach Hause ging. Nach einer Woche, während der sie kein einziges Mal an das Gespräch mit der Alten dachte, teilte sie ihrem Vater beim Abendessen mit, dass sie von jetzt an gegen Bezahlung tanzen würde. Er warf ihr einen kurzen Blick zu, schwieg und aß weiter.

Innerhalb von Wochen wurde Mariam zur gefragtesten Tänzerin der Stadt. Jeden Abend hätte sie tanzen können. Doch Mariam stellte Bedingungen: nur zwei Auftritte in der Woche, auf großen Hochzeiten, bei hoher Bezahlung. Die Gastgeber sollten den reichen und berühmten Familien der Stadt angehören. Mich dürfen sich nur wenige leisten können, sagte sie den Musikern. Sie tauschte ihre pastellfarbenen Kleider gegen leuchtend bunte Stoffe und ließ sich eng anliegende, mit Pailletten bestickte Blusen anfertigen. Und sie schminkte sich das Gesicht. Die Hochzeiten wurden immer nach Männern und Frauen getrennt gefeiert. Mariam tanzte zwar ausschließlich auf Frauengesellschaften, sie hatte aber nichts dagegen, wenn sich unter die Gäste auch Männer mischten.

Am Abend eines Auftritts bereitete Mariam eine besondere Mahlzeit für ihre Familie. Sie brachte die kleine Schwester zu Bett und ermahnte den Vater, nicht auf sie zu warten, es könne spät werden. Sie nahm ihre Tanzkleider, warf den Schleier über den Kopf und verschwand in der Dunkelheit der Gasse. Doch der Vater blieb immer die ganze Nacht wach, um auf seine Tochter zu warten. Wenn Mariam im Morgengrauen heimkehrte, stand er an der Tür. Gemeinsam betraten sie das Haus. Warum hast du nur gewartet?, sagte sie vorwurfsvoll und war doch froh, dass es so war.

Mariam verdiente in einer Nacht mehr als andere in einem ganzen Monat. Die Familie kam wieder auf die Beine.

Von Zeit zu Zeit drängte sich in unerwarteten Augenblicken das Gespräch mit der alten Frau zwischen ihre Gedanken. Dann spürte sie etwas wie Trauer, Scham und auch Trotz. Trauer und Scham legten sich bald, der Trotz blieb, und sie lebte ihn im Tanz aus. In manchen Nächten tanzte sie so verbissen, dass ihr die Musiker kaum folgen konnten. Dann unterbrachen sie ihr Spiel, und Mariam machte allein weiter: Sie ließ die Schellen an ihren Fußgelenken den Rhythmus bestimmen und tanzte zu ihrer eigenen Musik.

Mariams erster Tanz auf einer Männergesellschaft war nicht beabsichtigt. Sie trat auf einer Hochzeit auf, die wie üblich in einem Hof gefeiert wurde. Der Hof war durch Laken unterteilt, die an einer Leine hingen. Während die Musik auf der Frauenseite aufspielte, legten die Musiker auf der Männerseite eine Pause ein. Als Mariam an der Reihe war, blies ein starker Wind durch den Hof und hob die Laken hoch. Einige fielen herunter, andere wickelten sich um die Leine, sodass die Männer freie Sicht auf die Frauen hatten. Die kreischten wild durcheinander, einige rannten weg, andere zogen ihre Kopftücher tief ins Gesicht. In einer solchen Situation hätte auch Mariam die Tanzfläche verlassen müssen. Doch zum allgemeinen Erstaunen brach sie ihren Tanz nicht nur nicht ab, sondern dehnte ihre Runden sogar noch auf den Männerteil des Hofes aus, wo kurz zuvor ein Knabe in Frauenkleidung aufgetreten war. Einen Augenblick lang schienen alle betreten, wussten nicht, wie es nun weitergehen sollte. Doch dann stimmten die Musiker der anderen Seite in den Rhythmus der Fußschellen ein und spielten die schönste und wildeste Tanzmusik aus ihrem Repertoire. Nach und nach kehrten die Frauen zurück in den Hof und nahmen ihre Plätze ein. Die auf ihren Matratzen sitzenden Männer vermieden den Blickkontakt zu ihnen und schauten lieber gebannt zu Mariam hinauf, die selbst niemanden mehr wahrzunehmen schien. Sie war eins mit der Musik und berauscht von ihrem eigenen Tanz. Plötzlich tauchte der Tanzknabe auf der freien Fläche auf, und es entwickelte sich zwischen den beiden ein ungleicher Wettstreit. Als der Junge versuchte, Mariams Schlussdrehung nachzumachen, stolperte er über seine Füße und fiel hin. Da konnten die Männer nicht mehr an sich halten. Sie sprangen auf, applaudierten, jubelten Mariam zu und überschütteten sie mit Silbermünzen und Geldscheinen.

Nach diesem Abend verspürte Mariam ein ihr bislang unbekanntes Gefühl von Stolz und Genugtuung. Sie hatte ihren eigenen Körper als schön und sogar verführerisch wahrgenommen und mit größerer Leidenschaft getanzt als je zuvor. Jetzt habe ich auch die Männergesellschaft erobert, dachte sie ohne Scham. Sie wurde die erste Frau, die regelmäßig vor Männern auftrat. Obwohl ihre Gruppe von Männern die doppelte Gage verlangte, konnte sie sich vor Angeboten kaum retten.

In den fünf Jahren ihrer Karriere als Tänzerin hatte sie bei fast allen angesehenen Familien getanzt. Eines Tages erhielt die Gruppe den Auftrag, bei einer Hochzeit auf dem Land aufzuspielen. Die Gegend, etwa hundert Kilometer von Kabul entfernt, war für ihre Weingärten bekannt, und in den heißen Sommermonaten zogen sich reiche Familien aus der Stadt dorthin zurück. Mariam äußerte Bedenken. Sie fürchtete, nicht wie gewohnt im Morgengrauen zu Hause zu sein und ihrem Vater unnötig Sorgen zu bereiten. Die Musiker versprachen, nicht allzu lange zu spielen. Sie werden uns auch zurückbringen, sagte einer und fügte mit Ehrfurcht in der Stimme hinzu: Sie haben eine vierspännige Kutsche, da sind wir schnell zu Hause.

Um den Vater nicht zu beunruhigen, verriet Mariam ihm

nichts von dem Engagement außerhalb der Stadt. Sie verabschiedete sich wie gewohnt von der Schwester und ließ sich vom Vater vors Haus begleiten.

Die Fahrt in der Kutsche der Auftraggeber dauerte mehr als zwei Stunden. Man hielt vor einer einsamen Lehmburg. Weit und breit war kein anderes Haus zu sehen. Umständlich wurde das Tor von einem Mann geöffnet, der danach an die Kutsche trat. Die Tänzerin soll hereinkommen, sagte er im Befehlston. Als die Musikanten Anstalten machten, auszusteigen, wurden sie barsch zurückgewiesen: Ihr werdet nicht gebraucht. Die Familie hat ihre eigenen Musiker engagiert. Selbstverständlich bekommt ihr eure Gage und werdet gleich zurückgebracht, fügte der Mann etwas höflicher hinzu. Mariam war zu überrascht, um ein Wort zu sagen, und da wurde sie auch schon am Oberarm gepackt und aus der Kutsche gezogen. Hinter ihr fiel das Tor schwer ins Schloss.

Der Innenhof der Burg war so hell erleuchtet, dass sie die Augen zukneifen musste. In einem Raum im Erdgeschoss zog sie sich um. Auf dem Hof waren rote Teppiche ausgebreitet, mit Matratzen und Kissen zum Sitzen. In der Mitte dieses großen Lagers war ein Platz frei geblieben, an dessen einem Ende eine Gruppe von zehn Musikern saß, die ihre Instrumente stimmten. Im Hof befanden sich ausschließlich Männer. Die Musiker legten ihre Instrumente auf den Teppich, und einer von ihnen bereitete die *tschelim* vor, legte einen Klumpen Haschisch auf die Glut, zündete ihn an und reichte die Wasserpfeife in die Runde weiter. Mehrere junge Männer bewirteten die Gäste mit Tee und Süßigkeiten. Andere brachten große Schalen mit Weintrauben und Pfirsichen. Am Kopfende des Hofes lehnte ein sehr gut aussehender Mann um die fünfzig in seinen Kissen. Er pickte Weintrauben einzeln aus der Schale, führte sie mit zwei Fingern zum Mund und strahlte eine gelangweilte Ruhe aus. Das muss der Gastgeber sein, dachte Mariam. Die anderen Männer sind wohl seine Freunde. Einige besitzen wie er große

Ländereien, andere bekleiden hohe Posten beim Militär (einige Männer waren in Uniform). Neben denen, die *schalwarkamis* trugen, wirkten diejenigen in Anzügen steif und unbequem. Sie besetzen wahrscheinlich hohe Posten im Staatsdienst und sind dem Gastgeber bei der Abgabe seiner Steuern gefällig, stellte sich Mariam weiter vor. Sie gehören mit Sicherheit zu den kultivierten Familien der Stadt, die in den langen Winternächten in ihren Häusern Dichterlesungen veranstalten, Hafis, Saadi und Maulana rezitieren und ihren Töchtern Privatunterricht erteilen lassen. Sie fordern das gleiche Recht auf Bildung für ihre Ehefrauen und Töchter. Mit den unkultivierten Analphabeten, die vier Ehefrauen haben und so viele Kinder zeugen, dass sie sich deren Namen nicht merken können, haben sie nichts zu tun.

Mariam ließ ihren Blick noch einmal über die Runde schweifen. Waren es dreißig, vierzig oder fünfzig Männer? Sie hatte keine Lust zu zählen. Sie war empört, dass man sie hinters Licht geführt hatte. Nun wollte sie diesen selbstgefälligen Kerlen nur eins zeigen: dass sie sich weder vor ihnen schämte noch fürchtete, sie vielmehr verachtete wegen ihrer Anmaßung, über eine junge Frau verfügen zu wollen, als sei sie ihr Eigentum. Diese Verachtung wollte sie in ihrem Tanz ausdrücken. Sie wollte sie mit ihren verführerischen Blicken in Verlegenheit bringen, ihnen so lange in die Augen schauen, bis sie sie abwandten. Und als Höhepunkt ihrer Verachtung würde sie sich wild um die eigene Achse drehen, aber nicht wie sonst vor dem Gastgeber niederstürzen und liegen bleiben. Nein, stehend würde sie den Tanz beenden und ihnen dieses Zeichen der Ehrerbietung vorenthalten. Stolz würde sie die Gage in Empfang nehmen und davongehen.

Pari hielt inne in ihrer Erzählung und schwieg lange, während ihre flinken Finger weiterhin mit Malalais Haar hantierten.

Und dann? Was kam dann?, fragte das Kind atemlos.

Pari seufzte. Ich weiß nicht, ob ich es dir erzählen soll, du bist noch zu klein.

Doch sie erzählte trotzdem.

Du musst wissen, meine Tochter, dass diese Geschichte wahr ist, und auch gar nicht so lange her. Bei meiner Hochzeit hat Mariam noch getanzt. Was sich wirklich abgespielt hat in jener Nacht, können wir nur ahnen. Keiner der Männer wurde je gefragt, keiner hatte ein schlechtes Gewissen – schlecht genug, um von sich aus darüber zu sprechen.

Wie immer wartete Mariams Vater frühmorgens an seiner Haustür auf die Ankunft seiner Tochter. Doch Mariam kam nicht. Da erblickte er eine Pferdekutsche am Ende der Gasse. Zwei Männer stiegen aus, legten ein weißes Bündel an den Straßenrand und fuhren davon. Von einer schrecklichen Vorahnung getrieben, näherte sich der Vater dem Bündel und erkannte unter dem Tuch die Umrisse eines Menschen. Gemeinsam mit der jüngeren Tochter trugen sie die Last nach Hause und breiteten sie im geschützten Innenhof aus. Normalerweise wird bei Todesfällen eine Leichenwäscherin bestellt. Der Vater aber und seine Tochter haben die Leiche selbst gewaschen und für die Beerdigung zurechtgemacht. Niemand sollte Mariam so übel zugerichtet sehen. Einen ganzen Tag und eine ganze Nacht waren sie damit beschäftigt. Eine Leiche muss rein sein, um in Würde zu Gott zu gehen. Auch das Begräbnis fand in aller Stille statt. Die Schande fällt immer auf die Familie zurück. Der Vater erstattete keine Anzeige, er forschte nicht einmal nach, wo Mariam in jener Nacht gewesen war, er war ein armer Mann und hatte keine Chance gegen die feinen Herren, die Kutschen besaßen. Stumm ertrugen die beiden ihr Leid. Es hat sich trotzdem herumgesprochen.

Wieder schwieg Pari, und Malalai wagte nicht, das Wort an sie zu richten.

Wenn Männer etwas nicht besitzen können, müssen sie es zerstören, sprach Pari dann mit großer Heftigkeit weiter. Alle diese

Männer waren in Mariam vernarrt, berauscht von ihrer Schönheit und ihrem Tanz. Jeder von ihnen wollte sie für sich alleine haben. Keiner wollte sie mit den anderen teilen. Sie konnten nicht begreifen, dass eine Frau wie Mariam niemandem gehört. Sie war wie ein Schmetterling – voll Reiz, solange er fliegen kann. Sie steckten in einem Dilemma, für das sie keine Lösung wussten. Was sie nicht besitzen konnten, sollte auch nicht existieren. So haben sie Mariam in einem gemeinsamen Akt der Barbarei zerstört.

Noch monatelang quälte mich diese Geschichte. Immer wieder drängte sich mir das Bild eines bunten Schmetterlings auf, der von einer Nadel durchbohrt wird.

Qorbanet schawam, ich sei geopfert für dich, tröstete mich meine Mutter und strich mir übers Haar. Die Liebe kann wunderbar sein, wenn du mit einem Mann zusammen bist, den du liebst. Dann brauchst du keinen Reichtum, keine brokatbezogenen Matratzen, keine Teppiche. Auch auf einer Bastmatte kannst du glücklich sein, *batsch-e-golem*, mein Blumenkind.

Mariams schrecklicher Tod enthält eine Botschaft, ermahnte sie mich, nach diesem ungewöhnlichen Anflug von Zärtlichkeit wieder mit fester Stimme. Alle Mütter, die von der Geschichte gehört hatten, geben sie an ihre Töchter weiter. Die meisten ermahnen ihre Töchter zur Fügsamkeit, sagte sie, einige wenige, sehr wenige, fordern sie auf sich zu wehren. An dem, was meine Mutter mir auftrug, bestand nicht der geringste Zweifel.

Da Karim mich links liegen ließ, wurde die acht Jahre ältere Schirin zu meiner Spielgefährtin. Das einzig Schöne an ihr war das von Golghotai geerbte schwarze wellige Haar, das sie wie ihre Mutter und die große Schwester Pari zu dicken Zöpfen flocht. Schirin war zu einem ungewöhnlichen Mädchen herangewachsen. Mit Beginn der Pubertät sollte sie wie alle Mädchen draußen die Burqa anlegen und niemals alleine das Haus verlassen. Sie jedoch schlang wie eh und je nur das zu Hause getragene weiße Tuch um das pockennarbige Gesicht und trieb sich wie ein Straßenköter im Viertel herum. Wenn es dunkel wurde, kehrte sie heim, um ihr kärgliches Mahl einzunehmen. Niemand wusste, was sie den ganzen Tag trieb, und niemand fragte nach.

Als sie vierzehn oder fünfzehn geworden war, wurde ihr Verhalten den beiden Brüdern zu bunt. Die Ehre der Familie stand auf dem Spiel. Sie begannen im Viertel nach ihr zu fahnden und die Widerstrebende nach Hause zu schleppen. Besonders der Schläger fühlte sich berufen, sie für ihr unweibliches Verhalten zu strafen. Er prügelte sie mit einem Hockeyschläger. Niemand konnte sich erinnern, wie dieser Gegenstand, der keine Funktion erfüllte, in unser Haus gekommen war. Noch heute höre ich, wie das harte Holz auf Schirins knochige Gestalt niederprasselt. Sie kauerte sich in einen Winkel, schützte den Kopf mit beiden Händen und schrie, doch niemand kam ihr zu Hilfe, nicht einmal meine Mutter. Der Hockeyschläger stand immer einsatzbereit in der Ecke und flößte mir größere Angst ein als das Gewehr, das ebenfalls in einer Ecke lehnte, doch im Gegensatz zum Hockeyschläger nie benutzt wurde. In der Stadt war die Schusswaffe überflüssig geworden.

Nach der Prügelei gelobte Schirin, in Zukunft nicht mehr wegzulaufen, doch kaum hatte sie sich von ihren blauen Flecken erholt, hielt es sie nicht mehr im Haus. Da ließ sich ihr Bruder eine neue Strafe einfallen. In unserem Zimmer befand sich ein Verschlag, in dem Kohle und Brennholz für den Winter gelagert wurde. Durch die niedrige Tür gelangte man nur kriechend hinein, im Inneren war es finster und stickig. In der schwarzen Kammer hausten in meiner kindlichen Phantasie alle bösen Geister dieser Welt. In diesen Verschlag sperrte der Schläger seine missratene Schwester. Einen Tag und eine Nacht hockte sie schweigend dort drinnen, ohne Wasser, ohne Nahrung. Als er sie endlich herausließ, war sie von oben bis unten verdreckt, und nur die hellen Spuren auf ihren Wangen ließen ahnen, dass sie geweint hatte.

Doch es vergingen keine zwei Tage, und wieder war sie auf und davon. Allmählich fing sie an, auch nachts wegzubleiben. Aus den Tagen ihrer Abwesenheit wurden Wochen. Immer noch trug sie keine Burqa. Klein, mager und alterslos, wie sie war, konnte man sie für ein größeres Kind halten. Je älter sie wurde, desto länger dauerten ihre Abwesenheiten. Niemand wusste, wo sie sich aufhielt. In unserem Viertel war sie nicht mehr zu finden. Irgendwann gab auch der Schläger auf. Die Einzige, die sich Sorgen um sie machte, war ich. In der Nähe unseres Hauses gab es ein Heiligengrab mit vielen bunten Fähnchen, die Frommen hatten sie daran befestigt. Dorthin schlich ich und betete, Schirin möge unversehrt wiederkommen.

Wo bist du gewesen?, flüsterte ich, als sie fast einen Monat weggeblieben war und (nicht zum ersten Mal) frisch eingekleidet heimkehrte. Die Sachen, die sie trug, waren zwar nicht neu, aber allemal besser als die verschlissenen Kleider, die ihr Golghotai zugestand.

Ich war in der Neustadt, erklärte sie stolz.

Als sich Kabul in den fünfziger Jahren auszudehnen begann, wurde der Stadtteil meiner Großeltern zur Altstadt, während am Stadtrand die Neubauten aus den Feldern schossen. In der Neustadt wohnte die Mittelschicht, gut verdienende Leute – überwiegend Tadschiken –, die in der Verwaltung arbeiteten. Bei ihnen verdingte sich Schirin als Dienstmädchen. Sie sei eine Waise aus einer anderen Stadt, erzählte sie ihren Arbeitgebern, die sie im Dienstmädchenzimmer schlafen ließen. Sie beaufsichtigte die Kinder, putzte die Wohnung, half in der Küche und machte wohl einen so bemitleidenswerten Eindruck, dass die Damen des Hauses ihr abgetragene Kleidungsstücke schenkten. Wenn Schirin genug hatte von der Arbeit und Heimweh bekam, blieb sie einfach weg und suchte sich das nächste Mal einen anderen Job.

Ich erblasste vor Bewunderung über die Freiheit, die sie sich nahm.

So wäre es wohl weitergegangen, wenn nicht eines Tages drei Frauen bei uns aufgetaucht wären. Sie seien aus Logar, sagten sie, einem Provinznest etwa hundert Kilometer südlich von Kabul. Sie hätten gehört, dass es in unserem Haus ein junges Mädchen im heiratsfähigen Alter gäbe. Der Schwager einer der Frauen sei eben zwanzig geworden, wie wäre es, wenn er Schirin zur Frau nähme?

Wer hat euch von Schirin erzählt?, wollte Golghotai wissen.

Die Tochter eines von Golghotais Brüdern habe in die Gegend geheiratet, von ihr wüssten sie es, sagten sie.

Da erinnerte sich meine Großmutter an ihre Nichte, die kaum etwas von sich hören ließ. Alle paar Jahre kam sie mit der ganzen Familie zu Besuch und verschwand dann wieder.

Die hat es nicht schlecht getroffen. Der Mann ist gut zu ihr, und zwei Söhne hat sie auch.

Die pockennarbige Tochter unter die Haube zu bringen: Es war ein Glück, von dem Golghotai nicht einmal zu träumen gewagt hätte. Weitere Nachfragen nach der Provinzfamilie, in die sie einheiraten sollte, unterließ sie deshalb. Wenn die Frauen die Pockennarben nicht ins Gespräch brachten und auch sonst nichts über Schirins Charakter zu wissen verlangten, war auch Golghotai bereit, die Katze im Sack zu kaufen.

Die Frauen drängten auf eine rasche Entscheidung. Logar sei weit, man könne es sich nicht leisten, mehrmals zu Verhandlungen nach Kabul zu reisen. Golghotai beriet sich mit Pari und der Schwägerin. Sie waren sich einig: Eine solche Gelegenheit würde sich für Schirin nie wieder ergeben. Innerhalb eines Tages war sie verlobt.

Einige Wochen später war Hochzeit. Aus Logar kamen eine Menge Frauen und Kinder und einige Männer. Sie brachten bunte ländliche Stoffe mit, aus denen für Schirin in Eile neue Kleider genäht wurden. Es wurde eine für afghanische Verhältnisse schlichte Hochzeit. Die Gäste auf Schirins Seite beschränkten sich auf unsere Familie, die Besucher aus Logar waren eindeutig in der Überzahl. Und doch war es für Schirin ein Tag der Freude. Zum ersten Mal im Leben trug sie neue Kleider und stand im Mittelpunkt. Alle notwendigen Vorkehrungen wurden getroffen, und Schirin, die Widerspenstige, war zahm wie ein Lamm. Widerspruchslos fügte sie sich in das Ritual, das ihr immerhin einen schlanken, hochgewachsenen jungen Mann zusprach. Wahrscheinlich war sie froh, endlich das Haus zu verlassen, in dem man ihr so übel mitgespielt hatte.

Mir fehlen die Worte, den Bräutigam treffend zu beschreiben, denn sein Gesicht war nichts sagend. Keiner seiner Züge hat sich mir eingeprägt, doch neben meiner kleinen drahtigen Tante machte seine hoch aufgeschossene Gestalt Eindruck auf mich. Was er unter dem Baldachin für ein Gesicht machte, als Schirin ihren Schleier lüftete und ihre Pockennarben sichtbar wurden, weiß nur Schirin selbst, und sie hat sich dazu nie geäußert. Gern wüsste ich auch, wie Schirin sich in der Intimität des Baldachins mit dem Fremden gefühlt hat. Später hat sie mir erzählt, dass sie es fein hatte mit ihrem jungen Ehemann. Nachdem die beiden – nun wieder vor aller Augen – ein Gebet gemurmelt hatten, reichten sie sich gegenseitig mit einem Silberlöffel Saft aus gewürztem Zucker- und Rosenwasser und waren Mann und Frau.

Die Familie des Bräutigams hatte Handtrommeln mitgebracht, und bis vier Uhr früh wurde gesungen und getanzt – was ich in unserem Haushalt noch nie erlebt hatte. Der Bräutigam sah seine Braut immer wieder verstohlen an. Es war nicht zu erkennen, was er über sie dachte, doch es kam mir vor, als verfiele er von Zeit zu Zeit in eine rätselhafte Trauer, die ich mir nur damit erklären konnte, dass er fürwahr keine Schönheitskönigin zur Frau bekommen hatte.

Die Sonne ging gerade auf, als sich das erschöpfte Brautpaar und die Hochzeitsgäste auf den weiten Weg nach Logar machten. Die schlafenden Kinder wurden wie Bündel auf die Ladefläche des Lasters gehoben.

Danach hörten wir ein ganzes Jahr nichts mehr von Schirin, und niemand schien sie zu vermissen. Nur ich fragte mich bisweilen, wie es ihr in der Fremde wohl ergehen mochte.

Dichter starker Regen ergoss sich wie ein schwarzer Vorhang vom Himmel auf die Erde, und man konnte sich nicht vorstellen, dass die Häuser aus ungebrannten Lehmziegeln am nächsten Tag noch stehen würden. Es war ein Abend im April, und ich stand am Fenster unseres Zimmers im ersten Stock und genoss im Schutz des Hauses und der beruhigenden Anwesenheit meiner Mutter das schaurige Schauspiel der Blitze, die die Welt sekundenlang in weißes, kaltes Licht tauchten, gefolgt von einem krachenden Donnerschlag. Ich wand mich in wohligem Schrecken und flüchtete zu meiner Mutter, um gleich darauf wieder aufgeregt ans Fenster zu laufen. Da klopfte es an der Tür. Erschrocken lief Pari hinunter, und ich hörte sie mit einem Mann flüstern. Nur das Wort Schirin konnte ich unterscheiden. Und schon war meine Mutter wieder oben, nur um ihre Burqa zu holen. Ich fahre zu Tante Schirin, sagte sie hastig, es ist etwas passiert. Vielleicht bin ich morgen wieder da. Pass gut auf dich auf. Dann verschwand sie mit dem Mann im Regen.

Am nächsten Tag war sie nicht zurück und auch am übernächsten nicht. Als sie wiederkam, erzählte sie eine verworrene Geschichte: Die Tante sei im Gefängnis, werde beschuldigt, mehrere Ehebrüche begangen zu haben. Sie sei mitten in der Nacht von Polizisten abgeholt worden. Ihr Schwager habe ihr eingeschärft, alles, was man ihr vorwerfe, zuzugeben, es werde ihr nichts geschehen, es sei nur fürs Protokoll. Im strömenden Regen sei sie von den Polizisten zur Polizeistation gebracht worden. Dort habe man ihr Namen von Männern und Frauen vorgelesen, die sie nicht kannte. Sie habe mit den Männern geschlafen, lautete die Anklage, die Frauen hätten die Kupplerdienste geleistet.

Erschöpft, verängstigt und nass bis auf die Knochen, hatte Schirin alles zugegeben. Als sie sie abholten, hatte ihr Mann seinen Bruder angefleht, es nicht zu tun. Doch der hatte ihn weggestoßen und gesagt, er solle sich nicht einmischen.

Meine Mutter hatte Schirin im Untersuchungsgefängnis besucht. Aus der Schilderung der völlig verschüchterten Schirin entnahm sie, dass es sich um eine Familienfehde handelte, in der ihre Schwester als Auswärtige geopfert werden sollte. Der Plan, der hinter ihrer Verehelichung nach Logar stand, wies ihr die Rolle zu, fünf Männer und deren Ehefrauen zu denunzieren, um der Familie ihres Ehemanns dazu zu verhelfen, sich für irgendeine ihr in der Vergangenheit angetane Schmach zu rächen. Schirin war die einzige Frau im Gefängnis von Logar. Überall saßen Männer herum. Es war meiner Mutter nicht möglich gewesen, bei ihr zu übernachten.

Auf alles, was sie dich fragen, musst du mit Nein antworten. Du darfst auf keinen Fall etwas zugeben!, prägte sie ihrer Schwester ein und versprach, in der Stadt nach einem Anwalt zu suchen.

Es war klar, dass sie sich damit übernahm. Sie stammte nicht aus einer Schicht, die mit Anwälten verkehrte, und sie hatte auch nicht das nötige Kleingeld. Welcher Anwalt wäre schon bereit, für ein geringes Honorar in ein Provinznest zu reisen, um eine wie Schirin zu vertreten? Außerdem hatte meine Mutter auf ihrem eigenen Instanzenweg genug Erfahrung mit Gerichten gesammelt. Sie wusste, dass arme Leute keine Chance hatten, schon gar nicht Frauen. Aber immerhin gelang es ihr, Schirin nach Kabul verlegen zu lassen. So war sie wenigstens in unserer Nähe und dem Wirkungskreis der verfeindeten Familie ihres Mannes entzogen, die nun wohl auf Rache sinnen würde. Schließlich hatte Schirin mit ihrem unfreiwilligen Geständnis eine halbe Sippe hinter Gitter gebracht.

Schirin kam also ins Kabuler Frauengefängnis, und mit ihr kamen nun auch die fünf Frauen, deren Kupplerdienste sie laut ihrer eigenen Aussage in Anspruch genommen hatte. Das hatte Pari nicht gewollt, aber gewiss gab es in Logar kein Frauengefängnis.

Unseren ersten gemeinsamen Besuch im Gefängnis werde ich nie vergessen. Ich weiß nicht, wie lange die Tante schon dort war, vielleicht sechs Monate, vielleicht ein Jahr. Durch ein riesiges Eisengittertor gelangten wir in einen Innenhof, durch den ein breiter Bach floss. In diesem Bach standen die Frauen mit hochgekrempelten Hosen und gerafften Röcken, fischten mit einem Sieb im Wasser und leerten den Inhalt in eine Schüssel. Es war Januar oder Februar und schneidend kalt. Die Frauen standen mit dunkelrotblau angelaufenen Füßen im eisigen Wasser. Vor Entsetzen über diese völlig unwirkliche Szene rührte sich meine Mutter nicht vom Tor weg, ich aber lief zu meiner Tante, um zu erfahren, was die Frauen aus dem Wasser schöpften.

Das ist unser Abendessen, sagte Schirin und zeigte mir den Fang: Kartoffelschalen, Gemüsereste, Holzkohlenstücke. Das trocknen wir und essen es. Sie sprach die Worte nüchtern aus, teilnahmslos und ohne Bitterkeit. Es war einfach so.

Tante Schirin führte uns in den Hof, eine große Betonfläche, von der aus die Frauen ihre Zellen betraten. Alle Türen standen offen, und die Frauen gingen ein und aus wie in einem riesigen Serail. Wieder konnte meine Mutter nicht weitergehen, um die Zelle ihrer Schwester zu betreten. So setzten wir uns trotz der Kälte in einen Winkel des Hofes. Wir befanden uns im Untersuchungsgefängnis, erfuhren wir, der Prozess war noch nicht zu Ende. Schirin nahm ihren Mann in Schutz. Er sei ebenso geopfert worden wie sie selbst. Er sei gut zu ihr gewesen. Jetzt wusste sie, warum er immer wieder grundlos Tränen in den Augen gehabt hatte. Auch an jenem Abend, als sie abgeholt wurde, habe er geweint und sie fest an sich gedrückt, bis der Bruder sie ihm entriss.

Ich stand unter Schock. Mit aufgerissenen Augen saß ich da und konnte das Bild der Kartoffelschalen in der Schüssel nicht verscheuchen. Als wir gingen, ließ meine Mutter der Tante Brot und Käse da.

Pari sprach alle Menschen, die ihrer Meinung nach etwas zu sagen hatten, im Gericht an, um sie von der Unschuld ihrer Schwester zu überzeugen. Vergebens, die Familie aus Logar hatte klingendere Argumente. Schirin und die anderen fünf Frauen wurden zu zwanzig Jahren Haft verurteilt.

Nach der Urteilsverkündung kamen sie in ein anderes Gefängnis, wo meine Mutter und ich sie mehrmals im Jahr besuchten. Dort ging es gemütlicher zu, und ich stellte zu meiner Verblüffung fest, dass ich mich auf die Besuche im Gefängnis freute. Wie in einem Riesenharem lebten die Frauen zusammen. In der warmen Jahreszeit schleppten sie Matratzen und Teppiche auf den Hof, schalteten ihre Transistorradios ein und veranstalteten Picknicks mit dem Essen, das die Besucherinnen mitgebracht hatten. Pari kam aus dem Staunen nicht heraus. Ihre Schwester war wie ausgewechselt. Selbstbewusst dirigierte sie eine kleine Schar jüngerer Frauen, die mit ihr eine Art Familie zu bilden schienen. Über die Jahre wurde sie immer herrischer und zänkischer, und die jungen Frauen fügten sich ihrem Diktat. Das einzige Problem, das Tante Schirin hinter Gittern zu haben schien, waren die fünf von ihr denunzierten Frauen, die ihr den Vorwurf machten, ihretwegen eine so lange Strafe abbüßen zu müssen. Doch sie ließ sich nicht mehr die Butter vom Brot nehmen und drehte den Spieß um: Euretwegen sitze ich hier, ich bin das Opfer eurer Fehde, rechtfertigte sie sich. Nahrungsprobleme hatte sie keine mehr. Von der Gefängnisleitung bekamen die Frauen zwar täglich nur ein vom Militär abgegebenes ungenießbar gewordenes Schwarzbrot, das oft genug schimmlig war, doch die in Schirins Haushalt lebenden Frauen teilten mit ihr die Lebensmittel, die ihnen Verwandte von zu Hause mitgebracht hatten. Wer arm war, musste sich Frauen halten, die beim Überleben behilflich waren. Schirins Aufgabe war es, Streit zwischen den Eifersüchtigen zu schlichten und ihre Gunst gleichmäßig zu verteilen, um sich ihre Hausmacht zu bewahren.

Ich beobachtete die Entwicklung meiner Tante zum »Kessen Vater« mit Interesse. Ich war noch zu jung, um die Frage zu wagen, was sie nachts mit den Frauen trieb, völlig fremd war mir gleichgeschlechtliche Liebe allerdings nicht. Ich wusste über die »schönen Knaben« aus Kandahar Bescheid, und auch an Rasul hatte ich eine solche Neigung beobachtet. Man nahm das Phänomen augenzwinkernd zur Kenntnis, und Probleme hatte vor allem der junge Mann, der es schwer hatte, eine Frau zu finden. Ich hatte auch mitbekommen, dass eine Verwandte von mir sich von der Schönheit junger Mädchen verführen ließ. Sie war Tänzerin und mit einem Feudalherrn verheiratet, der ihr verfallen war, als er sie tanzen sah. Als Ehefrau brachte sie ihrem Mann bei, die Tabla zu spielen, sie selbst spielte das Harmonium. Wenn sie aus Masar-e-Scharif zu Besuch nach Kabul kamen, veranstalteten sie rauschende Feste. War unter den Gästen ein Mädchen besonders hübsch, sang meine Verwandte nur für sie und forderte sie auf, ihr vorzutanzen. Dann schmunzelte der Mann an ihrer Seite: Ja, ja, meine Frau steht eben auf junge Mädchen. Was soll man dazu sagen? Und wir alle schlossen uns amüsiert seiner gespielten Ratlosigkeit an.

Schirin kann die vollen zwanzig Jahre nicht abgesessen haben. Sie muss wohl Anfang der sechziger Jahre begnadigt worden sein. Als sie freikam, lebten schon siebzehn Menschen in unserem Haus, und auf dem Dach hatten wir drei Küchen.

In den Augen ihrer Brüder hatte sie Schande über die Familie gebracht. Für sie war ihre Schwester eine gefallene Frau, die alles, was ihr zugestoßen war, selbst verursacht hatte. Sie sollte froh sein, im Haus geduldet zu werden. Ihr wurde die Aufgabe zugeteilt, sich um die allmählich alt werdende Golghotai zu kümmern und im Übrigen die Außenwelt zu meiden.

Im Gefängnis hatte ich mehr Freiheit, sagte sie mir einmal.

Der Knast war größer als unser Haus. Dort habe ich gelebt. Ich war umgeben von mindestens hundert Frauen, mit denen ich Spaß haben, streiten und feiern konnte. Hier bin ich lebendig begraben.

Doch ihre Gefängnisjahre hatten Schirin verändert. Schroff und feindselig bot sie dem Schläger die Stirn und machte unmissverständlich klar, dass sie nicht mehr bereit war, der Familie wie einst als Fußabstreifer zu dienen. Sie warf die Burqa über den Kopf und verließ das Haus, wann immer ihr danach war.

Einmal kehrte sie bester Laune zurück und trällerte: Ich hab mit dem Fleischer geschäkert. Ich glaube, mit dem wird was.

Das nächste Mal kam sie mit einem Kilo Fleisch an, mit der Erklärung, sie habe es von ihrem Liebhaber bekommen.

Hast du keine Angst?, fragte ich. Wenn das der Onkel erfährt!

Sie machte eine wegwerfende Bewegung. Ich werde dem Fleischer sagen, er soll um meine Hand anhalten und seine Mutter und Schwester zu uns schicken.

Irgendwann kam der »Liebhaber« persönlich bei uns vorbei, mit einem Stück Fleisch als Geschenk. Meine Mutter war außer sich. Das ist doch der Fleischer, der demnächst um Schirins Hand anhalten wird, klärte sie eine der Frauen unseres Hauses auf. Von da an wurde über Schirins bevorstehende Vermählung getuschelt.

Da sprach der Onkel ein Machtwort: Hat dir das eine Mal nicht gereicht? Er warf seiner Schwester vor, sie sei nicht in der Lage gewesen, eine normale Ehefrau abzugeben. Und wer würde sich bitte schön um Golghotai kümmern? In Wirklichkeit ging es nur darum: Hätte Schirin den Fleischer geheiratet, hätte die Frau des Schlägers Pari bei der Pflege meiner alten Großmutter zur Hand gehen müssen, und sie hatte schon einen Haufen Kinder am Hals.

Das alles war für mich sehr interessant. Der Fleischer sah nicht übel aus, ein großer, stattlicher Mann und entschieden jünger als Schirin. Da fragte ich sie dreist, ob er ihr Gesicht denn überhaupt gesehen habe. Natürlich, bejahte sie verschmitzt, ich hab den Schleier längst hochgehoben.

Allzu viel schien ihr die Vereitlung ihrer Vermählung allerdings nicht auszumachen. Sie hatte im Haus genug zu tun.

Tante Schirin übernahm meine Aufklärung. Wenn Kinder auf engem Raum mit mehreren Erwachsenen zusammenleben, kennen sie die Tatsachen des Lebens. Ich wollte es aber genauer wissen, und sie beschrieb mir mit sichtlichem Vergnügen, wie es sich anfühlt mit einem Mann, wenn beim Höhepunkt der Penis in der Scheide zuckt und alles feucht wird. Wie es sich mit den Frauen im Gefängnis anfühlte, die keinen Penis hatten, erzählte sie mir nicht, und ich wagte nicht, sie danach zu fragen. Aber sie sprach von der Eifersucht der Frauen, von ihrer Konkurrenz untereinander, von dem Versuch anderer, ihr eine ihrer Frauen abspenstig zu machen.

Da muss man sich schon durchsetzen als Mann. Da muss man auf seine Frauen achten.

Ja, so hat sie gesprochen.

Tante Schirin war meine und meiner Schwester Verbündete. Belustigt verfolgte sie das Minirock-Drama, das sich zwischen mir, Karim und unserer sittenstrengen Mutter abspielte, die das Haus nie ohne Burqa verließ, obwohl der Schleierzwang seit 1959 abgeschafft war. Wir besuchten das Gymnasium und trugen Schuluniform, ein schwarzes Kleid mit weißem Kragen, schwarze Strümpfe und ein kleines weißes Kopftuch. Weil der Rock bis unters Knie reichen musste, schafften wir uns Gürtel an. Sittsam verließen wir das Haus und zogen, sobald wir um die Ecke gebogen waren, den Rock hoch, um die Knie freizulegen. Den überflüssigen Stoff hielten wir an der Taille mit dem Gürtel fest. Wenn meine Mutter uns das Schulkleid nähte, galt für die Rocklänge die goldene Regel: zehn Zentimeter fürs Einlaufen beim Waschen und zehn Zentimeter zum Hineinwachsen. Ich, die Brave, fügte mich, obwohl ich niemals zehn Zentimeter wuchs und der Stoff niemals beim Waschen einlief. So reichten mir die

Kleider immer bis zu den spindeldürren Waden. Meine rebellische Schwester hingegen machte ein Riesentheater. Kürzer, kürzer, meckerte sie bei der Anprobe. Einmal ging sie mit dem fertigen Kleid ins Nebenzimmer, nahm die Schere und schnitt die überschüssigen zwanzig Zentimeter einfach ab. Und damit meine Mutter den Stoffstreifen nur ja nicht wieder annähen konnte, zerschnipselte sie ihn bis zur Unkenntlichkeit. Sie bekam eine Tracht Prügel, vor der sie auch unsere Tante nicht schützen konnte.

In meiner frühen Kindheit sah ich meine Großmutter selten. Nicht lange nachdem meine Mutter mit mir und mit Karim im Bauch in das Haus ihrer Herkunftsfamilie zurückgekehrt war, heiratete Golghotai den Knecht und zog mit ihm in das Dorf Maidan, wo seine Familie lebte. Ihre Kinder und vor allem Schirin, die Jüngste, ließ sie unter Paris Aufsicht. Obwohl das Dorf nicht weit von Kabul entfernt war, kam sie selten in die Stadt, um nach ihnen zu sehen, und Pari ärgerte sich. Als Golghotai einige Jahre später wieder zu uns zurückkehrte, trübte sich das Verhältnis zwischen meiner Mutter und meiner Großmutter weiter. Eigentlich mochte Pari den Knecht lieber als die eigene Mutter: Er war sanft, schlicht und kinderlieb. Er hatte irgendwo in der Stadt ein Zimmer und kam von Zeit zu Zeit bei uns vorbei, nie ohne Nüsse und Süßigkeiten für uns Kinder mitzubringen. Unsere Großmutter nutzte seine Gutmütigkeit aus, reagierte ihre Launen an ihm ab, herrschte ihn an und teilte ihn zu allen möglichen Tätigkeiten ein. Er schien Angst vor ihr zu haben. Zwischen dem stets blinzelnden Albino, dessen Augenlicht sich immer weiter verschlechterte, bis er am Ende nur noch verschwommene Umrisse wahrnahm, und der vernachlässigten pockennarbigen Schirin entwickelte sich ein Bündnis der Gedemütigten.

Dann hieß es plötzlich, er habe eine Jüngere gefunden. Meine Großmutter bekam einen ihrer Anfälle, von denen sie mehrmals im Jahr erfasst wurde, wenn sie Ärger mit Pari oder einem ihrer Söhne hatte. Morgens ging es los mit einem leicht abwesenden Blick. Im Laufe des Tages wurde dann ihr Blick immer starrer, und ihre Bewegungen wirkten wie ferngesteuert. Wenn sich dieser Zustand dem Höhepunkt näherte, verdrehte sie die Augen, bis man nur noch das Weiße sehen konnte. Erst zitterten ihre Hände nur, dann knallten die Handrücken in rasender Geschwindigkeit gegen den Boden. Als Kind hatte ich panische Angst vor diesen unheimlichen Attacken, und auch die anderen (bis auf meine Mutter) taten alles, um sie zu besänftigen – oder den *dschinn*, der von ihr Besitz ergriffen hatte und aus ihr mit tiefer Männerstimme und einem fremdländischen Akzent sprach, den niemand im normalen Leben je bei ihr gehört hatte. Die Söhne hielten ihre Hände fest und redeten beruhigend auf sie ein. Meine Mutter hasste diese Auftritte, die sie als Erpressungsversuche interpretierte. Sie packte meine Hand und zog mich aus dem Raum.

Wir geben nicht die Zuschauer für dieses Theater ab, schnaubte sie verächtlich. Es gibt keine Dschinn, glaub da nur ja nicht dran!

Das fiel mir zugegebenermaßen schwer. Ich hatte mich daran gewöhnt, mein Leben mit den Dschinn zu teilen. Unser Haus war alt und verwinkelt, der Eingang tunnelartig überbaut, der ideale Wohnort für Geister und Trolle aller Art. Sobald es dunkelte, übernahmen sie die Herrschaft. Wir Kinder wurden ermahnt, nicht auf sie zu treten, wenn wir nachts zur Toilette gingen. Wir sollten immer eine Kerze mittragen und *besmelah besmelah* (im Namen Gottes) vor uns hersagen. Niemals wagte ich mich als Kind nachts zur Toilette. Es gebe verschiedene Dschinn-Völker, harmlose und weniger harmlose, hieß es. Sie bemächtigten sich in jedem Haus einer Person, und bei uns war es eben Golghotai. Meistens waren es ältere Frauen, die sie sich als Medium aussuchten, es konnten aber auch Jungfrauen sein. Diese, so empfahlen die Mullahs, seien auf schnellstem Weg zu verheiraten. Meine Großmutter trug in Stoff eingenähte Zettel mit Zauberformeln um den Hals und suchte stets nach neuen Methoden, um Unheil von unserem Haus abzuwenden. Gegen den bösen Blick verbrannte sie Papierfetzen mit Beschwörungsformeln in den vier Ecken unseres Hofes und fächelte den Rauch in unsere Richtung. Wenn wir krank waren, schwemmte sie mit Safran beschriebene Papierröllchen in Wasser aus und flößte uns den Sud ein. Doch der war nichts gegen jenen anderen Sud, den zu trinken Karim sich hartnäckig weigerte. Ich jedoch würgte alle paar Monate einen Fingerhut von dem übel riechenden Wasser aus dem Bauch der Wasserpfeife hinunter, in dem der heiße Tabakrauch gekühlt und vom Teer gereinigt wurde. Meine Großmutter war der Meinung, dass diese Rosskur jeden nur möglichen *dschadu* (Bann) brechen müsse, mit dem unsere Feinde uns belegen könnten. Zu diesen potentiellen Feinden gehörten Golghotais Schwägerinnen, natürlich Nana und auch unsere Nachbarn. Alle hielt sie aus unerfindlichen Gründen für fähig, auf unsere Familie neidisch zu sein.

Wenn meiner Mutter alles zu viel wurde, konnte es vorkommen, dass auch sie unkontrolliert drauflos schrie. Ihre Hände verbogen sich und die Finger zeigten krampfartig in alle Richtungen. Doch sie riss sich sogleich zusammen.

Glaub nur ja nicht, dass das die Dschinn waren! Ich bin einfach fertig mit den Nerven, beruhigte sie mich.

In der Zeit, als der Knecht eine neue Frau fand und meine Großmutter ihren Anfall hatte (es muss um die Mitte der fünfziger Jahre gewesen sein), wurde Kabul von DDT überschwemmt. Im Zuge einer globalen Kampagne zur Bekämpfung der Malaria fielen mit Pumpen bewaffnete junge Leute wie Heuschrecken in die Kabuler Altstadt ein und besprühten alles, was ihnen unter die Augen kam, mit dem weißen Pulver: Gassen, Häuser, Lebensmittel, Menschen.

Das brachte Golghotai auf eine Idee. Sie sammelte ein wenig

des reichlich vorhandenen DDT ein und schwärmte dem Albino von einem wirksamen Medikament für seine stets entzündeten Augen vor.

Leg deinen Kopf in meinen Schoß, schmeichelte sie dem Arglosen. Es wird ein wenig brennen, hab keine Angst. Alle Mittel, die wirken, tun im ersten Augenblick weh. Du bleibst über Nacht bei mir, ich verbinde dir die Augen, und morgen wirst du staunen, wie gut du siehst.

Wenn er mich nicht mehr zur Frau haben will, soll er die Jüngere auch nicht sehen. Diesen Ausspruch kolportierte Jahre später eine Freundin des Hauses, die meiner Großmutter im Streit vorwarf, sie habe ihrem Mann das Augenlicht genommen.

Der Knecht verließ am Morgen nach seiner Behandlung unser Haus, heiratete die Jüngere und wurde nie wieder gesehen. Verlässliche Angaben darüber, wie seine Augen die Radikalkur verkraftet haben, gibt es nicht.

RASUL

Ich besuchte noch die Grundschule, als Pari mir vom Kommandeur erzählte, den sie seit dem Debakel ihrer missglückten Entführung nicht mehr gesehen hatte. Bis dahin war Rasul für mich mein Vater gewesen. Einer, der manchmal mehrmals wöchentlich bei uns vorbeikam, von meiner Mutter meistens ungnädig aufgenommen wurde, und dann wieder wochenlang wegblieb.

Eigentlich war er ein erstaunlicher Mann. Schließlich hatte ihm meine Mutter Hörner aufgesetzt, und doch hat er mich, das sichtbare Ergebnis seiner Schmach, als seine Tochter angenommen. Nicht dass damit ein überbordendes Verantwortungsgefühl verbunden gewesen wäre, das empfand er weder für mich noch für Karim. Rasul kam und ging, wie es ihm passte.

Sobald er in unsere Gasse einbog, kündigte er seinen Besuch durch lautes Husten an, worauf sich sofort zwischen Paris Augenbrauen eine Falte kerbte. Rasul hingegen war immer gut gelaunt. Nie sprach er Pari mit ihrem Namen an, nannte sie stets *madar-e-Malai*, Mutter von Malalai (Malai war mein Kosename). Meine Mutter sprach ihn überhaupt nicht direkt an, verstand es stets, seinen Namen geschickt zu umgehen. Vor allem aber nannte sie ihn nicht, wie es üblich gewesen wäre, *padar-e-Malalai* (Vater von Malalai), was er tatsächlich ja auch nicht war. In seiner Abwesenheit nannte sie ihn Sohn des Mohammad Saman Khan. Wenn sie böse auf ihn war, nannte sie ihn Hundesohn.

Rasul liebte es, Witze und Geschichten zu erzählen, die er im Teehaus aufschnappte, Witze über Mullahs, Witze über Gott und über die Religion. Er spannte seinen Bizeps und fragte: Glaubst du etwa, dass Gott mir diese Muckis geschenkt hat?

Nein, meine Liebe, das ist das Ergebnis harter Arbeit im Studio. Dann lachte er hämisch.

Ich kam nie zu spät zur Schule: Pari weckte mich jeden Tag rechtzeitig, obwohl es in unserem Haus keine Uhr gab. Als ich mich einmal früher als gewohnt auf den Weg machen wollte, stellte sie mich zur Rede.

Ich will vor Schulbeginn zum Mausoleum, wo der Schah mit zwei Degen begraben liegt, erklärte ich kleinlaut. Alle meine Mitschülerinnen beten dort für ein gutes Prüfungsergebnis. Vielleicht nützt es ja doch.

Setz dich, befahl sie, und hör gut zu: Gott hat keinen Vertreter auf Erden nötig. Du brauchst kein Mausoleum, um mit deinem Gott in Kontakt zu treten. Gott ist überall, wo du bist. Er ist dir näher als deine eigenen Wimpern. Im Übrigen ist es sicherer, dich für die Prüfung gut vorzubereiten.

Meine Mutter war eine gläubige Frau. Jeden Freitag las sie im Koran. Sie nahm das Familienerbstück vom Regal und löste die edlen Tücher, in die es gehüllt war, eins nach dem anderen, bis die älteste Schutzhülle zum Vorschein kam, deren Stoff brüchig geworden war und nur sacht berührt werden durfte. Voller Ehrfurcht beobachtete ich sie, wie sie dem Koran die Kleider auszog, ihn küsste und an die Stirn legte. Einen Augenblick lang hielt sie das Heilige Buch mit beiden Armen an die Brust gedrückt wie ein Kind, dann legte sie es auf den niedrigen Klapptisch, öffnete es an der Stelle, wo das Lesezeichen steckte, und begann laut vorzulesen.

Und wo bin ich jetzt?, fragte sie dann und wann, und ich musste ihr zeigen, dass ich aufgepasst hatte.

Rasul setzte sich auf seine Weise mit meinem missglückten Gebetsvorhaben auseinander: Man habe in grauer Vorzeit im Mausoleum den Kopf eines Esels begraben, um die Schwachköpfe zu verscheißern, die dorthin beten gingen, erzählte er genießerisch.

Dein Platz ist mit Sicherheit in der Hölle, sagte Pari.

Ich freu mich schon drauf, dort treffe ich bestimmt alle Musiker und Tänzer. Meine Lieblingssängerin Rochschana wird auch dort sein. Wir werden viel Spaß miteinander haben. Was soll ich im Himmel? Dort sitzen die Langbärtigen herum und beten den lieben langen Tag.

Wenn ihr Angst habt, im Jenseits für eure Sünden bestraft zu werden, bot er uns Kindern an, dann gebt sie ruhig mir. Ich übernehme sie gern.

Da konnte selbst Pari sich ein Lächeln nicht verkneifen.

Rasul liebte alles Schöne. Als der Schleierzwang abgeschafft wurde, kommentierte er gern das Aussehen der Frauen, bewunderte ihre Beine und beobachtete genau, ob sie steif oder geschmeidig durch die Straßen gingen. Und doch blieb er Pari, die ihn bestimmt nicht mit Zuwendung überschüttete, bis zu ihrem Tod treu. Wir Kinder mochten ihn. Er tollte mit uns herum, was unsere Mutter nie tat. Er kroch auf allen vieren durchs Zimmer, stieß gellende Eselsschreie aus und ließ uns auf seinem Rücken reiten. Dabei linste er aus den Augenwinkeln immer wieder zu Pari hinüber. Erst wenn sich ihre Stirnfalte glättete, entspannte er sich. Dann war er zufrieden wie ein satter Säugling, legte sich auf die Matratze und zog sich ein Kissen unter den Ellbogen. An manchen Tagen gönnte ihm Pari diesen Erfolg nicht. Dann gab er irgendwann auf und machte sich, mit einer lässigen Handbewegung grüßend, davon.

Nie trank, aß und übernachtete er bei uns. Wenn es dämmerte, musste er gehen. Das war das Arrangement, dem er sich zu beugen hatte. Als Kind wunderte ich mich, dass die Dunkelheit auch für einen so großen kräftigen Mann wie meinen Vater Gefahren zu bergen schien. Meine Schwester wurde stets von Pari ermahnt, bei Einbruch der Dunkelheit im Haus zu sein. Wie Karim ihre wilden Spiele so lange wie möglich ausdehnte, versuchte Rasul, seinen Abgang in der Abendstunde mit allerlei Tricks hinauszuzögern.

Eines Tages holte Pari eine kleine Pistole aus dem Blechkoffer, in dem unsere Kleider aufbewahrt wurden, und zeigte mir, wie man die Patronen ins Gehäuse drückt, den Hahn entsichert, das eine Auge zukneift und mit dem anderen zielt. Als ich es ihrer Meinung nach begriffen hatte, legte sie die Pistole zurück an ihren Platz.

Es war stockdunkel, als wir Rasul husten hörten. Pari und ich schauten uns erschrocken an. Das hatte es noch nie gegeben.

Jetzt traut sich der Hundesohn auch noch nachts zu kommen, fauchte Pari auf Paschtu (normalerweise sprach sie Dari mit uns) und stürzte zum Blechkoffer. Sie riss das Fenster auf und schoss zweimal in die Richtung, aus der das Hüsteln kam. Draußen wurde es still. Pari schloss das Fenster, setzte sich auf die Matratze, die Pistole in der Hand. Einige Minuten verharrten wir mit angehaltenem Atem, doch kein Geräusch durchbrach die Stille.

So, sagte meine Mutter, der wird es nicht noch einmal wagen, in der Nacht hierher zu kommen. Und legte die Pistole in den Blechkoffer.

Warum kam niemand aus unserer Familie zu uns herüber, um nachzusehen, was los war? Sie mussten die Schüsse gehört haben. Warum erwähnte auch am folgenden Tag niemand den Vorfall? Warum herrschte im Haus eine gespannte Ruhe, als ob alle auf eine unangenehme Nachricht warteten? So muss es gewesen sein, als mein Urgroßvater meine Urgroßmutter erschoss.

Am nächsten Morgen schlich ich auf Zehenspitzen zum Fenster und schaute hinunter. Ich war erleichtert, aber auch ein wenig enttäuscht, keine Leiche vor unserem Haus vorzufinden.

Der Hundesohn stirbt nicht so leicht, knurrte vom Bett her meine Mutter, die mich beobachtet hatte.

Zwei Tage ließ sich Rasul nicht blicken. Am dritten kam er gut gelaunt wie immer, protzte und witzelte, als wäre nichts gewesen.

Wie geht es dir, *madar-e-Malai*?

Gut, antwortete Pari und lächelte zurück. Und selbst?

Hervorragend, *madar-e-Malai*, du siehst wieder großartig aus.

Sie waren ebenbürtige Gegner, die einander Respekt zollten.

Einmal versuchte er mir für meine Schulbücher einen Ranzen zu basteln. Natürlich hätte er mir auch einen kaufen können, doch obwohl es ihm an Geld nicht mangelte, war er zu uns immer knauserig. Mit Geld setzte er meine Mutter unter Druck, zu ihm zurückzukehren. Er wollte sie besitzen. Der Ranzen, den er schließlich zustande brachte, hatte einen so langen Riemen, dass ich die Tasche hinter mir herschleifte. Es war ein jämmerlicher Anblick. Dann versuchte er es mit einer Art Rucksack, der mir bis zu den Kniekehlen hing. Am Ende musste er mir doch den Lederranzen kaufen, der damals überall angeboten wurde.

Wenn seine Brüder versuchten, ihm, dem Erstgeborenen, die Vorherrschaft im Haus des Mohammad Saman Khan streitig zu machen, wenn er Ärger mit seinen Bauern hatte oder die Qala renoviert werden musste, ging er zu Pari. Sie wusste immer einen Rat, den er wie ein gehorsamer Schüler ausführte. Beim nächsten Besuch erstattete er dann Bericht, wobei er das Erreichte stets so darstellte, als sei die Idee zur Lösung des Problems seine eigene gewesen. Nur mit einem unmerklichen ironischen Lächeln ließ Pari erkennen, dass sie den Trick durchschaut hatte.

Den Rat meiner Mutter suchten auch andere. Während ihrer Zeit im Haus des Mohammad Saman Khan hatte sie sich mit einigen Tadschikinnen und deren Familien angefreundet, die Paris Weisheit schätzten. Wenn sie Gesellschaften gaben oder eine Hochzeit gefeiert wurde, war Pari stets ein gern gesehener Gast. Sie hatte eine schöne Singstimme und spielte die Trommel. Pari, sing, ermunterten sie sie, als die magische Stunde der Mitternacht näher rückte und die Frauen unter sich waren. Da lächelte meine Mutter, schloss für einen Augenblick die Augen, um sich zu konzentrieren, und begann mit ihrer sanften und dennoch tragenden Stimme eine alte paschtunische Volksweise zu singen. Oder eine ihrer eigenen Interpretationen von Gedichten eines der großen Dichter.

Poesie spielte in Afghanistan eine herausragende Rolle. Gebildete Städter veranstalteten im Winter Rezitationsabende in ihren Häusern, des Lesens nicht mächtige Bauern kannten gleichwohl Dutzende Gedichte auswendig und sangen sie bei der Feldarbeit. Pari liebte besonders Maulana Rumi, den afghanischen Dichter und Sufi aus dem 13. Jahrhundert, dessen Verse sie variantenreich ausgestaltete.

Eine Zeit lang war Paris Stellung in unserer Familie unangefochten – als Erstgeborene und wegen der stolzen Unnachgiebigkeit, mit der sie ihren eigenen Weg ging. Als ihr Bruder, der Schläger, älter wurde, versuchte er, sich als Herr im Haus aufzuspielen. Unsere Familie hatte bei der Ankunft in Kabul von König Amanullah in Dschalalabad ein Stück Land erhalten, das verpachtet war. Einmal im Jahr fuhr der Schläger dorthin, um die Pacht von den Bauern abzuholen. Danach gab es immer Streit, weil er einen Teil für sich selbst abzweigte. Das ging so weit, dass er anfing, meine Mutter zu bedrohen.

Seid froh, dass ihr keinen Bruder habt, der sich als kleiner Vater aufspielt, sagte sie zu Karim und mir, und bat Rasul um Hilfe, was ihr gewiss nicht leicht fiel.

Die Welpen sind größer geworden und beißen mich ins Fußgelenk.

Rasul verstand.

Was soll ich tun?

Weise ihn in seine Schranken – aber tu ihm nicht weh!

Also ging Rasul beim Hinausgehen im Hof wie beiläufig am Zimmer des Schlägers vorüber und brüllte ins offene Fenster: Lass Pari in Ruh, du Tölpel, sonst brech ich dir das Genick! Und schlenderte lässig davon. Alle im Zimmer zuckten zusammen.

Eines Tages beschloss der Schläger, diese Blamage vor Frau und Kindern nicht länger auf sich sitzen zu lassen, stürmte in den Hof und packte Rasul von hinten. Der hatte damit nicht gerechnet. Überrascht und unbeweglich wie ein Fels stand er da, während sein Gegner versuchte, ihn zu Boden zu werfen. Dann nahm er fast gelangweilt den Kopf des Angreifers in den Schwitzkasten und drückte ihn, bis der Schläger nur noch jammerte. Es sah aus, als wollte er seine Drohung wahrmachen. Den Kopf des Schwagers immer noch in der Klemme, grinste Rasul zu Pari hinauf, die das Geschehen vom Fenster aus beobachtete, und wartete auf ihr Zeichen. Dann ließ er los.

Pari wandte sich angewidert ab und murmelte mehr zu sich selbst, aber immerhin so, dass ich es hören konnte: In diesem verdammten Land zwingen sie dich als Frau, dir einen Kampfhund zu halten.

Ich habe nie erlebt, dass die beiden miteinander stritten. Rasul spielte in ihrer Anwesenheit den Clown, sie die Ernste, Sachliche. Immer wieder schaute er zu ihr hinüber und schien glücklich, wenn er den Hauch eines Lächelns erhaschte. Manchmal tat er mir Leid.

Warum magst du ihn eigentlich nicht?, fragte ich sie. Er sieht gut aus, ist immer fröhlich, spielt mit uns Kindern und vergöttert dich. Da erzählte sie mir von den Gedanken, die ihr durch den Kopf gegangen waren, als sie ihn das erste Mal vom Dach ihres Hauses auf der Straße sah. Jeder Mensch muss eine Aufgabe haben im Leben. Rasul hat keine.

Er mochte zwar in den Augen meiner Mutter keine Aufgabe haben im Leben, seine Hobbys betrieb er dennoch mit Hingabe: Er dressierte Kampfhähne und Kampfhunde. Einmal beobachtete ich aus Nanas Fenster, wie die Männer unten im Hof im Kreis hockten und grölend ihre Hunde aufeinander hetzten. Ich schrie vor Entsetzen. Es war ekelhaft, wie Rasul sich in die

Brust warf, weil sein Hund gewonnen hatte, während der andere totgebissen in seinem Blut lag. Bei seinen Kampfhähnen hatte er sich eine besonders gemeine Methode einfallen lassen. Er spitzte ihre Sporen mit einer Rasierklinge und bepinselte sie mit Skorpiongift. Von Skorpionen und Schlangen war er fasziniert. Er sammelte sie in den Bergen, brachte sie nach Hause und steckte sie in Einweckgläser und Terrarien. Er liebte es, vor erschrockenen Besuchern Skorpione und Giftschlangen über seinen Arm kriechen zu lassen. Ihn würden sie niemals beißen, behauptete er.

Rasuls Haus war regelrecht bevölkert von diesen gefährlichen Tieren. Durch die Wand ihrer Glasbehausungen geschützt, beobachtete ich sie mit einem wohligen Gruseln. Ich beneidete meinen Vater. Männer haben keine Angst, dachte ich und wünschte mir nichts sehnlicher, als ein Mann zu sein. Einem Mann können selbst Skorpione nichts anhaben.

Ich hatte einmal aufgeschnappt, dass man sein Geschlecht ändern kann, wenn man sich unter einen Regenbogen stellt. Als ich eines Tages in der Nähe des Fußballstadions einen Regenbogen sah, fing ich an zu laufen. Doch je näher ich dem Stadion kam, desto weiter rückte der Regenbogen weg und verschwand irgendwann ganz. Erschöpft und traurig machte ich mich auf den Rückweg. Und blieb ein Mädchen.

Der mimt doch nur den starken Mann, ermahnte mich Pari, wenn ich allzu sehr in Bewunderung verfiel. Und in der Tat: Wenn Rasul Kopfschmerzen hatte, konnte es passieren, dass er sich weinend von meiner Mutter eine kalte Kompresse auflegen ließ.

Als ich ihm eines Tages an unserem Hauseingang entgegenlief, überreichte er mir ein kleines Kästchen mit einem Schiebedeckel. Neugierig hielt ich es ans Ohr und schüttelte es. Ich hörte ein Rascheln. Durch die Bewegung wurde der Deckel beiseite geschoben und heraus flitzte eine kleine Schlange. Ich stieß einen Schrei aus und ließ das Kästchen fallen. Die Schlange erschrak ebenso wie ich und floh in eine Mauerritze. Ich lief hinauf zu meiner Mutter, Rasul hinterher.

Malai, das ist doch nur eine Babyschlange, lachte er.

Pari war außer sich. Du suchst jetzt sofort deine Schlange und haust ab!

Das war ein Anschlag, sagte sie verschwörerisch zu mir, nachdem er mit der Schlange das Weite gesucht hatte. Wir müssen aufpassen ...

Obwohl ich miterlebt hatte, wie Rasul seinen kleinen Bruder schlug, und natürlich meiner Mutter blindlings glaubte, fiel mir dennoch die Vorstellung schwer, ein so lebenslustiger, gutmütiger Spaßvogel könnte meiner Mutter Gewalt antun. Bis ich es einmal selbst miterlebte. Wir Kinder waren an jenem Nachmittag bei Nana zu Besuch gewesen, und Pari kam uns abholen. Rasul ging ihr über den Hof entgegen. Sie tauschten einige Sätze aus, die ich nicht hören konnte. Dann drehte er sich abrupt um, schlenderte auf eine junge Weide zu, brach einen Ast mit mehreren Zweigen vom Baum, suchte sich einige aus, entfernte die dünnen Spitzen und kehrte seelenruhig zu Pari zurück, die sich nicht vom Fleck gerührt hatte. Mit seiner Linken packte er sie am Handgelenk, mit der Rechten holte er aus. Er peitschte sie, bis die Zweige brachen. Pari gab keinen Laut von sich, krümmte sich nur jedes Mal, wenn die Hiebe ihren zarten Körper trafen. Nana stand am Fenster und schaute zu. Niemand kam Pari zu Hilfe. Auch ich nicht.

Diese Nacht verbrachten wir in Nanas Haus, und ich hörte, wie sich Rasul über meine Mutter hermachte.

Zur allgemeinen Überraschung wandte sich der mit Hilfe religiöser Führer 1953 von der Loja Dschirga zum Premier gewählte Cousin und Schwager Saher Schahs, Mohammad Daud Khan, um ökonomische und militärische Hilfe an die Sowjetunion, und die UdSSR entwickelte sich zum wichtigsten Handelspartner Afghanistans. Daud Khan setzte mehrere weitreichende bildungspolitische und soziale Reformen durch, wie die Aufhebung des Schleierzwangs und die Abschaffung der Parda, des Ausschlusses der Frauen aus dem öffentlichen Leben. Das Regime blieb zwar politisch repressiv und tolerierte keine direkte Opposition, doch meine Mutter muss wohl die Ankunft der Moderne in Afghanistan gewittert haben. Ein Jahr nach Dauds Amtsantritt wollte sie es noch einmal wissen: Sie ging zum Gericht und beantragte die Scheidung.

Sie hatte sich erkundigt. Nach der Scharia würden die Kinder bis zum siebten Lebensjahr bei der Mutter bleiben, ältere Kinder würden dem Vater zugesprochen. Nach dem von König Amanullah eingeführten und nie offiziell außer Kraft gesetzten Zivilrecht sollten auch die Kinder befragt werden. Ich war noch nicht sieben, meine Mutter fühlte sich also doppelt abgesichert.

Natürlich war Rasul dagegen. Niemals würde er Pari kampflos freigeben.

Der Richter wird euch fragen, bei wem ihr leben wollt, schärfte Pari uns ein. Dann sollt ihr antworten: bei unserer Mutter.

Gekränkt fragte ich mich, warum sie eine solche Selbstverständlichkeit überhaupt erwähnte.

Also zogen wir vor Gericht. Der Richter fragte, Karim und ich antworteten und wurden hinausgeschickt. Die beiden Erwachsenen blieben drinnen. Ich war stolz, endlich etwas für meine Mutter getan zu haben. Plötzlich ging die Tür auf, und Pari stürzte heraus.

Korrupte Richter!, kreischte sie unter Schluchzen.

Rasul sagte kein Wort, nahm meine Schwester auf den Arm, packte mich am Handgelenk, zog mich die Treppe hinunter und schob uns ins Auto. Karim strampelte und schrie, ich blieb still und fügsam wie immer.

Der Richter hatte uns dem Vater zugesprochen!

Sechs Monate lebten wir bei Rasul, oder besser gesagt bei Nana, denn er war zwar in der Lage gewesen, den Richter zu bestechen und uns zu entführen – sich um uns kümmern konnte er nicht. Meine vierjährige Schwester weinte die ganze Zeit. Sobald sie aufwachte, legte sie los und hörte erst auf, wenn sie abends erschöpft einschlief. Ich selbst war zu geschockt, um zu weinen. Ich spürte überhaupt nichts. Tag für Tag ging ich wie eine kleine Marionette zur Schule und kehrte nach Unterrichtsschluss ebenso benommen zurück ins Haus des Mohammad Saman Khan. Es wäre mir nicht im Traum eingefallen, etwas anderes zu tun.

Wenn Rasul sich um meine Schwester Sorgen machte, sagte sein Vater zu ihm: Kannst du dich an die Hündin erinnern, die wir eines Nachts aus Versehen ausgesperrt hatten? Die Welpen winselten die ganze Nacht, bis sie es geschafft hat, mit ihren Krallen ein Loch in die dicke Mauer der Qala zu scharren, um zu ihnen zu gelangen. Warte nur ab.

Er sollte Recht behalten. Schon nach ein paar Tagen suchte Pari die Nachbarin auf und bat sie, ihr ein Loch in die Mauer bohren zu lassen, damit sie ihre Kinder sehen konnte. Dort saß sie dann den ganzen Tag und beobachtete uns. Das beruhigte sie. Und wenn Rasul mit uns beiden ausging, sagte Nana zu ihm: Zieh die beiden sauber an, damit sie nicht glaubt, wir lassen sie verkommen. Auch dass wir ordentlich angezogen waren, beruhigte Pari.

Aber irgendwann kam sie und übernachtete bei Rasul. Ich konnte sie im Nebenzimmer schwer atmen hören. Am nächsten Tag verheiratete ein Mullah die beiden ein zweites Mal.

Als wir daraufhin in unser Haus zurückkehren durften, zeigte sie uns das Loch in der Mauer. Ich bedauerte, es nicht gewusst zu haben – wie oft war ich an dem Loch vorbeigelaufen!

Ich mag wohl in der vierten Klasse gewesen sein, als meine Mutter mich an einem Freitag zum ersten Mal zu dem Kommandeur mit den olivfarbenen Augen brachte. Er war natürlich längst kein Kommandeur mehr, die Amputation seines Beins hatte ihn die Karriere gekostet. Nach dem peinlichen Vorfall hatte er sich für einige Jahre auf sein Landgut bei Dschalalabad zurückgezogen. Dann erfuhr Pari, dass er ein Transportunternehmen eröffnet hatte. Seine Lastwagen pendelten zwischen Kabul, Masar-e-Scharif und Dschalalabad. Sein Kabuler Büro befand sich in Schahrara, ziemlich weit von unserem Haus entfernt. Wir mussten den Autobus nehmen, eine neue Erfahrung für mich. Das kantige Gefährt war außen mit Ornamenten und Sprüchen geschmückt, die »Gute Fahrt« und »Komm gut an« wünschten. Vorne saßen die Frauen, hinten die Männer. An der unsichtbaren Trennlinie wurde der Geschlechterkampf ausgetragen, umso heftiger, je mehr Menschen sich von Haltestelle zu Haltestelle in den Bus drängten, je ruckartiger der Fahrer anhielt und losfuhr. Hast du keine Schwester, du Straßenköter, kreischte eine Frau, und gleich darauf klatschte eine Ohrfeige. Hundesohn! Unter den Frauen hob lautes Geschrei an, andere Männer mischten sich ein, bedrängten den Missetäter, nur um ihrerseits in die Nähe der Frauen zu gelangen. Wurde das Handgemenge zu groß, stockte die Fahrt, und der Schaffner warf den heftig protestierenden oder auch beschämten Störenfried aus dem Bus. Was zur Folge hatte, dass sich die Männertraube an der Außenseite der Tür kurzfristig auflöste, um sich sogleich unter Geschiebe und Verwünschungen in anderer Zusammensetzung neu zu bilden. Das alles unter dem Gekrächze afghanischer Schlager und indischer Filmmusik aus dem Autoradio, vom Gestank der menschlichen Ausdünstungen ganz zu schweigen. Meine erste Busfahrt war ein einschneidendes Erlebnis, dessen Wiederholung ich tunlichst zu vermeiden suchte.

Als wir ankamen, stanken auch wir nach Schweiß. Wir befanden uns in einem modernen Viertel, das sich von der Neustadt nur insofern unterschied, als die zweistöckigen Häuser immer noch aus traditionellen Lehmziegeln gebaut waren. Zu beiden

Seiten der Straße waren Bäume gepflanzt. Das Büro des Ex-Kommandeurs machte mit einem Schild mit der Abbildung eines bunt bemalten Lastwagens auf sich aufmerksam.

Ich warte hier auf dich, sagte Pari, die mir ungewöhnlich nervös schien. Du wirst ihn gleich erkennen, er hat fiebrige olivgrüne Augen.

Das Büro befand sich im Hochparterre. Ich betrat einen Raum mit einer Vielzahl von Stühlen und einem Tisch, auf dem eine Teekanne und halb geleerte Teegläser standen. Männer gingen ein und aus. Der Tür gegenüber thronte, auf einem mit Teppichen und Matratzen ausgelegten Podest, ein breitschultriger, sehr kräftig wirkender Mann ohne Kopfbedeckung, dessen markante Nase mich an Rasuls Physiognomie erinnerte. An Kissen gelehnt, hatte er sein einziges Bein so geschickt arrangiert, dass es aussah, als säße er mit beiden Beinen im Schneidersitz. Sein Blick aus den auffallend großen, rötlich unterlaufenen Augen schien mich wie eine Röntgenkamera zu erfassen. Er saß so hoch, dass ich zu ihm aufblicken musste. Ich fühlte mich unbehaglich.

Salam, hauchte ich.

Alaikum salam, grüßte er langsam und bedächtig zurück, und die Tiefe seiner Stimme beruhigte mich augenblicklich.

Wie geht es deiner Mutter?

So fragte er, obwohl ich mich gar nicht als Paris Tochter zu erkennen gegeben hatte. Kannte er überhaupt meinen Namen?

Gut.

Und in welche Klasse gehst du?

In die vierte.

Bist du eine gute Schülerin?

Ja.

Er griff unter die Matratze, holte ein dickes Bündel gerollter Banknoten hervor und gab es mir.

Grüß deine Mutter.

Wie war es? Wie sieht er aus? Was hat er gesagt?

Meine Mutter bestürmte mich mit Fragen und schien enttäuscht, dass ich so wenig zu erzählen hatte.

Danach gingen wir in den Frauengarten, in dem sich am Freitagnachmittag Frauen ohne die Burqa mit ihren Freundinnen trafen. Eine Musikgruppe spielte, Mädchen tanzten auf einer Bühne, bunt gekleidete, üppig geschminkte Frauen lagerten picknickend zwischen Bäumen auf dem Rasen, und vor Vergnügen quietschende junge Mädchen ließen auf hohen Schaukeln ihre Schleier und Röcke fliegen. Pari kaufte mir Kartoffeln und Kichererbsen mit Essig und sich selbst eine *bolani*, eine köstlich duftende mit Lauch gefüllte Teigtasche, die vor unseren Augen in einer flachen Eisenpfanne zubereitet wurde.

Drei Sommer hintereinander wiederholte sich dieselbe Szene. Pari forderte mich nun auch auf, dem Kommandeur Briefe zu schreiben, die mit »Mein lieber Vater« begannen. Und sie schickte den Poeten zu ihm, er solle den Kommandeur bitten, ihm Arbeit zu verschaffen. Tatsächlich wurde mein Onkel beauftragt, das Büro des Transportunternehmens in Masar-e-Scharif zu leiten. Umgekehrt musste er, wenn er uns in Kabul besuchte, in allen Einzelheiten über den Kommandeur Auskunft geben. Pari wollte immer noch mehr wissen.

Manchmal besuchten wir einen der Söhne des Kommandeurs. Ich war begeistert, als ich auf seiner linken Fußsohle an derselben Stelle einen Leberfleck entdeckte, wo ich selbst einen habe. Bei diesem Sohn war aus unerfindlichen Gründen ein Foto von Pari gelandet. Es hing in einem Goldrahmen an der Wand. Sie lag seitlich ausgestreckt in einem Garten wie eine Haremsdame, den Kopf in die Hand gestützt. Ihre Zöpfe fielen vor ihr auf den Rasen. Dahinter waren Blumen zu sehen.

Eine der Frauen des Kommandeurs nahm es irgendwann ab und stach meiner Mutter mit einem Nagel die Augen aus. Es war das einzige Foto, das ich je von meiner Mutter zu Gesicht bekommen habe.

An Eifersucht hatte es im Leben des Kommandeurs nicht gemangelt. So hielt er sich einmal mitsamt seinen vier Frauen auf seiner Qala bei Dschalalabad auf. Die jüngste von ihnen war seine Lieblingsfrau, die das Bett des Ehemannes teilte. Die anderen drei sannen auf Rache. Unter irgendeinem Vorwand gelang es ihnen, die junge Frau und einen Bediensteten des Hauses in ein Zimmer zu locken. Sie verschlossen die Tür von außen und benachrichtigten den Kommandeur. Die Intrige gelang, der Kommandeur ertappte sie »auf frischer Tat«. Zur Strafe musste die »Ehebrecherin« die Nacht in der Scheune verbringen, wo das Heu für die Pferde aufbewahrt wurde. Er zündete das Heu an, und die junge Frau erstickte am Qualm. Die Eltern der Frau zeigten den Kommandeur natürlich nicht an. Die Ursache ihres Todes hätte Schande über die Familie gebracht. Was aus dem Bediensteten wurde, ist mir nicht bekannt.

Komm her, Malalai!, befahl Pari eines Tages in einem Ton, der keine Widerrede duldete. Ich war etwa zwölf Jahre alt.

Sie nahm ein Blatt Papier und zeichnete eine flach auf dem Boden wachsende Pflanze mit gezackten Blättern.

Diese Pflanze heißt Frauenmantel und wächst außerhalb der Stadt, dort wo sie die Felder bewässern. Such mir eine, aber achte darauf, dass die Wurzel nicht kürzer ist als mein Mittelfinger.

Mit einer düsteren Ahnung, deren Grund ich mir nicht erklären kann, erledigte ich den Auftrag.

Am folgenden Morgen sah ich sie die Wurzel waschen und glatt schaben. Dann ging ich zur Schule. Als ich um zwei Uhr nachmittags heimkam, lag sie bleich im Bett.

Dort hinten liegt ein kleines Bündel, sagte sie mit matter Stimme. Trag es aufs Feld und begrab es.

Wortlos nahm ich das längliche Päckchen an mich und verließ das Haus. Weich und warm lag es in meiner Hand. Die Luft war sehr heiß. Als ich den Stadtrand erreichte, waren auch die letzten Geräusche menschlichen Lebens verstummt. Das Summen der Bienen wölbte sich wie eine schwüle Geräuschkuppel über die Felder. Ab und zu verscheuchte ich mit der rechten Hand eine Fliege von meiner schweißnassen Stirn. Mit der Linken umfasste ich das Päckchen und hielt den Arm steif vom Körper weg, um so wenig wie möglich damit in Berührung zu kommen. Ich ging und ging und mein Kopf war leer. Ich fühlte mich sehr einsam mit meinem wichtigen Auftrag. Neben den Bewässerungskanälen sah ich einen verkrüppelten Baum. Die Erde war zu beiden Seiten der dünnen Rinnsale leicht aufgeworfen. Hier ist es geschützt, dachte ich, hier kann man schlecht säen. Mit einem Stein kratzte ich ein Grab aus, legte das Bündel hinein und bedeckte es sorgfältig mit Erde. Dann kehrte ich um.

Eine volle Woche blieb meine Mutter im Bett. Danach erholte sie sich allmählich. Das Unaussprechliche, was geschehen war, erklärte sie mir mit einem Vierzeiler von Rumi:

> Wenn dir ein Wurm in deinen Zahn gefallen,
> Ist es kein Zahn mehr – reiß ihn, Meister, aus,
> Dass nicht durch ihn der Rest des Körpers leide!
> Ist er auch dein, mach dich doch frei von ihm!

Seit seiner Wiederverheiratung mit Pari besuchte Rasul uns an manchen Tagen auch schon vormittags. Wenn ich von der Schule kam, lag er auf der Matratze und schnarchte so laut, dass ich ihn bereits auf der Treppe hörte. Da wusste ich, dass meine Mutter schlecht gelaunt sein würde. Wenn er weggegangen war, schimpfte sie über den Hundesohn. Wir waren uns einig: Rasul störte.

Er muss sterben, anders werden wir ihn nicht los.

Das Wort »wir« aus ihrem Mund ehrte mich. Nun war ich nicht nur ihre Tochter, sondern auch ihre Komplizin. Wie konnte er sterben, ohne dass meine Mutter ins Gefängnis musste? Ich hatte schon öfter darüber nachgedacht, wie ich sie von

Rasul befreien könnte: Wenn ich die Kraft dazu hätte, ich würde einen großen Ziegelstein nehmen und ihn aus dem Fenster auf seinen Kopf werfen. Auf dem Heimweg von der Schule hatte ich mir auf einer Baustelle sogar schon einen geeigneten Stein ausgesucht. Er war zu schwer, um ihn bis nach Hause zu schleppen.

Von nun an weihte mich Pari in ihre Mordphantasien ein, und wir genossen es, uns die Tat bis in die kleinsten Details auszumalen.

Wir müssten es mit Gift tun, überlegten wir, aber mit einer Sorte, die nicht sofort tötet, sondern ihn langsam dahinsiechen lässt. Damit es niemand merkt. Alle Freundinnen meiner Mutter rieten ab. Keine kannte ein langsam wirkendes, aber doch tödliches Mittel.

Das Problem Nummer zwei – dass Rasul es beharrlich ablehnte, bei uns auch nur ein Glas Wasser zu sich zu nehmen – ignorierten wir.

Pari hatte eine andere Idee. Der Poet fertigte doch seine Paste aus Glaspulver und Klebstoff an, die dem Garn für seine Drachen die nötige messerscharfe Festigkeit verlieh. Gift würde man bei der Obduktion erkennen. Glaspulver hingegen würde sich unbemerkt in die Magenschleimhäute fressen und innere Blutungen verursachen. Niemand würde Verdacht schöpfen.

Meine Idee war es, eine Flasche »Sodawater« zu besorgen, das vielfarbige Lieblingsgetränk aller afghanischen Kinder meiner Generation. Die Sodawater-Flaschen waren mit einer Glasmurmel verschlossen, die, wenn man sie mit dem Daumen in den Flaschenhals drückte, den Weg zum Getränk zischend freigab. Schon allein dieses Zischen ließ uns Kindern das Wasser im Mund zusammenlaufen. Nachdem ich die Flüssigkeit ausgetrunken hatte, zerstampften wir den Flaschenboden (der dicker war als der Hals und darum in unserer Vorstellung wirksamer) mit einem Mörser zu feinem Pulver, das wir in einem Fläschchen in Paris Blechkoffer aufbewahrten.

Die Durchführung des Mordanschlages war komplizierter als gedacht. Selbst Paris noch so einschmeichelndes Gurren konnte Rasul nicht dazu bewegen, ein gemeinsames Mahl mit uns einzunehmen.

Irgendwann hatte sie ihn dann doch so weit. Dem Duft des luftgetrockneten Fleisches, das sie in bester Nana-Tradition in der Küche zubereitete, konnte er nicht widerstehen. Um sein Misstrauen zu zerstreuen, arrangierte Pari Fleisch, Gemüse und Reis in Schüsseln auf der Tischdecke, und wir bedienten uns alle aus demselben Geschirr. Als sie die Reisplatte hinstellte, warf sie mir einen kurzen Blick zu, und ich wusste Bescheid: Die ihm zugewandte Seite der Platte sollte ich meiden. Meiner (nicht eingeweihten) Schwester tat Pari den Reis auf den Teller, dann bedienten wir beide uns und fingen an zu essen. Erst danach nahm sich auch Rasul.

Ich überspielte meine innere Spannung, indem ich mich förmlich in meinen Teller vergrub. Als Rasul den ersten Happen zum Mund führte, fürchtete ich, es nicht länger aushalten zu können und meine Mutter durch eine unüberlegte Handlung zu verraten.

Iiih, der Reis ist ja voller Sand, rief er spuckend aus. Hast du vergessen, ihn vorher zu waschen?

Wie von der Tarantel gestochen packte Pari die Reisplatte, sprang auf und rannte in die Küche. Dabei murmelte sie etwas, das ich vor lauter Schreck nicht verstand. Nur das Wort »Asche« ist mir in Erinnerung geblieben. Rasul stand auf, wusch sich die Finger, spülte den Mund auf der Veranda aus und zog ab.

Als meine Schwester wie immer nach dem Essen zum Spielen auf die Gasse lief und Pari und ich allein waren, brachen wir gleichzeitig in Gelächter aus. Wir krümmten uns vor Lachen, bis wir nur noch japsen konnten, und immer wenn die eine wieder Luft bekam, fing die andere von neuem an. Wir zerkugelten uns förmlich über unsere eigene Naivität – dass wir gar nicht daran gedacht hatten, die Wirkung unseres Reises vorher zu testen!

Am meisten lachten wir aber darüber, wie schnell Rasul das Weite gesucht hatte.

Hast du ihn gesehen?, kicherte Pari. Ha! Schlangendompteur! Kampfhahnzüchter!

Als wir etwas ruhiger wurden, gestanden wir uns, dass wir Angst gehabt hatten, uns gegenseitig durch eine falsche Reaktion den genialen Plan zu verderben.

Ich war glücklich. Noch nie hatte ich meine Mutter so ausgelassen erlebt.

Zwei Jahre nach dem ersten Mal schickte sie mich wieder um den Frauenmantel und erinnerte mich wieder daran, dass die Wurzel nicht kürzer sein dürfe als ihr Mittelfinger. Und wieder tat ich, wie mir befohlen.

Zum Begräbnis mit dem Bündel begleitete mich diesmal eine Freundin meiner Mutter, die denselben Weg hatte. Wie damals trug ich das Päckchen so, dass ich möglichst wenig damit in Berührung kam.

Das ist aber weich, bemerkte ich, um zu testen, wie sie reagieren würde.

Gib her!, rief sie erschrocken und nahm mir das Bündel aus der Hand.

Schweigend gingen wir nebeneinander her, bis sie es mir zurückgab.

Ich muss jetzt in die andere Richtung, sagte sie und lief davon.

Ich erkannte den Baum und lenkte meine Schritte zur selben Stelle. Doch die Bewässerungsrinne war verschwunden, der Boden war umgepflügt worden. Hilflos stand ich da und starrte auf das Feld. Ich stellte mir den Pflug vor, der sich in die Erde wühlte, und fühlte mich schuldig. Ich warf mir vor, das letzte Mal fahrlässig gehandelt und nicht alle Eventualitäten bedacht zu haben. Verzweifelt hielt ich Ausschau nach einem geeigneten Platz und konnte mich nicht entscheiden.

Meiner Mutter erzählte ich nichts.

Nachdem sie sich erholt hatte, war Pari kaum noch zu Hause. Morgens zog sie los und kam erst gegen Abend erschöpft wieder.

Jedes Mal brachte sie *tawis* mit, auf ein Stück Papier geschriebene Zauberformeln, die ihr die von ihr aufgesuchten Mullahs mitgegeben hatten. Einmal vergrub sie den Zettel in einer Ecke des Hofs, ein andermal verbrannte sie ihn und pustete den Rauch in die Richtung von Mohammad Saman Khans Haus, dann wieder stopfte sie das Papier in eine Mauerritze über dem Eingangstor unseres Hauses, durch das Rasul immer gehen musste, wenn er zu uns kam.

Einmal brachte sie eine kleine Stoffpuppe und zahlreiche Nadeln mit, die in verschiedene besonders empfindliche Stellen des Puppenkörpers gestochen werden sollten. Die Puppe selbst sollte unter dem Kochherd vergraben werden. Die langsam einwirkende Hitze der Kochstelle würde die Nadeln erwärmen und das Opfer allmählich töten. Die Zeremonie war in einer Vollmondnacht von einer Jungfrau zu vollziehen. Ich gab mir Mühe, den Anweisungen getreulich zu folgen, bohrte jeweils eine Nadel in Augen, Herz und Nieren und vergrub die Puppe unter der Kochstelle.

Rasul jedoch zeigte keinerlei Anzeichen von Schwäche, geschweige denn von Krankheit oder Schmerzen. Zunehmend schwächer und kränker wurde nur Pari. Sie war schon jahrelang krank gewesen, lag oft über Wochen im Bett. Myocarditis, sagten die Ärzte, Herzmuskelentzündung. Ihr aufgeblähtes Herz war gigantisch, ich sah es später auf dem Röntgenbild. Meine Mutter führte ihre Herzkrankheit auf das Jahr der Misshandlungen auf der Burg zurück.

Wir lebten in dieser Periode ihres Kampfes in bitterer Armut. Das bisschen Geld, das uns der Poet aus Masar-e-Scharif zukommen ließ, trug Pari zu den Mullahs. Für die Behandlung ihrer Krankheit blieb nichts. Den Haushalt führte ich.

Und dann geschah es ein drittes Mal. Wieder schickte sie

mich um die Pflanze. Diesmal besorgte ich sie mit Widerwillen. Ich war sechzehn Jahre alt. Wie ich das Feld dieses Mal vorfand und wo ich das Päckchen vergrub, ist aus meinem Gedächtnis gelöscht. Geblieben ist nur die Erinnerung an einen Schmerz, der alle Dimensionen meines bisherigen Lebens sprengte.

Sie muss wohl zu lange gewartet haben. Der Arzt diagnostizierte eine Embolie. Rasul kam jeden Tag vorbei, war besorgt, hatte Angst. Drei Tage vor ihrem Tod erlitt sie einen Schlaganfall und konnte nicht mehr deutlich sprechen. An ihrem Todestag hinkte sie, einen Fuß hinter sich herschleifend, zum Fenster, kehrte aber gleich wieder ins Bett zurück. Sie bat Golghotai, ihr den Rücken zu stützen.

Madar, mir geht's schlecht, waren ihre letzten Worte.

Wir waren alle bei ihr, als sie starb, meine Großmutter, Karim und ich. Man schrieb das Jahr 1964, das Jahr, in dem mit der neuen Verfassung die Scharia zurückgedrängt und das Zivilrecht gestärkt wurde. Pari war achtunddreißig Jahre alt geworden, abgemagert, aber immer noch eine junge Frau. Jemand lief, um Rasul zu holen. Es war zu spät, sie noch am selben Tag zu begraben. Der Imam las die ganze Nacht Koransuren. Irgendwann muss ich zu ihren Füßen eingeschlafen sein.

Am nächsten Morgen wusch meine Großmutter die Leiche. Meine Aufgabe war es, ihr das Wasser zu reichen. Eine Leiche verdient Respekt, sagte sie, man soll sie anfassen wie ein rohes Ei. Ich goss das Wasser aus einem Krug, und Großmutter hielt ihre Hand so unter den Strahl, dass es den Körper nur sanft plätschernd berührte. Dann machte sie Pari zurecht, flocht ihr die Zöpfe, besprühte sie mit Rosenwasser, zog ihr das weiße Leichenhemd an.

Das Haus füllte sich. So viele Menschen waren gekommen, dass sie draußen in der Gasse auf den Leichnam warten mussten. Auf ihren Schultern trugen meine Onkel den Sarg zur Moschee, eingehüllt in ein weißes Tuch, über das wieder ein buntes Tuch gebreitet war. Die Moschee konnte nicht alle Trauergäste fassen, viele Männer mussten auf der Straße beten. Frauen durften am Begräbnis nicht teilnehmen. Rasul war so durcheinander, dass er ohne Schuhe zum Friedhof ging. Er hatte vergessen, sie nach dem Gottesdienst wieder anzuziehen. (Den Sarg hatte er besorgt, denn meine Familie hätte sich gar keinen leisten können: Die Leiche meines Großvaters war auf einer Basttrage zu Grabe getragen worden. In ein weißes Tuch gewickelt wurde sie in die Erde gesenkt und das Grab – zum Schutz vor Tieren – mit einer schweren Steinplatte beschwert.)

Am Tag nach dem Begräbnis begaben sich die männlichen Verwandten frühmorgens erneut zum Grab meiner Mutter, um zu beten. Man wolle die Tote mit dem Morgengebet in ihrem neuen Haus begrüßen, hieß es. Wahrscheinlich ging es aber bei diesem Brauch ursprünglich darum, vor dem Eintreffen der weiblichen Trauernden am Friedhof festzustellen, ob über Nacht Tiere gekommen waren – um die Frauen vor dem Schock zu bewahren.

Ich selbst ging nicht mit zum Grab. Ich trauerte auf meine Weise. Sobald ich alleine war, schrie ich. Ich schrie wie ein Tier, drei Tage lang.

Drei Tage dauerte die erste Trauerzeit, und drei Tage verließ der Imam unser Haus nicht. Golghotais Schwägerinnen und Paris Freundinnen kochten und bedienten die Trauergäste. Danach war vierzig Tage lang jeden Freitag Trauertag. Halwa und Fladenbrot wurden gereicht, und immer stand Tee bereit. Wenn neue Gäste das Haus betraten, trug der Imam eine kurze Sure vor und betete mit ihnen. Die Unterhaltung war ebenso gedämpft wie die Farben der Frauenkleider. Am vierzigsten Tag wurde zu einem großen Essen geladen, und alle kamen noch einmal zusammen. Nun sollte das Leben weitergehen.

Ich selbst nahm das Treiben in unserem Haus nur wie durch einen Schleier wahr. Tagelang lag ich im Bett und dämmerte dahin. Ich konnte nichts essen, vergaß die Schule, vergaß sogar meine kleine Schwester. In der schwarzen Leere, in die ich versank, war ich unerreichbar geworden. Nicht dass einer der Erwachsenen versucht hätte, mich zu erreichen. Niemand kümmerte sich um mich, niemand sah mich an oder nahm mich in den Arm.

Daran war ich gewöhnt.

Rasul versuchte nur kurz, den Vater zu spielen. Eine Woche blieb er bei uns, dann kehrte er zurück in sein Haus und vergaß uns.

Nach einem halben Jahr hörten wir von seiner Heirat.

ABSCHIED VON AFGHANISTAN

Das erste halbe Jahr nach dem Tod meiner Mutter verbrachte ich in einem Zustand der Abwesenheit, in einem Dämmer. Zur Schule muss ich wohl gegangen sein, ich kann mich aber nicht erinnern. Wie die anderen Familienmitglieder mit Paris Tod umgingen, weiß ich nicht, ebenso wenig, was Karim in dieser Periode trieb. Als ich aus meiner Betäubung erwachte, stellte ich bei ihr eindeutige Anzeichen von Verwahrlosung fest. Für Golghotai und die Onkel und Tanten, ja sogar für Schirin waren wir unsichtbar geworden. Wir kamen und gingen, wie es uns passte. Niemand schränkte uns ein, niemand kümmerte sich um uns. Ich war sechzehn, Karim vierzehn.

Unsichtbarkeit war ich gewöhnt. Zu Hause hatte ich nur still den Worten meiner Mutter gelauscht, und auch in der Schule drängte ich mich nie vor. Artig, schüchtern und anspruchslos erledigte ich, kleiner als die meisten, alle mir gestellten Aufgaben zur Zufriedenheit der Lehrerin. Ich war zwar Klassenbeste, hatte aber doch enorme Angst vor den Prüfungen, deren Ergebnis meine Mutter hätte enttäuschen können. Nur einmal im Jahr wurde ich bemerkt: Wenn der Schulinspektor in unsere Klasse kam, wurde ich als Vorzeigeschülerin an die Tafel gerufen und hatte meinen Auftritt.

Als ich aus meiner stummen Trauer auftauchte, war ich ein anderer Mensch. Meine Mutter hatte die Verantwortung für meine Schwester bei mir gelassen, und ich war entschlossen, diese Aufgabe gut zu erfüllen. Sie sollte sich nicht schämen für mich.

Zuerst ging es darum, unseren Lebensunterhalt zu sichern. Der Poet, der uns zu Paris Lebzeiten erhalten hatte, trat nach dem Tod meiner Mutter seinen zweijährigen Militärdienst an, um endlich als freier Mensch leben zu können. Er fiel also als

Ernährer aus. Meine Mutter hatte uns wohl eine Kleinigkeit hinterlassen, ich weiß es nicht. Jedenfalls sind wir in diesem ersten halben Jahr nicht verhungert. Doch als die Ersparnisse aufgebraucht waren, ging es uns schlecht. Unseren Vater um Geld zu bitten, kam mir nicht in den Sinn. Einmal traf ich ihn auf der Straße.

Wie geht's euch?

Wir haben kein Geld.

Ach, ihr habt kein Geld? Er zog (wie der Kommandeur) ein dickes Bündel Scheine aus der Hosentasche und drückte es mir in die Hand.

Hier hast du Geld.

Das wenige Geld, das ich hatte, gab ich für Essen aus. Für den Bus reichte es nicht, und ich legte den fast einstündigen Schulweg zu Fuß zurück. Auf dem Heimweg am frühen Nachmittag war es sehr heiß. Rasul hatte zwei Privatchauffeure, und einmal stand einer von ihnen vor der Schule.

Lass dich nach Hause fahren, Schwester Malalai, ich bin zufällig vorbeigekommen und habe dich gesehen. Ich fahre ohnehin dieselbe Strecke.

Immer wenn er freihatte, stand er da. Meinem Vater wäre so etwas nie eingefallen. Doch seine Privatchauffeure waren ja auch arbeitende Menschen, was man von Rasul nicht behaupten konnte. Als ich einmal in der Oberschule beim Ausfüllen eines Formulars den Beruf meines Vaters angeben musste, wusste ich nicht, was ich eintragen sollte. Ich konnte doch nicht schreiben: Sohn eines Feudalherren. Schreib arbeitslos, riet mir Pari. Meine Lehrerin überflog das Formular, hob den Kopf, schaute mir einige Sekunden tief in die Augen und las kopfschüttelnd weiter.

Wir hatten Hunger. Als Karim und ich wieder einmal mit leerem Magen von der Schule kamen, legten wir uns erschöpft auf den Teppich und schauten durchs Fenster auf die Veranda. Dort bot sich uns ein Anblick wie eine Fata Morgana. An der Decke hingen dicke Stücke gesalzenes Hammelfleisch, das an der Luft für den Winter trocknete. Das Wasser lief uns im Mund zusammen. Wir griffen uns ein Messer, Karim kletterte auf meine Schultern und kam mit ihrer Beute – zwei dicke Fleischstreifen – herunter. Wir fachten im Badezimmer ein Holzkohlenfeuer an, brieten das Fleisch und verschlangen es in Minutenschnelle. Wieder auf dem Rücken liegend, stellten wir befriedigt fest, dass wir für die nächsten Tage wenigstens unser Mittagessen gesichert hatten. Zwar blieb die Tür unseres Zimmers während dieser Aktion geschlossen, doch natürlich breitete sich der Fleischgeruch im ganzen Haus aus. Niemand in der Familie verlor ein Wort über den Vorfall, nur das Fleisch war am nächsten Tag weg. So lagen wir wieder mit leerem Magen auf dem Teppich, und weil wir jung waren und die Zukunft vor uns hatten, wälzten wir uns vor Lachen.

Wie geht es dir?, fragte mich eine Schulkameradin auf dem Heimweg von der Schule. Alle wussten, dass meine Mutter gestorben war. Das Mädchen kam aus einer intellektuellen Familie und trug das Haar hochtoupiert, wie es damals Mode war, die Stirnfransen schräg zur rechten Augenbraue gekämmt. Ihre Mutter war Dichterin, und sie selbst arbeitete neben der Schule als Schauspielerin an einem Theater.

Wir haben Hunger, antwortete ich.

Komm, wir gehen jetzt wohin, sagte sie, ohne über meine erstaunliche Mitteilung ein Wort zu verlieren, und bog in die nächste Seitengasse.

Wir betraten eine Arztpraxis, in deren Vorzimmer eine Menge junger Leute saßen und diskutierten. Die Schulkameradin ging nach hinten und kam mit dem Arzt wieder. Er stellte sich mir vor und schickte einen Jungen zwei Mittagessen holen.

Jetzt isst du dich erst einmal satt, sprach der Mann mit väterlicher Autorität.

Nachdem ich gegessen hatte, holte er mich ins Behandlungszimmer. Auf dem Untersuchungstisch lag eine Frau. Sie lag auf dem Bauch, die Beine wiesen zur Tür. Als ich erschrocken innehielt, winkte er mich zu sich. Er gab mir eine Spritze, deutete mit dem Kinn auf den entblößten Po der Frau und forderte mich mit den Augen auf, sie zu spritzen. Ich blickte ihn entsetzt an. Er desinfizierte die Stelle und führte meine Hand. Folgsam stach ich zu, und er half mir die Spritze herauszuziehen. Die Frau machte keinen Muckser.

So, meine Dame, wir sind fertig, sagte er zu ihr, während ich mich hinausschlich. Sie bedankte sich und ging. Danach kam er zu mir ins Wartezimmer.

Den Stich kriegt sie ab, und dir bricht der Schweiß aus! Was soll das? Aber warte einen Augenblick, ich hole dich gleich.

Nach einer Weile musste ich wieder hinein. Er krempelte einen seiner Hemdsärmel hoch, zog das Gummiband am Oberarm fest, reichte mir eine Spritze, desinfizierte seine Vene.

Und jetzt spritzt du das in meine Vene.

Und wieder funktionierte ich, denn ich hatte nicht gelernt zu widersprechen. Er führte meine Hand. Er hatte gute Venen. In der Spritze war eine Kochsalzlösung. Dann entstaute er den Arm, nahm die Kanüle heraus, desinfizierte die Stelle mit einem Tupfer.

Na, siehst du, geht doch! Jetzt kannst du auch intravenös spritzen. Das vorher war intramuskulär. Das üben wir jetzt ein paar Mal. Du kommst jeden Mittag hierher.

In den nächsten Tagen wiederholte sich die Szene. Zuerst das Essen, dann die Spritze. Ich war gelehrig und machte meine Sache immer besser.

Nach etwa einer Woche gab er mir ein Set: Spritzen, Kanülen, Desinfektionsmittel, Tupfer, Pinzette.

Das ist dein Werkzeug. Auf jede sauber ausgekochte Spritze eine neue Kanüle. Den Reichen gibst du die Spritze zu Hause, und sie zahlen dir zehn Afghani. Für die Armen kommst du hierher und bekommst fünf Afghani pro Spritze.

Er gab mir eine Liste von Adressen.

Auf einmal verdiente ich zwischen dreißig und vierzig Afghani am Tag. Dieser Arzt war ein wunderbarer Mensch. Er war ein Linker, der sich der Basisarbeit verschrieben hatte. Er half armen Menschen und scharte Jugendliche und Intellektuelle in einem inoffiziellen politischen Zirkel um sich. Er gehörte einer berühmten Arztfamilie an, die sich zusammen mit anderen Intellektuellen in den vierziger und fünfziger Jahren für die Sozialdemokratie in Afghanistan stark gemacht hatte. Vater, Onkel und alle männlichen Kinder (er selbst eingeschlossen) wurden verhaftet. Die erwachsenen Familienmitglieder starben im Gefängnis, er selbst wurde von seinen Mitgefangenen unterrichtet. Als er freikam, musste er nur ein paar Prüfungen ablegen, um sein Medizinstudium aufzunehmen.

1980 traf ich ihn in Delhi als Flüchtling wieder. Ein altes Mädchen wie ich würde gut zu ihm passen, meinte er, und hielt um meine Hand an. Ich war etwas über dreißig. Und er? Ich weiß es nicht. Es fiel mir schwer, seinen Antrag abzulehnen. Es wäre eine Ehre für mich, seine Frau zu werden, sagte ich, aber ich hätte nicht vor, jemals zu heiraten. Als er starb – es war in Hamburg –, machte die afghanische Linke aus seinem Begräbnis eine große Politveranstaltung. Ich fühlte mich nicht in der Lage, an der Beerdigung teilzunehmen.

An einem der Nachmittage, an denen ich in seiner Arztpraxis arbeitete, hatten sich einige Schauspieler und Radioleute eingefunden, darunter auch meine Schulkameradin. Sie unterhielten sich darüber, dass ihnen eine Sprecherin für die Paschtusprache fehlte.

Das ist doch deine Muttersprache. Willst du es nicht probieren?, sagte meine Gönnerin und schob mich vor.

Also ging ich zu Probeaufnahmen zu Radio Kabul (dem einzigen Sender Afghanistans). Ich musste ein Gedicht rezitieren.

Sie fanden meine Stimme musikalisch, und ich unterschrieb einen Honorarvertrag. Zuerst trug ich Gedichte und Aphorismen vor, dann übernahm ich Rollen bei Hörspielen und sprach Werbetexte. Plötzlich hatte es mich in die Männergesellschaft verschlagen, dabei hatte ich bisher nicht einmal eine richtige Freundin gehabt. Während die anderen Mädchen einander besuchten und die Hausaufgaben gemeinsam machten, ließ mich meine Mutter immer alleine lernen. Du brauchst keine Hilfe, sagte sie. Mit Ausnahme des Poeten hatte ich bisher kaum mit Männern zu tun gehabt, Rasul war immer eine Randfigur geblieben. Und meine Mutter hatte mir vorgelebt, wie wenige Männer in ihrer Umgebung ihre Wertschätzung verdienten.

Ich hatte also keine Angst, eher eine naive Neugier, die mich auch später vor unangenehmen Erfahrungen schützen sollte. Meine Unschuld machte mich unangreifbar. Sie würden mich nicht verletzen, die Männer von Radio Kabul. Nur zu Beginn war es mir unheimlich, mich mit fremden Männern in einem schallgedämpften Raum aufzuhalten. Würden mich die anderen auf der anderen Seite des Glases hören, wenn ich schrie? Und vor dem Rotlicht hatte ich großen Respekt. Aber alles war neu, interessant und knisterte vor Aufregung.

Für ein Mädchen meines Alters verdiente ich jetzt sehr viel Geld, und dazu kamen noch die Spritzen. Innerhalb weniger Wochen hatte ich mehr zum Ausgeben als ein Lehrer mit Familie in einem ganzen Monat und lebte allmählich auf. Ich kaufte meiner Schwester schöne Kleider. Sie war mittlerweile vom wilden Bengel zu einer eitlen Göre herangewachsen, der nur das Beste gut genug war. Wenn der Poet zum Wochenende von der Armee nach Hause kam, steckte ich meiner Großmutter fünfzig Afghani zu, die sie ihm geben sollte. Ich hatte viel zu viel Respekt vor ihm, um dieses Almosen persönlich zu überreichen. (Erst später erfuhr ich, dass sie ihm dieses Geld nie gegeben hat.)

Hunger hatten wir nun keinen mehr. Da ich nicht gern

kochte und auch gar keine Zeit dafür hatte, aßen wir jeden Tag zu Mittag im Khayber. Das staatliche Restaurant war Mitte der sechziger Jahre eröffnet worden. Es lag an einer großen Kreuzung im Stadtzentrum und war modern ausgestattet. Hier wurden neben ausländischen Speisen wie Steaks mit Pommes frites und Ketchup auch Bier und andere alkoholische Getränke serviert. Die Kellner trugen weiße Uniformen, und durch die Fensterfront an der Breitseite des Speisesaals sah man den schönen Springbrunnen, der abends in wechselnden Farben bestrahlt wurde. Hier trafen sich die Söhne und Töchter der Oberschicht, die sich die hohen Preise leisten konnten.

Zweimal wöchentlich gingen wir ins Kino und sahen uns sämtliche verfügbaren indischen Filme an. Unsere Kinowelt war aufgeteilt in Gute und Schurken, und am Ende siegte immer die Liebe. Das gefiel uns.

Es war die Zeit, in der Damenfahrräder aufkamen. Ich kaufte uns zwei der Marke Royal, und Karim brachte mir Radfahren bei. Nun brauchte ich nicht mehr Rasuls Privatchauffeur, um von der Schule nach Hause zu kommen. Für junge Mädchen genossen wir ein Übermaß an Freiheit.

Doch dann meldete sich die Vaterfamilie. Ich hatte in einem Hörspiel den Part eines paschtunischen Mädchens gesprochen, das umringt von singenden und lachenden Freundinnen an der Quelle auf ihren Liebsten wartet. Es handelte sich um ein typisches Radiodrama für Paschtunen, das in vielen Varianten immer wieder erzählt wurde, eine Schnulze, die zeigen sollte, wie die Menschen im Hindukusch trotz tragischer Umstände ihre Lebensfreude nicht verloren: Der Jüngling musste in den anglo-afghanischen Krieg ziehen und fiel auf dem Feld der Ehre, das Mädchen opferte ihren Liebsten für Land und Freiheit. Wir hatten bei der Umsetzung des Textes fürs Radio viel Spaß. Die Männer gossen Wasser von einem Eimer in den anderen, um die Quelle zu simulieren, und aus dem Nebenraum holten sie ein paar Sekretärinnen und trugen ihnen auf, ein bisschen zu lachen und zu plappern. Im Radio hörte sich das dann ziemlich authentisch an. Das muss auch meine Vaterfamilie gedacht haben. Für sie war ich mit dem verliebten Mädchen an der Quelle identisch. Schon wieder hatte eine aus meiner Sippe die Ehre des Clans des Mohammad Saman Khan verletzt. Sie luden mich vor.

Im großen repräsentativen Raum des Gästehauses saß auf Kissen gestützt der Familienrat: Rasul – wie es die Hierarchie für den Erstgeborenen vorsah – der Tür gegenüber, seitlich von ihm an den Wänden entlang seine sechs Brüder. Und alle blickten düster. Bis auf meinen Vater, der sein Gesicht mit einem Schnauzer zierte, waren sie glatt rasiert, und sechs von ihnen trugen Lammfellmützen. Es war ein Tribunal.

Wir haben dich im Radio gehört, sagte Rasuls zweitältester Bruder, der als Einziger einen Turban trug, in die Stille hinein. Gerade vor ihm hatte ich immer Angst und großen Respekt gehabt. Noch nie hatte er das Wort an mich gerichtet.

Das geht nicht! Alle wissen, wessen Tochter du bist.

Da spürte ich, wie meine Mutter in mir erwachte. Jetzt bist du an der Reihe, du musst den Faden aufnehmen. Und plötzlich hatte ich keine Angst mehr, auch nicht vor dem mit dem Turban.

Gut, sagte ich kalt. Ich bin bereit, nicht mehr zum Radio zu gehen, aber ihr müsst wissen, dass ich dort 3000 Afs im Monat verdiene. (Ich verwendete bewusst das bei Europäern gebräuchliche Wort für Afghani.) Das sind drei Lehrergehälter. Wenn ihr mir eine monatliche Apanage von 3000 Afs zahlt, verzichte ich gern auf Radio Kabul.

Stille. Als ziemlich lange niemand etwas sagte, wandte ich mich an meinen Vater: Ich gehe jetzt, ihr werdet schon eine Entscheidung treffen. Und ging.

Natürlich meldeten sie sich nicht, und ich machte weiter wie bisher. Die Brüder erwarteten von meinem Vater, die Verantwortung für mich zu übernehmen. Für Rasul jedoch war Verantwortung schon immer ein Fremdwort gewesen, und war es auch jetzt.

Über Geld zu verfügen gefiel mir. Es bedeutete ein Stück Freiheit. Jetzt war ich jemand im Haus, und keiner wagte es, mir dreinzureden. Sie sahen auch, dass ich mich um meine Schwester kümmerte, und waren froh, die Sorge um das rebellische Kind los zu sein. Ich hatte nun endgültig den Platz meiner Mutter eingenommen.

Nur Karim selbst wollte meine Autorität nicht anerkennen. Um sie dazu zu bewegen, die Schule zu besuchen, bestach ich sie mit Kinobesuchen und Kleidern. Es nützte alles nichts. Ich konnte sie kaum dazu bringen, mit mir ins Restaurant zu gehen, denn sie schämte sich für meine Aufmachung. Du siehst aus wie eine Oma, machte sie sich über mich lustig.

Eines Tages – ich kam gerade aus der Schule – stürmte Karim atemlos ins Haus.

Stell dir vor, Onkel Qayum Khan hätte uns beinah überfahren!

Pause.

Ich war mit Feraidun auf dem Motorrad.

Mit wem?

Ach, mit einem Kumpel.

Und der Onkel hat euch zusammen gesehen? Wie seid ihr entkommen?

Wir sind mit dem Motorrad zwischen die Marktstände geflüchtet, dort konnte er mit dem Auto nicht durch.

Wo ist Feraidun? Ich möchte ihn sprechen, sagte ich und versuchte, Autorität auszustrahlen.

Weiß ich doch nicht.

Wo ist er!

In seinem Geschäft.

In was für einem Geschäft?

Ein Teppichladen.

Dann nannte sie eine Adresse in der Neustadt, und ich war ein wenig erleichtert: Zumindest war er kein armer Schlucker! Fieberhaft überlegte ich. Böse war ich eher auf ihn als auf Karim. Er hätte wissen müssen, dass es in Kabul nicht möglich war, für alle sichtbar mit einem Mädchen auf einem Motorrad durch die Stadt zu fahren.

Es klopfte.

An der Tür stand ein Junge: Dein Vater will dich sprechen ...

Ich eilte sofort hin und rannte die Treppe hinauf. Die Frau des Onkels, der versucht hatte, Karim und Feraidun anzufahren, kam mir entgegen, umarmte mich und flüsterte: Der Tod soll ihn holen!

Das fing ja gut an!

Und dann sagte sie noch, der Schwager habe schon die Pistole aus dem Koffer geholt. Sie suchten nach dem Jungen. Sie war außer sich vor Angst um ihren Mann. Sie deutete auf die verschlossene Tür: Da sitzen sie alle.

Und wieder stand ich vor dem Familienrat, und Rasul und seine sechs Brüder blickten noch düsterer. Mit Händen greifbar schlug mir die Männerwut entgegen. Nur mein Vater hob die Augen und schaute mich an. Und ich sah seine Verzweiflung. Was soll ich tun?, fragte sein Blick. Er war so verstört, dass er nicht in der Lage war, auch nur eine Frage zu stellen.

Und wieder spürte ich Pari in mir und hatte keine Angst. Ich betrat das Zimmer erst gar nicht, sondern blieb in der Tür stehen.

Ich bin gekommen, um dir mitzuteilen, dass eine Frau bei uns vorgesprochen hat, die für ihren Sohn um die Hand meiner Schwester anhält, sagte ich zu Rasul gewandt. Ich glaube, ich werde Karim demnächst verloben.

Es war ein spontaner Einfall. Unterwegs hatte ich nur einen einzigen Gedanken gehabt: Die holen sie ab, verheiraten sie mit einem Mann ihrer Wahl, bringen sie aufs Land und lassen sie verschwinden. Bis zur Hochzeit wird sie auf der Burg festgehalten. Dem Jungen werden sie etwas antun. Das Schicksal meiner Mutter wird sich wiederholen.

Kaum hatte ich die beiden Sätze ausgesprochen, kehrte die Farbe in Rasuls Gesicht zurück. Wie auf Kommando stand der Rest der Meute auf und ging an mir vorbei ins Nebenzimmer, ohne mich eines Blickes zu würdigen.

Mach die Tür zu!, befahl Rasul.

Dann begann er auf Karim und mich zu schimpfen. Du schaffst es nicht, sie zu bändigen. Ihr zieht den Namen unserer Familie in den Schmutz. Ist euch das überhaupt bewusst?

Jetzt geht es ihm besser, stellte ich belustigt fest. Vorher stand er unter dem Druck seiner Brüder, seine Stellung als Ältester war gefährdet. Und auch ich war erleichtert.

Zu Hause angelangt, zwang ich meine Schwester, für mich ein Treffen mit Feraidun im Khayber-Restaurant zu vereinbaren.

Er kam allein, und ich erkannte ihn gleich. Ein zwanzigjähriger Elvis-Presley-Verschnitt mit einem wilden Lockenkopf wie meine Schwester, einem Schnauzer und einer Wrangler-Jeansjacke. Sein Motorrad entpuppte sich als schlichtes Moped.

Bist du noch bei Trost? Weißt du, mit wessen Tochter du da durch die Stadt düst?

Ich liebe sie wie eine Schwester.

Quatsch kein dummes Zeug. Wie viele Schwestern hast du?

Drei.

Wieso fährst du dann nicht mit deiner eigenen Schwester durch die Stadt?

Er schwieg.

Ich mache mir keine Sorgen um dich, nur um meine Schwester. Dich wird man mit einem Pistolenschuss aus der Welt räumen. Man wird dem Richter ein Bündel Scheine auf den Tisch legen, und es wird keinen Mörder geben.

Er wurde blass.

Was soll ich tun?

Du schickst deine Mutter zu uns nach Hause, und zwar noch heute.

Er verstand sofort und fing an herumzustottern. Fast hätte er geheult.

Meine Brüder … ich habe vier Brüder, sie sind alle noch unverheiratet. Ich bin der Jüngste …

Deine Brüder interessieren mich nicht, das hättest du dir vorher überlegen müssen. Du hast gesehen, dass meine Familie nicht lange fackelt. Heute ist es noch glimpflich ausgegangen, das nächste Mal werden sie dich wegpusten, da kannst du Gift drauf nehmen.

Ich merkte plötzlich, dass ich große Autorität besaß, obwohl ich jünger war als er. Hatte ich nicht gerade erst noch ein ganz anderes Kaliber von Männern in den Griff bekommen?

Ich erwarte deine Mutter, sagte ich, stand auf und ging nach Hause.

Meine Schwester dagegen war nicht einmal verängstigt. Ihr war gar nicht bewusst, welche Todesängste und Kämpfe ich in den vergangenen zwei Stunden ausgestanden hatte. Sie schien die Folgen ihres Handelns überhaupt nicht zu begreifen.

Ich hab mit ihm gesprochen, und seine Mutter wird vorbeikommen. Du wirst verlobt.

Sie protestierte nicht einmal. Sie fand es in Ordnung.

Es klopfte. An der Tür stand eine überaus sympathische, alterslose Frau – sie hätte meine Großmutter sein können, aber auch meine Mutter oder Tante. Ihr helles Haar war so kraus, dass ihre beiden kurzen Zöpfe sich wie zwei Ferkelschwänze um die Ohren kringelten. Mit großen blaugrünen Augen schaute sie mich an wie ein verängstigtes Äffchen. Ich hätte sie am liebsten in die Arme genommen, so sympathisch war sie mir. Aber ich hatte andere Sorgen.

Khala dschan, sagte ich, liebe Tante, kommen Sie herauf.

Sie folgte mir aufs Dach, wo wir zu dieser Tageszeit vor den Ohren meiner Familie einigermaßen sicher waren, und ich erzählte ihr, in welche furchtbare Bedrängnis ihr Sohn uns und auch sich selbst gebracht hatte.

Er muss meine Schwester heiraten, es gibt keinen anderen Ausweg.

Sie war knapp davor, in Tränen auszubrechen. Jung soll er sterben, verwünschte sie ihren Jüngsten, noch vier unverheiratete Söhne habe sie, alle älter als Feraidun. Was solle sie ihrem Mann sagen, wie könne sie so etwas rechtfertigen? So zeterte und jammerte sie dahin. Ich dachte an die Gefahr, in der sich meine Schwester befand, und meine Sympathie verflog.

Ich kann mich mit Ihren Problemen nicht aufhalten, unterbrach ich sie schroff. All das hätten Sie Ihrem Sohn vorher beibringen sollen.

Sie schwieg.

Sie kommen jetzt jeden Tag hierher, bis ich mit meiner Familie und meinem Vater alles geklärt habe, sagte ich abschließend.

Je öfter die künftige Schwiegermutter ins Haus kommt, desto höher steigt die Braut im Wert. Es war eine symbolische Aufforderung, ich wusste nur zu gut, dass ich sie so bald nicht wiedersehen würde.

Was hätte ich anderes tun können? Ich hatte keine Wahl. Die Familie meiner Mutter stand ja auch nicht hinter uns. Wir waren völlig allein mit unserem Problem. In Rasuls feudaler Familie war die Moderne ebenso wenig angekommen wie in der traditionalistischen Paschtunenfamilie meiner Mutter. Ich genoss Respekt, weil ich die ungeschriebenen Gesetze beherrschte. Meine Schwester brach die Regeln nicht absichtlich, sie war einfach außerhalb dieses Systems aufgewachsen. Aber wer sich nicht an die Gesetze hielt, wurde grausam bestraft. Eine der schrecklichsten Erinnerungen meiner Kindheit war die Züchtigung von Rasuls jüngstem Bruder. Er wurde als Kind nach der Schule in eine Moschee geschickt, um den Koran zu lernen. Diese Koranstunden schwänzte er regelmäßig. Da klemmte Rasul die Beine seines kleinen Bruders unter das Schiebefenster des Wohnzimmers, stellte sich auf die Veranda und traktierte die Fußsohlen des Kindes so lange mit einem Rohrstock, bis der Junge keine Kraft mehr zum Schreien hatte und fast ohnmächtig wurde. Niemand stellte sich Rasul in den Weg. Nana lief wie ein aufgescheuchtes Huhn herum und flehte um Gnade für ihren Jüngsten. Der Junge konnte tagelang nicht laufen und lag nur apathisch in der Ecke. Später stellte sich heraus, dass er die Koranstunden geschwänzt hatte, weil der Mullah ihn während des Unterrichts auf seinen Schoß gesetzt und seine Genitalien am Po des Kindes gerieben hatte. Die Angelegenheit wurde durch einen anderen Jungen ruchbar, und die Bewohner des Viertels verjagten den Mullah.

Angesichts dieser Gewalterfahrung wuchs Rasuls jüngster Bruder zu einem erstaunlich kontrollierten jungen Mann heran. Er verliebte sich in ein Mädchen, dessen Eltern mit dieser Liaison nicht einverstanden waren. Das Mädchen heiratete ihn trotzdem und wurde von den Eltern für tot erklärt. Die beiden liebten sich, wie man sich nur lieben kann, und schenkten Nana sechs oder sieben Enkelkinder. Alle paar Jahre hatten die beiden einen Ehekrach. Der Streit selbst war von nebensächlicher Bedeutung, doch die Folgen waren beachtlich. Der Ehemann bekam einen Wutanfall, tobte durchs Haus, riss die Vorhänge von den Fenstern, schlitzte Matratzen und hochwertige Teppiche auf und zertrümmerte die Wohnungseinrichtung. Versuchte seine Frau ihn zu besänftigen, rief er ihr zu: Bitte geh zur Seite, damit du nicht verletzt wirst! Bitte geh mir aus dem Weg! Schließlich brach er erschöpft zusammen und ließ sich weinend in ihren Schoß fallen. Am nächsten Tag gingen die beiden gemeinsam einkaufen und richteten die Wohnung neu ein, jedes Mal mit kostspieligeren Möbeln und Teppichen.

Nicht alle Familien waren so borniert wie die meines Vaters. Meine Schulkameradinnen hatten alle einen Freund. Von den einundzwanzig Mädchen in der zwölften Klasse war ich die Einzige, die noch keinen hatte. Einige waren sogar schon verlobt.

Natürlich waren ihre Rendezvous geheim, aber man kannte die geeigneten Ecken in und um Kabul. Ich selbst bekam meinen ersten Kuss von einer Klassenkameradin. Die äußerst lebhafte Tochter eines Offiziers und eine der Schönsten in der Klasse hatte sich gerade einen Film mit Brigitte Bardot angesehen. Ich weiß, wie eine Frau einen Mann küssen muss, berichtete sie triumphierend am nächsten Tag in der Freistunde. Das müsst ihr unbedingt lernen! Bald werdet ihr heiraten, dann sollt ihr wenigstens richtig küssen können. Sie forderte uns auf, uns nebeneinander an die Wand zu stellen, schritt die Reihe ab und gab jeder von uns einen Zungenkuss. So, jetzt wisst ihr Bescheid, sagte sie und wischte sich mit dem Handrücken den Mund ab. Üben müsst ihr mit eurem Freund.

Innerhalb einer Woche wurde meine Schwester verlobt, und Feraiduns Mutter kam, um Süßigkeiten mit uns auszutauschen. Karim betrachtete die Verlobung als Freibrief. Nun traf sie sich andauernd mit Feraidun in aller Öffentlichkeit und kam manchmal erst nach zehn Uhr nachts nach Hause. Die Schule besuchte sie nicht mehr. Da bekamen wir es mit der Mutterfamilie zu tun, oder vielmehr ich. Der Schlägeronkel ging wieder dazu über, die Haustür abzusperren, und steckte den Schlüssel unter das Kopfkissen meiner Großmutter. Ich musste ihn nachts stehlen, um Karim die Tür zu öffnen. Seit einem Jahr war unsere Mutter tot, niemand hatte sich um uns gekümmert, aber jetzt auf einmal plusterten sich alle Männer auf und fühlten sich in ihrer Ehre gekränkt! Zusammen mit der Schule und meinen Jobs beim Arzt und bei Radio Kabul wuchs mir die ganze Angelegenheit über den Kopf. Ich schimpfte viel mit meiner Schwester und wünschte mir nichts sehnlicher, als sie endlich in den ehelichen Hafen abzugeben. Wirklich böse konnte ich ihr nicht sein, denn ich sah ja, dass ihre Rebellion keine bewusste Provokation war. Sie wusste nicht einmal, dass sie rebellierte, geschweige denn, dass sie erkannt hätte, was auf dem Spiel stand.

Aber die Zeit zwischen Verlobung und Hochzeit zog sich in die Länge. Da traf ich mich wieder mit Feraidun.

Mach endlich Nägel mit Köpfen, drängte ich, ich halte diesen Kampf nicht mehr aus. Du musst sie sofort heiraten, sie kann nicht jahrelang verlobt bleiben.

Ich habe kein Geld, sagte Feraidun.

Wieso hast du kein Geld? Ihr habt ein riesiges Geschäft!

Meine Brüder und mein Vater werfen mir Stöcke zwischen die Beine, niemand will mich als Ersten in der Familie heiraten lassen. Niemand will mir Geld geben.

Was bist du nur für ein Mann!, schimpfte ich. Ich bin ein junges Mädchen und habe dir das Leben gerettet! Du weißt überhaupt nicht, was ich für dich getan habe!

Und dann gab ich ihm natürlich die fünftausend Afghani, die sich auf meinem Konto angesammelt hatten, und trug ihm auf, die Hochzeit unverzüglich vorzubereiten.

Mit dem Geld gingen die beiden einkaufen und erstanden einen glänzenden grünen Seidenstoff, aus dem der Schneider Karims Nekah-Kleid für die religiöse Trauung durch den Mullah nähte. Karim, die bis dahin am liebsten Fischerhosen und nur ab und zu ein kurzes Kleid mit Petticoat getragen hatte, war begeistert.

Am Tag der Nekah ging ich zu Rasul.

Heute ist ihre Nekah.

Wo soll ich hingehen?, fragte er.

Feraiduns Familie war angesehen und reich. Es war für sie ausgeschlossen, die nachmittägliche Nekah in unserem armseligen Haus durchzuführen. Also mieteten sie für die Männer im Cinema-Park-Club einen kleineren Saal – eine neumodische Sitte, die mir unbekannt war. Unsere gesamte Verwandtschaft boykottierte die Veranstaltung. Für sie war eine Hochzeit im Alter von fünfzehn Jahren eine Schande. Man wusste wohl, dass es eine Zwangsheirat war, die ich inszeniert hatte. Nur Rasul kam, aber der musste schließlich die Urkunde unterschreiben.

Man habe ihn nicht gebührend gewürdigt, beschwerte er sich nachher bei mir. Er wurde wie einer von vielen behandelt. In der Erwartung, im Anschluss an die Festlichkeit nach Hause gefahren zu werden, hatte er seinen Chauffeur heimgeschickt. Doch dann waren alle in ihre Autos gestiegen, und er musste sich ein Taxi nehmen. Er warf mir vor, seine Tochter in eine stillose Familie verheiratet zu haben.

Ich machte mir ja selbst Vorwürfe. Für Karim jedoch war es keine Tragödie, Feraidun zu heiraten. Die beiden mochten sich. Als sie verlobt waren, wurde ihr bewusst, dass sie nun eine Frau war und ihr Verlobter kein Kumpel mehr. Sie trafen sich in den Gärten außerhalb Kabuls und wurden ein richtiges Liebespaar. Wirklich bedauert habe ich immer nur, dass sie die Schule nicht beenden konnte.

Für die Braut selbst gab es keine Zeremonie. Der Mullah, der bei der Nekah die Frau normalerweise dreimal nach ihrer Einwilligung fragt, kam nicht. Der »wichtigste Tag im Leben einer Frau« vollzog sich für meine Schwester in ihrer Abwesenheit. Es genügte die Unterschrift ihres Vaters. Gegen drei oder vier Uhr wurde sie von unserem Haus abgeholt, um in das Haus von Feraiduns Familie gebracht zu werden. Seine Mutter und die Schwester kamen mit Handtrommeln und versuchten singend und tanzend ein wenig festliche Stimmung zu verbreiten. Ich konnte nicht aufhören zu weinen, weil alles so erbärmlich war und meiner schönen wilden Schwester unwürdig, und weil unsere Mutter nicht dabei sein konnte. Doch wenn Pari noch am Leben gewesen wäre, hätte niemand aus dem Clan gewagt, uns zu irgendetwas, geschweige denn Karim zu einer Heirat zu zwingen.

So stieg sie einfach in ihrem schönen grünen Kleid ins Auto und wurde weggefahren. Ich weinte den ganzen Abend, doch ein paar Tage später zeigte sie selbst sich durchaus angetan von ihrer neuen Umgebung. Eine richtige Hochzeit mit weißem Kleid hatte es zwar nicht gegeben, das schickte sich nicht für den jüngsten Spross der Familie, doch etwa zwanzig Frauen waren eingeladen und bereiteten ihr einen herzlichen Empfang. Feraiduns Mutter hatte große Probleme mit ihrem Mann, der ihr vorwarf, sie habe es versäumt, ihren Söhnen den Sinn für die traditionelle Heiratsreihenfolge beizubringen. Sie versuchte dennoch, das Beste aus der schwierigen Situation zu machen. Als weibliches Wesen war meine kleine Schwester – bis vor kurzem ein Gassenjunge – in dieser Familie mit den viel zu vielen Männern willkommen. Ich weiß nicht warum, aber in der Generation meiner Großmutter und Mutter gab es (von Pari abgesehen) immer wesentlich mehr Söhne als Töchter, und die Häuser waren stets voller Männer.

Es war eine tadschikische Familie, in die Karim hineinheiratete, und alle lebten zusammen in einem Haus. Meine Schwester war begeistert: So viele Menschen! Ein Riesenhof! Ein herrliches Brautzimmer! So schönes Bettzeug! Am Tag nach ihrem Einzug kamen viele Gäste, und die Frauen machten Musik. Da nahm sich auch meine Schwester eine Handtrommel. So etwas tat eine Braut nicht, sie hatte mit gesenktem Kopf dazusitzen. Karim jedoch stürzte sich mit jugendlichem Ungestüm ins Gewimmel, machte alles mit und half sogar in der Küche. Erst später wurde ihr bewusst, dass sie sich völlig danebenbenommen hatte. Als sie zu trommeln begann, sahen die Gäste betroffen zur Schwiegermutter hinüber, doch diese lächelte milde, und der Bann war gebrochen. Karim trommelte mit solcher Leidenschaft, dass der Brillant aus dem Ring flog, den ihr die Schwiegermutter zur Nekah geschenkt hatte. Als sie bestürzt zu weinen anfing, nahm die Schwiegermutter sie zum ersten Mal in den Arm und tröstete sie wie ein Kind.

Du wirst noch so viel Schmuck von mir bekommen, du musst jetzt nicht nach dem Brillanten suchen.

Auf ihre Schwiegermutter ließ Karim nichts kommen. Sie ist die beste Frau der Welt, sagte sie immer. Mit ihrer liebevollen Autorität erzog sie Karim wie eine eigene Tochter, ohne ihre

Wildheit zu brechen. Fünf Söhne hatte sie und drei Töchter. Karim wurde als neuntes Kind aufgenommen. In aller Sanftheit dirigierte die zierliche Frau die große Familie. Dreimal am Tag nahmen alle zusammen die Mahlzeiten ein. Es gab zwar Dienstboten, doch die Küche blieb ihr Reich, in dem sie und ihre Töchter walteten. Allmählich erlernte Karim von ihr die feinsten Gerichte Afghanistans zuzubereiten. Das Haus war wie eine gut geführte Wohngemeinschaft organisiert: Jede Frau übernahm für einen Tag die Essensversorgung. Karim kam alle vier Tage dran. Die Rezepte, die ihr die Schwiegermutter beibrachte, bildeten ein streng gehütetes Familiengeheimnis, das von Generation zu Generation weitergereicht wurde. Die Schwiegermutter hatte sie alle im Kopf, denn sie konnte weder lesen noch schreiben. So lernte Karim auch, das mit dem Reis mitgekochte Kardamom in ein kleines Gazesäckchen zu verpacken, um zu verhindern, dass der weiße Reis (*tschalau*) durch die Gewürzkrümel verunreinigt wurde.

Karim erkannte, dass die von ihr bisher missachteten Frauen in einer eigenen Welt lebten, in der Männer Randfiguren waren, die nur zum Essen und Schlafen auftauchten. Der Schwiegervater war ihr verhasst. Er arbeitete nicht und saß den ganzen Tag in der *saratscha*, dem Zimmer über dem Haustor, dessen Fenster auf die Gasse ging. Unter dem überdachten Hauseingang befand sich eine Treppe, die direkt in die Saratscha führte. Von seinem Fenster aus konnte der Alte den Basar überblicken. Wie ein Wachhund überprüfte er, wer kam und ging, und ließ sich, um nichts zu versäumen, das Essen auf einem Tablett aufs Zimmer servieren. Die in der warmen Jahreszeit gemeinsam im Hof eingenommenen Familienmahlzeiten waren stets festliche Anlässe, aber nichts gegen die großen Gesellschaften, die Feraiduns Mutter mit derselben Gelassenheit und unsichtbaren Autorität orchestrierte. Zudem verfügte sie über ein großes medizinisches Wissen und kannte die mannigfaltigen Wirkungen von Heilkräutern. Keines der Familienmitglieder musste je zum Arzt.

Dieses Frauenwissen ging auf meine Schwester über. Heute traut sie in der Küche nur sich selbst und kann innerhalb weniger Stunden zwanzig bis dreißig Leute bewirten. Mit Hilfe von zwei oder drei Köchen hat sie schon Hochzeiten mit zweihundert Gästen unter ihrer Regie gehabt. Und meine Speisekammer glich bis vor kurzem einer Drogerie. Bei der letzten Renovierung habe ich die vielen Fläschchen und Gläser weggeworfen, deren Inhalt ich ja doch nicht auseinander halten kann.

Die Schwiegermutter, die es mit ihrer Sanftmut schaffte, alle nach ihrer Pfeife tanzen zu lassen, war für Karim eine wichtige Verbündete. Alle Frauen der Familie trugen die Tschaderi, und auch meine Schwester musste sie auf der Straße anlegen. Doch Karim, die in Jungenkleidung aufgewachsen war, konnte sich damit nicht abfinden. Die Tschaderi war in der ersten Zeit ihrer Ehe ihr größtes Problem. Da steckte ihr die Schwiegermutter eine große Handtasche zu.

Wenn du unter den Augen des Wachhundes aus dem Haus gehst, trägst du sie. Am Ende des Basars ist an der Ecke ein Krämerladen, der Besitzer ist ein Freund von mir. Dort kannst du sie ablegen.

Bald nach der Hochzeit wurde Feraidun zum Militärdienst eingezogen und war nur noch am Wochenende zu Hause. Als Karim nach neun Monaten einen Sohn zur Welt brachte, nahm die Schwiegermutter das freudige Ereignis zum Anlass, um die unterbliebene Hochzeit nachzuholen, und organisierte ein großes, pompöses Fest.

Meiner Schwester war der Schleier trotz des Arrangements mit dem Krämerladen zuwider. Nach etwa zwei Jahren der allmählichen Eingewöhnung kehrte ihr rebellischer Geist zurück. Sie hatte die Heimlichtuerei satt und wollte nicht länger in einem Gefängnis leben. Die Schwiegermutter hatte ihretwegen schon andauernd Streit mit ihrem Mann, immer öfter kam sie mit verheulten Augen aus seinem Zimmer – ein einziger stummer Vorwurf. Und alle paar Tage musste Karim für die ganze

Familie kochen. Mit einem Wort: Sie hatte genug von diesem Familienleben. Feraidun jedoch zog das überkommene System vor. Wenn die Frau bei den Eltern wohnt, ist sie eingebunden, wird überwacht, und der Mann trägt keine Verantwortung. Er wollte nicht ausziehen, das Haus seiner Eltern sei groß genug. Immer öfter kam es zum Streit. Eines Tages ging Karim in sein Zimmer und forderte: Wir ziehen sofort aus! Um der Entscheidung aus dem Weg zu gehen, verließ er fluchtartig das Haus – im Vertrauen darauf, dass sie ohne ihn nichts unternehmen würde. Aber da kannte er meine Schwester schlecht. Sie hatte sofort gesagt, und sie meinte sofort. Außer sich vor Wut und Enttäuschung begann sie, ihm den Hausrat aus dem Fenster hinterherzuschleudern. Beinahe hätte sie auch ihren eigenen Sohn hinausgeworfen, wäre eine Schwägerin nicht in letzter Minute dazwischengekommen.

Heute Abend ist es doch schon zu spät, wo wollt ihr denn hin?, versuchte die Schwiegermutter sie zu beschwichtigen.

Ich gehe, wohin ich will!, rief meine Schwester, packte den kleinen Sohn und lief zu Golghotai. Diese hatte sich mit Schirin längst in Paris Zimmer breit gemacht. Ich selbst war zu diesem Zeitpunkt nicht mehr in Kabul.

Ihr räumt sofort das Zimmer, ich bleibe hier!

Golghotai und Schirin rafften widerwillig ihre Habseligkeiten zusammen, und Karim ließ sich in unserem alten Zimmer nieder.

Bald folgte auch Feraidun, denn was hätte er sonst tun sollen? Mutter und Sohn hatten erkannt: Die junge Frau war nicht mehr zu halten. Aber sie fanden einen Kompromiss. Die Schwester des Schwiegervaters war Witwe und wohnte mit zwei Töchtern in Karims Alter in einem Haus, in dem noch ein Zimmer frei war. Bei ihnen sollten sie wohnen.

Karim hatte nun, was sie wollte, doch die Kleinfamilie erwies sich als Falle. Jetzt war Feraidun der Herr im Haus. Schritt für Schritt ersetzte er für Karim den verhassten Schwiegervater.

Nachdem ich meine Schwester verheiratet hatte, konnte ich mich endlich wieder meinen eigenen Angelegenheiten widmen. Ich war – natürlich platonisch – in einen verheirateten Schauspieler verliebt, der mir durch meine Schulfreundin hatte ausrichten lassen, dass er mich mochte. Er war fast zehn Jahre älter als ich und hatte eine mit Brillantine in Form gehaltene Haartolle. Wir trafen uns einmal im Monat in einem Garten und redeten. Dazwischen schrieben wir uns Briefe. Es war sehr romantisch. Und ich traf mich mit einem Chrirurgen, der ebenfalls zehn Jahre älter war. Er wollte mich heiraten, obwohl er wusste, dass ich einen Ausreiseantrag für Deutschland gestellt hatte. Bis zur letzten Minute hoffte er, ich würde es mir noch überlegen. Unsere Beziehung war zwar nicht platonisch, aber meine Jungfräulichkeit blieb gewahrt. Was die Heirat anbelangte, verhielt ich mich ausweichend.

Ich hatte Afghanistan satt. Seit ich meinen eigenen Lebensunterhalt verdienen musste, hatte ich mein Land neu kennen gelernt. Was ich sah, war nicht erfreulich. Sobald ich genug Geld hatte, wollte ich mir zum Beispiel eine eigene Wohnung mieten, doch kein Hausbesitzer war bereit, einer allein stehenden jungen Frau einen Mietvertrag zu geben. Wo kommst du her? Hast du keine Familie? Warum lebst du nicht bei deinen Verwandten? Auf solche Fragen und auf demütigende misstrauische Blicke musste sie sich gefasst machen. Eine junge Frau, die allein leben wollte, war wie eine, die in ein Bordell zog. Was es offiziell in Afghanistan gar nicht gab.

Ein geflügeltes Wort lautete: Posten und Positionen werden vererbt wie der Königsthron. Was das bedeutete, erlebte ich bei Radio Kabul. Gleichzeitig mit mir hatte in unserer Redaktion ein anderes Mädchen in meinem Alter zu arbeiten begonnen, ihr Name ist mir entfallen. Sie war unvergleichlich begabter als ich, konnte ihre Texte im Studio ohne Probe fehlerlos vortragen und war eine begnadete Schauspielerin. Doch anders als ich stammte sie aus einer namenlosen Familie, hatte eine dunkle

Hautfarbe und Pockennarben im Gesicht. So bekam ich immer die attraktiveren Aufträge, verdiente mehr Geld und hatte ständig ein schlechtes Gewissen. Glücklicherweise wurde sie bald von einem Regisseur entdeckt, ging ans Theater und machte innerhalb kurzer Zeit Karriere. Sie war die erste paschtunische Theaterschauspielerin, und man ließ eigens für sie Stücke auf Paschtu schreiben. Es gelang ihr, aus mittelmäßigen Machwerken über die Tapferkeit der Afghanen und die Opferbereitschaft der Frauen im anglo-afghanischen Krieg große Kunst zu machen. Stehende Ovationen waren ihr gewiss. Als sie berühmt geworden war, erfuhr sie schließlich auch bei Radio Kabul die gebührende Anerkennung.

Mein Freund, der Chirurg, arbeitete in einem staatlichen Krankenhaus, in dem die Patienten meistens kostenlos behandelt wurden. Er verscherzte es sich mit seinen Kollegen, weil er mittellose Patienten operierte, die den Arzt nicht schmieren konnten. Unter den Kollegen gab es einen Code: Wurde ein Patient eingeliefert und musste operiert werden, fragten sie sich gegenseitig, ob er hustete. Fiel die Antwort positiv aus, bedeutete das, dass er oder die Verwandtschaft zahlen konnten. Hustete er nicht, wurde er nicht operiert. Unzählige junge Menschen starben – etwa an den Folgen einer akuten Blinddarmentzündung –, weil sie nicht husteten. Mein Freund wurde von seinen Kollegen so lange gemobbt, bis er vom Gesundheitsministerium in ein Provinznest versetzt wurde. Stell dir vor, schrieb er mir später nach Berlin, hier habe ich nicht einmal eine Pinzette, von einem Operationssaal ganz zu schweigen. Er ging bald darauf nach Pakistan und eröffnete dort eine eigene Praxis.

1966 machte ich das Abitur und wurde Zweitbeste. Es war das erste Mal in meinem Leben, dass ich nicht Beste war. Da radierte ich die Ziffer 2 weg und ersetzte sie durch eine 1. Erst dann traute ich mich nach Hause. Da war meine Mutter schon zwei Jahre tot.

Ich begann als Grundschullehrerin zu arbeiten, unterrichtete Geschichte und Geographie. Beim Einkaufen auf dem Markt traf ich eines Nachmittags eine ehemalige Mitschülerin.

Wo gehst du hin?, fragte ich sie.

Hast du gestern Abend nicht Radio gehört?

Nein, was ist denn?

Das Gesundheitsministerium will Abiturientinnen nach Deutschland schicken und sie zu Krankenschwestern ausbilden lassen. Nach drei Jahren kommt man dann wieder zurück. Ich gehe mich bewerben.

Mit einem Mal fielen mir alle Widerwärtigkeiten ein, mit denen ich seit dem Tod meiner Mutter zu tun hatte. Es gab ein unausgesprochenes Gesetz, dass Mädchen nach dem Abitur entweder vier Jahre zur Uni gehen und dann heiraten oder aber gleich heiraten. Diese Wahl genügte mir nicht. Dass ich über mein eigenes Leben nicht sollte verfügen können, empfand ich als tiefe Kränkung. Ich hatte es geschafft, mir innerhalb eines mächtigen Clans Respekt zu verschaffen, doch meine Ehre und meine Selbstachtung wurden jeden Tag verletzt, sobald ich das Haus verließ. Wildfremde Männer liefen mir nach und belästigten mich. Wenn ich mich dagegen verwahrte, lachten sie nur. Bald wurde mir klar: Ich musste meine Neugier auf das Leben anderswo stillen.

Ich überlegte nicht lange: Ich komme mit!

Meine Schwester war versorgt, ich war also frei. Das Herz klopfte mir bis zum Hals, als ich im Vorzimmer des zuständigen Büros meine Bewerbung schrieb.

In Afghanistan gärte es. Obwohl ich in keiner Weise politisch organisiert war, muss meine Unzufriedenheit doch Teil eines allgemeinen Unbehagens gewesen sein. Die Sowjetunion war zwar der wichtigste Handelspartner Afghanistans, doch die Regierung Daud Khan hatte sich im Kalten Krieg auf keine der beiden Seiten geschlagen. So stellte das Land die Bereitschaft des Westens und besonders der USA auf die Probe, in einem blockfreien Land mit der Sowjetunion zu konkurrieren. Doch dass Daud Khan die Idee eines unabhängigen Paschtunistan unterstützte, beschleunigte seinen Machtverlust. Als Reaktion auf die afghanische Agitation hatte Pakistan im August 1961 die Grenze zu Afghanistan geschlossen, was das Land noch mehr in die Arme der Sowjetunion trieb. Um diesen Trend rückgängig zu machen, trat Daud Khan im März 1963 zurück. Saher Schah und seine Berater wagten daraufhin das Experiment einer konstitutionellen Monarchie. 1964 verabschiedete die Nationalversammlung eine neue Verfassung, die ein gewähltes Unterhaus und ein Oberhaus vorsah, dessen Mitglieder zu einem Drittel vom Volk gewählt, zu einem Drittel vom König eingesetzt und zu einem Drittel indirekt von neu zu schaffenden Provinzversammlungen gewählt werden sollten. Bei den Wahlen von 1965 und 1969 kandidierten mehrere Gruppierungen, die die gesamte Bandbreite von den Islamisten bis zu den Linksextremen abdeckten. 1965 hielten immerhin drei Frauen Einzug ins Kabinett, darunter die Gesundheitsministerin, die für mein eigenes Leben so wichtig werden sollte. Die Politik der Zentralregierung polarisierte sich zunehmend, was sich zwischen September 1965 und Dezember 1972 in der Ernennung von fünf Premierministern in Folge niederschlug. Bis zu seiner Entmachtung 1973 unterschrieb der König weder das Parteiengesetz noch das Länder- und Gemeinderatsgesetz, womit er die von der Verfassung garantierte Institutionalisierung des politischen Prozesses blockierte. Es entwickelten sich Machtkämpfe zwischen Legislative und Exekutive, und das von der Verfassung vorgesehene unabhängige Oberste Gericht wurde nicht ernannt. An den Universitäten der größeren Städte entstanden politische Bewegungen jeder Couleur. Es gab auch islamistische Studentengruppen, etwa die um den später berüchtigten Gulbuddin Hekmatjar, doch die Masse der protestierenden Studenten, darunter auch zwei prosowjetische Gruppen – Khalq und Partscham –, war politisch links gerichtet.

Von all dem bekam ich persönlich wenig mit. Ich bereitete meine Abreise vor und war vollauf mit meiner Loslösung von Afghanistan beschäftigt.

Als meine Freundin ein halbes Jahr nach Einreichung unserer gleichzeitigen Bewerbung einen positiven Bescheid erhielt, ich jedoch nicht, machte ich mich sofort auf den Weg zum Gesundheitsministerium.

Ihr Antrag liegt nicht vor, sagte der Beamte mit steinernem Gesicht.

Das ist nicht möglich! Meine Freundin und ich haben ihn gemeinsam abgegeben, und wir waren unter den Ersten!

Tut mir Leid, die Liste ist geschlossen. Es konnten nur fünfzehn Mädchen ausgewählt werden.

Dann erfuhr ich, dass die Gesundheitsministerin die Schwester meiner Schuldirektorin war. Ich ging zu ihr und beschwerte mich bitterlich: Korruption, Bestechung, Vetternwirtschaft, und das bei einer Ministerin!

Beruhige dich, sagte die Frau, ich bin heute Abend bei meiner Schwester und werde mit ihr sprechen. Komm morgen wieder vorbei.

Am nächsten Tag bestellte mich die Ministerin persönlich zu sich. Die attraktive Frau im eleganten Kostüm gab mir ein Blatt Papier, forderte mich auf, eine neue Bewerbung zu schreiben und besiegelte meinen Text mit ihrer Unterschrift und dem Stempel des Ministeriums. Als der Beamte, der mich zwei Tage zuvor so kalt abgefertigt hatte, das Papier erblickte, stand er sofort stramm.

Aber natürlich fahren Sie mit!

Er holte einen Ordner aus dem Regal, fischte eine Bewerbung heraus und steckte meine an ihre Stelle.

Die in Deutschland Auszubildenden wurden mehrmals ins Ministerium geladen, und beim ersten Mal sah ich, wen ich verdrängt hatte: ein verhärmtes, armes, unsichtbares Mädchen. So ist es in unserem Land, dachte ich, der Schwächere verliert. Ich hatte zwar ein schlechtes Gewissen, zögerte aber keinen Augenblick, meine Chance wahrzunehmen.

Im Ministerium arbeiteten zwei deutsche Entwicklungshelferinnen, beide blond. Eine stand auf und sagte zur anderen: Ich geh nach Hause. Das war mein erster deutscher Satz. Sonst kannte ich Deutschland vor allem aus Versandkatalogen, die bei meinem Schneider herumlagen. Die Kleider wurden immer im Familienpack abgebildet: Vater und Sohn trugen blaue Polohemden, Mutter und Tochter weite Röcke mit Petticoat, jeweils farblich aufeinander abgestimmt. Ich war beeindruckt und fragte mich nur vage, wie es möglich war, dass man in Deutschland quasi auf Bestellung zuerst einen Jungen und dann ein Mädchen bekam. Das fand ich interessant.

Seit ich mich zur Ausreise entschlossen hatte, ersetzte ich die indischen durch europäische Filme. Im Cinema Park konnten Männer und Frauen sich Filme gemeinsam ansehen. Üblicherweise nahmen die Frauen entweder hinten oder oben in den Logen Platz, wo sie auf die Männer hinunterschauen konnten. Brigitte Bardot wurde für mich zum Inbegriff der Französin: blond, groß (wie ich meinte), vollbusig. Als ich Jahre später nach Frankreich kam, war ich enttäuscht: Die meisten sahen aus wie ich – klein und dunkel. Ein Film beeindruckte mich besonders: »Europäische Nächte«, ein Ritt durch das Nachtleben von Europa – Bars, Diskotheken, Rotlichtmilieu. Ich war fasziniert. Das war meine Welt, und bald würde ich sie kennen lernen. Zwischen Europa im Allgemeinen und Deutschland im Besonderen unterschied ich nicht. In der siebten Klasse hatten wir Europa durchgenommen. Ich hatte von Hitler und vom Zweiten Weltkrieg gehört, vom Alltag in Deutschland hatte ich keine Vorstellung. Auf alle Fälle musste es paradiesisch sein. Männer und Frauen gehen nachts aus und tanzen miteinander! Jungs und Mädchen schlendern Hand in Hand durch die Straßen!

Bis zum letzten Tag ließ ich meinen Freund, den Chirurgen, im Ungewissen über unsere Heirat. Ich versprach, ihn nachzuholen. Wir machten uns beide etwas vor. Ich war, mit dem Schicksal meiner Mutter vor Augen, fest entschlossen, weder zu heiraten noch Kinder zu kriegen. Wenn du nicht heiratest, kann kein Mann über dich bestimmen. Es war eine einfache Formel, um als Frau autonom zu bleiben.

Zwei Tage vor meinem Abflug besuchte ich Rasul auf der Qala. Ich traf ihn beim Kontrollgang durch seine Ländereien, die Hände hinter dem Rücken verschränkt. Ich teilte ihm mit, dass ich zum Studium nach Deutschland fliegen würde. Er sah mich nicht einmal an und schmunzelte nur: Oh, dann kann ich auch mal angeben. Eine meiner Töchter studiert in Germany. Und dann: Übrigens, die Germanys haben sehr gute doppelläufige Jagdgewehre. Dass du mir nur ja eins schickst!

Ja, mach ich, erwiderte ich, ohne die geringste Absicht, es tatsächlich zu tun.

Er war ein Waffennarr. Sein Zimmer war mit Gewehren gespickt. Dabei war er ein miserabler Jäger. Wenn er mit seinen Bauern jagen ging, schossen sie für ihn die Rebhühner und zeigten dann die Beute als seine herum. Es war ein offenes Geheimnis.

Ende September war es so weit. Meine erste Reise außerhalb Kabuls. Mein erster Flug. Auf dem Flughafen meine Schwester und mein Freund. Ich zitterte vor Aufregung. Ich wusste nicht, ob ich je zurückkehren würde. Ich hatte das Gefühl, für immer fortzugehen. Tränen rannen mir über die Wangen, weniger wegen meines Freundes als wegen meiner Schwester. Ich hätte sie gern mitgenommen, Karim, die schwieg und weinend ihren Sohn stillte. Jemand machte in dem Augenblick ein Foto von ihr. Dieses Foto war später meine einzige Verbindung zu Afghanistan.

Zwischenstopp in Teheran. Fahrt mit dem Flughafenbus zum Hotel. Mein erstes Hotel. Von meinem Fenster aus sah ich den Swimming-Pool, an dem sich Frauen im Badeanzug sonnten. Ich konnte es nicht fassen – Persien ist ein islamisches Land und grenzt an Afghanistan, wir sprechen dieselbe Sprache! Und dann fiel mir ein, dass es ein persisches Buch war, mit dem ich aufgeklärt wurde. Ich war in der zehnten Klasse, und eine Mitschülerin hatte es eines Tages von zu Hause mitgebracht und uns allen zur Lektüre empfohlen. Da ihre Brüder nicht merken sollten, dass das Buch fehlte, und wir in der Klasse einundzwanzig Schülerinnen waren, durfte jede von uns es nur eine Nacht behalten. Es hieß »Mann und Frau«, und heute kann ich mich nur daran erinnern, dass es ein Kapitel über die verschiedenen Stellungen beim Geschlechtsakt enthielt. Ich nahm es mit nach Hause und las es mit heißem Kopf.

Was ist das für ein Buch?, fragte Pari, die wohl etwas Ungewöhnliches an mir beobachtet haben musste. Ich wagte nicht, es zuzuklappen, aus Angst, sie könnte den Titel lesen. Es geschah nicht oft, dass ich meine Mutter anlog, aber in diesem Fall blieb mir nichts anderes übrig.

Ach, es ist einfach ein Schulbuch, dass mir eine Mitschülerin geliehen hat, antwortete ich. Ich muss es schnell auslesen, sie will es morgen wiederhaben.

Pari sah mich noch einmal prüfend an, gab sich aber dann mit meiner Antwort zufrieden. An einem Buch kann nichts Schlechtes sein, ein Buch ist immer gut, mag sie gedacht haben.

Am nächsten Morgen flogen wir in aller Früh mit der Lufthansa weiter nach Deutschland. Das Frühstück nahmen wir im Flugzeug ein. Die Brote waren mit Wurst belegt.

Iiiih, kreischten die Mädchen, das ist bestimmt Schweinefleisch!

Plötzlich packte mich der Übermut. Ich stand auf, ging wippend durch den Mittelgang von einer zur anderen und sammelte die Wurstscheiben vollständig ein.

Ich fang lieber gleich damit an, rief ich, dann muss ich in Deutschland nicht verhungern. Das nennt man »Desensibilisierung«.

Lachend legte ich den Wursthaufen auf meinen Teller und begann zu essen. Es schmeckte mir.

BERLIN-RUDOW

Fünfzehn schwarzhaarige Mädchen verlassen an einem Septembernachmittag des Jahres 1967 ihre Maschine und betreten den Flughafen Berlin-Tempelhof. Dicht aneinander gedrängt wie eine kleine Herde warten wir auf unser Gepäck. Ich bin zu aufgeregt, um die Müdigkeit zu spüren. Die Ankunftshalle ist riesig. Ich lasse meine Augen zur Decke schweifen und fülle meine Lungen mit Raum. Die Passkontrolle dauert ewig. Stempel werden in unsere Pässe geknallt, es klingt wie eine Fanfare in meinen Ohren. Schon bin ich durch. Afghanistan liegt hinter mir. Mir platzt vor Neugier fast der Kopf. Ich will hinaus! Hinaus und Europa sehen. Mein Blick folgt dem Halbrund des steinernen Flughafengebäudes. Alles ist groß, und das Licht ist kalt. Ist das die Sonne Europas?

An die Fahrt im gelben BVG-Bus kann ich mich kaum erinnern. Nur dass alles fremd war, und ich vor Gier zitterte, in dieses Neue einzutauchen. Auf der Straße wenige Menschen, und alles sehr ordentlich. Keine zum Verkauf ausgebreiteten Teppiche und Kelims, keine Lastentiere, keine erdfarbenen Lehmmauern, keine weiß getünchten Häuser, keine mit Stoffplanen überdachten Läden, nur Stein. Grauer Stein und Bäume. Im Wagen absolute Stille. Wir sprachen nicht miteinander, schauten nur aus den Fenstern. Schauten und schauten.

So grau, flüsterte das Mädchen, das mich in Kabul zum Gesundheitsministerium mitgenommen hatte.

Das ist sicher noch vom Krieg, sagte ich mit dem Brustton der Überzeugung.

Als wir an der Rudower Straße 56 vor einem neunstöckigen, grau-grün gestreiften Hochhaus hielten, hatten sich die letzten

Sonnenstrahlen bereits verzogen. Fünf Mädchen sollen aussteigen, rief der Busfahrer. Ich konnte es nicht erwarten und meldete mich sofort. Die anderen fuhren weiter. Ich war im Städtischen Krankenhaus Neukölln gelandet. Wir schleppten unser Gepäck die hohe Krankenhausmauer entlang zum Haupteingang. Die vier schmalen Steinsäulen kamen mir vor wie geöffnete Arme, die mich willkommen hießen. Das zierliche Gebäude aus der Zeit der Jahrhundertwende mit dem Glockentürmchen aus oxidiertem Kupfer gefiel mir. Dahinter eine von Kastanien umsäumte großzügige Rasenfläche mit Blumenbeeten. Ich war ebenso hingerissen wie an jenem Tag, als ich irrtümlich das Tor zu meiner künftigen Oberschule öffnete.

Im Schülerinnenheim mit den langen glänzenden Linoleumfluren hinter Flügeltüren mit Milchglasfenstern wurden wir von drei Schulschwestern empfangen. Sie sahen eigenartig aus: wadenlange Röcke, weiße Schürzen, weiße Hauben. Die Krankenschwestern in Afghanistan trugen körperbetonte Kittel und kurze Röcke. (Später erfuhr ich, dass es Diakonieschwestern waren, die uns begrüßten.) Das Zimmer im dritten Stock, das uns zugewiesen wurde, lag unter dem Dach. Es mag keine dreißig Quadratmeter groß gewesen sein – mir kam es riesig vor. Allerdings bedachte ich zu diesem Zeitpunkt noch nicht, dass es fünf Personen aufnehmen sollte. In der Mitte stand ein runder Tisch mit fünf Stühlen, die Betten waren an den Wänden hochgeklappt.

Die Schwestern mit ihren Hauben erklärten uns etwas. Wir verstanden kein Wort.

Obwohl ich von der Reise erschöpft war, schlief ich schlecht in meiner ersten deutschen Nacht. Ich hatte noch nie mit vier fremden Menschen in einem Zimmer geschlafen. Sobald das Licht gelöscht wurde, fing die Erste an vor Heimweh zu schluchzen, und bald heulten alle im Chor. An Schlaf war nicht mehr zu denken. Im Gegensatz zu der Unruhe in unserem Zimmer war es draußen unheimlich still. Kein Eselsgeschrei, keine Hunde, die sich unter dem Fenster paarten, kein Krähkonzert der Hähne im Morgengrauen, kein Röhren der Kamele aus dem benachbarten Serail, wenn die Kameltreiber die Höcker ihrer unwilligen Tiere beluden. Keine Händler, die mit ihren randvollen Karren über die holprige Gasse dem Basar zustrebten. Im Haus roch es zwar nach verschiedenen Sorten Putzmittel, von draußen jedoch drangen keine Gerüche durch das geöffnete Fenster. Keine Balsampappeln und kein schlecht raffiniertes Benzin, kein Küchendunst, kein fauliger Geruch nach feuchtem Schlamm, kein Holzkohlenrauch, kein Gestank nach Fäkalien. Hätte ich mein früheres Leben bei den Wohlhabenden und Modernen in der Neustadt zugebracht und nicht bei den Armen und Traditionalisten in der Altstadt, hätte Berlin mich weniger überrascht. So aber war ich beunruhigt, ob ich mich in dieser geräusch- und geruchlosen Welt je zurechtfinden würde. Da fiel mir ein Vierzeiler von Maulana Rumi ein, den meine Mutter mir gern vorgesungen hatte:

Wir machen lange Reisen.
Wir zerbrechen uns den Kopf über die Bedeutung
    eines Gemäldes oder eines Buches,
wo doch das, was wir sehen und verstehen wollen
    auf dieser Welt,
wir selbst sind.

So würde es sein. Ich war allein. Ich hatte niemanden außer mich selbst. Ich stand am Anfang eines neuen Lebensabschnitts und würde meine Chance nutzen.

Gleich am nächsten Tag wurden wir von einer der Schulschwestern um sechs Uhr früh abgeholt. Über den sternenlosen Himmel hatte ich mich in der schlaflosen Nacht gewundert, trotzdem fiel mir jetzt die afghanische Redewendung »Die Sterne stehen noch am Himmel« ein. Ich kam mir vor wie einer der Tagelöhner in Kabul, die sich vor Sonnenaufgang an den Straßenrand stellten, um auf Arbeit zu warten. Manche von ihnen standen noch da, wenn ich zur Schule ging.

Sie brachten mich auf die Innere Medizin, und ich legte die Schwesterntracht an: wadenlanges hellblaues Kleid, weiße Schürze, weißes Häubchen. Meine schweren langen Zöpfe musste ich mit einer Unmenge Haarklammern hochstecken. Nun war ich Vorschülerin. Die Schwester drückte mir einen Eimer Wasser und einen Putzlappen in die Hand und zeigte mir mit wortlosen Gesten, wie die Nachttische zu säubern waren. Danach kamen im Fäkalienraum die Nachttöpfe und Urinflaschen an die Reihe. Dann machte ich mit einer Schwester die Betten. Um acht musste ich helfen, das Frühstück vorzubereiten. Nachdem es an die Patienten verteilt worden war, durften auch wir Schwestern frühstücken. Dass ich vorerst stumm war, machte mir nichts aus, ich war daran gewöhnt, das Leben rings um mich still zu beobachten, als hätte ich daran keinen Anteil. Ich wusste, dass ich mich meiner neuen Umgebung anpassen würde. Ob aus mir eine gute Krankenschwester würde, war mir gleichgültig. Wichtig war nur, dass ich raus war aus Afghanistan.

Aber wer hätte gedacht, dass ich dieses neue Leben in einem reichen Land hungrig beginnen würde? Sie sagten uns, wir sollten zu Mittag im Kasino essen und dort auch unser Abendbrot und Frühstück abholen. Wir verstanden nicht, und niemand zeigte uns, wo sich dieses Kasino befand. Also aßen wir zu Mittag auf der Station und hungerten den Rest der Zeit. Wir konnten nicht einmal sagen, dass wir Hunger hatten – die Schwestern sprachen kein Englisch. Außerdem würde in Afghanistan ein Gast den Gastgeber niemals um Essen bitten, eher würde er verhungern. Etwa nach einer Woche kamen uns ein paar Mädchen aus einer der beiden anderen Gruppen besuchen. Sie waren im Wenckebach-Klinikum in Tempelhof untergebracht und hatten es besser als wir. Ihr Zimmer war weniger kahl.

Und wie oft esst ihr dort?

Wann wir wollen, Essen gibt's eigentlich immer. Mittags nehmen wir uns kalten Aufschnitt mit für den Abend, und Brot können wir haben, so viel wir wollen.

Da baten wir sie um Brot. Jedes Mal, wenn sie kamen, war es ein Fest.

Irgendwann begriffen wir, dass man das Mittagessen in dem düsteren Speisesaal, den die Schwestern Kasino nannten, einnehmen konnte, an den U-förmig zusammengestellten Tischen mit brauner Resopaloberfläche. Aber immer noch wussten wir nicht, dass dort auch das Abendbrot abzuholen war. Und trotz unseres Hungers war das einzige Essen am Tag eine Qual: Buletten, Wiener Würstchen, Hähnchenkeulen, Kartoffeln in allen Variationen. Aber der Freitag schlug alles. Jetzt hatte ich meinen Berlingeruch! Der gekochte weiße Fisch, in einer weißen Soße schwimmend, war ungenießbar. Ich schob die matschigen Kartoffeln an den Rand des Tellers, bestreute sie reichlich mit Salz und aß mit Todesverachtung. Den Rest ließ ich stehen. Nach dem Essen mussten wir die Teller an der Durchreiche zur Küche abgeben. Die Küchenschwester warf einen Blick auf meinen Teller, sah mich böse an und murmelte etwas. Sicher hielt sie mich für undankbar.

Schritt für Schritt erkundete ich meine Umgebung, wie ein Kind, das laufen lernt. Zuerst den Park, um den die Pavillons des Krankenhauses gruppiert waren: Innere Medizin, Unfallchirurgie, Urologie, HNO, die Abteilungen für Neurologie und Psychiatrie. Gegen Abend legte sich eine melancholische Stimmung über die stille Idylle. Die Blätter färbten sich allmählich gelb und fielen ab. Die Tage wurden kürzer, die Nächte frostiger. Als nächsten Schritt wagte ich mich über die Rudower Straße und leistete mir eine Cola. In der schummrigen Kneipe saßen Neuköllner Arbeiterjugendliche beim Bier. Heute ist dort das Café Palm Beach, und man schlürft unter Palmen einen Bacardi Rigo. Bier gibt es immer noch, und das Bestattungsunternehmen Grieneisen gleich nebenan verwaltet weiterhin die Toten, mit denen ich im Krankenhaus noch ausreichend zu tun haben sollte.

Wir waren sehr beschäftigt. Drei Tage Arbeit auf den Stationen, die wir alle drei Monate wechselten, zwei Tage Theorie im Klassenzimmer des Schülerinnenheims, und im ersten halben Jahr jeden Nachmittag Deutschunterricht am Goethe-Institut. Die Busfahrt mit der Linie 74 von Rudow in die Charlottenburger Uhlandstraße dauerte eine Dreiviertelstunde. (Die U-Bahn hatten wir noch nicht ausgekundschaftet.) Ich saß auf dem Oberdeck, schaute den Leuten in die Wohnzimmer und zuckte zusammen, wenn die Zweige der Bäume gegen die Busscheiben schlugen. Als ich feststellte, dass ich schneller lernte als die anderen, konnte ich mich im Unterricht nicht mehr konzentrieren. Das Leben draußen war so viel interessanter. Die anderen Mädchen waren fleißig. Oft wiederholten sie die Übungen bis spät in die Nacht und fragten einander gegenseitig ab. Und immer wieder fing eine aus lauter Heimweh zu weinen an, die anderen stimmten ein, und manchmal rissen sie auch mich mit. Dann war ich am nächsten Tag müde und schlecht gelaunt. Allmählich wurde es mir zu bunt. In Afghanistan hatte ich nach der Heirat meiner Schwester ein Zimmer für mich allein gehabt. Da legte ich mir drei einwandfreie deutsche Sätze zurecht, die ich so lange übte, bis ich sie auswendig hersagen konnte: Ich bin noch jung und möchte lange schlafen. Aber diese Mädchen nicht. Ich kann nicht mit ihnen zusammen schlafen.

Die Schulschwester, der ich diese Sätze vorsagte, war so beeindruckt, dass sie mir gleich ein neues Zimmer zuwies. Sie steckte mich zu einem deutschen Mädchen, und das war mein Glück. Von ihr lernte ich schneller als am Goethe-Institut und brachte ihr obendrein auch ein paar Worte Dari bei. Wir fingen mit dem Wichtigsten an: Penis, Muschi, Busen, küssen, Liebe, Liebhaber, Beischlaf ... *keer, kos, sinna, bossa, eschq, rafiq, hamkhwabi* ...

Bei der Sprache ebenso wie bei allem anderen, was ich in den ersten Monaten sah und hörte, verhielt ich mich wie ein Papagei. Erst beobachtete ich und hörte zu, dann machte ich es nach. An den Wochenenden fuhren die deutschen Schwesternschülerinnen zu ihren Eltern, und das Haus leerte sich. Am Freitagabend aber ging es rund. In Trauben standen sie vor dem Spiegel und bemalten sich das Gesicht. Ich hatte immer nur Kajal und Lippenstift benutzt, sie jedoch verwendeten Creme-Make-up, Rouge, Lippenstift, Wimperntusche, Eyeliner, Lidschatten, Taft ... Volle zwei Stunden dauerten ihre Vorbereitungen. Fast alle waren blond, und ich fand sie sehr schön.

Wohin geht ihr?, fragte ich.

Wir gehen aus.

Wo ist die Adresse von Aus?

Sie zuckten mit den Schultern. Aus, eben aus.

Ich hatte kein Wörterbuch, in dem ich dieses rätselhafte Wort hätte nachschlagen können. Aus. Sie wollten es mir wohl nicht sagen. Sie wollten nicht, dass ich mitkam ins Aus. Also blieb ich nicht nur am Wochenende, sondern auch am Freitagabend allein und drehte bei jeder Witterung im Park meine einsamen Runden.

Das Aus entpuppte sich schließlich als die »Top Disko«. Irgendwann erfuhr ich die Adresse und beschloss, mein Schicksal selbst in die Hand zu nehmen. Ich machte mich wie die deutschen Mädchen zwei Stunden vor dem Spiegel zurecht, zog mein grünes Kunstseidenkleid mit dem Krägelchen am V-Ausschnitt an und stapfte los. Mit den »Europäischen Nächten«, die ich aus dem Kino in Kabul kannte, hatte Rudow wenig zu tun. Es war eher wie ein Dorf mit spärlicher Straßenbeleuchtung. Schummrig, laut und im Vergleich zum Khayber-Restaurant sehr klein: das war mein erster Eindruck von der Disko. In der Mitte gab es eine kleine Tanzfläche, an den Wänden standen dicht gedrängt Tische und Stühle. Ich war begeistert. Endlich entdeckst du Deutschland! Gebannt beobachtete ich, wie die jungen Burschen die Mädchen zum Tanz aufforderten. Man spielte Elvis Presley, und ich liebte Rock 'n' Roll. Zwei Mädchen tanzten miteinander. Die eine war kurzhaarig und schwarz, die andere langhaarig und blond. Sie tanzten so gut, dass Discjockey Jack White mit dem Holzbein seine Gäste bat, die Tanzfläche für die beiden freizuhalten.

An den ersten Abenden sah ich mir alles genau an, saugte die Stimmung auf wie ein Schwamm. Irgendwann war ich dann so weit, auch tanzen zu wollen. Ich stand noch eine halbe Stunde länger vor dem Spiegel und wartete den ganzen Abend auf einen Mann. Keiner forderte mich auf. Je länger ich auf meinem Stuhl herumsaß, desto mehr sackte ich in mich zusammen. Sie spielten so schöne Platten, und keiner wollte mit mir tanzen. Mutterseelenallein und deprimiert legte ich den halbstündigen Fußweg zum Krankenhaus zurück.

Da tauchte ein Bild auf. Ich sah einen Markt in Kabul, auf dem Obst verkauft wird, in dicke Scheiben geschnittene Wassermelonen, die saftige Frucht nach außen gekehrt, pralle Weintrauben zum Kosten und Kaufen aufgeschichtet. Sind sie süß genug, werden sie erstanden. Du hast dich schön gemacht, dachte ich, bist in die Diskothek gegangen und hast dich präsentiert wie eine Wassermelone auf dem Markt. Du hast dich zur Schau gestellt, und niemand hat auch nur gekostet von dir. Wie tief bist du gesunken? Tiefer als eine Wassermelone! Und ich schämte mich. Das tust du nie wieder, nahm ich mir vor. Das nächste Mal gehst du auf den Markt und kostest selbst von den Früchten.

So tat ich es. Wenn eine gute Platte aufgelegt wurde, sah ich mich nach einem allein herumstehenden Jungen um. Möchtest du tanzen? Kein Einziger gab mir einen Korb. Und so saß ich kaum mehr auf meinem Platz. Später wurde ich mutiger und suchte mir nur noch die Jungs aus, die gut aussahen und gut tanzten. Bald musste ich nicht mehr alleine nach Hause gehen. Ich geriet in eine Clique von Burschen, die immer zu Späßen aufgelegt waren. Ein Junge, den ich in der Disko zum Tanzen aufgefordert hatte, hockte sich vor mich und lud mich ein, auf seine Schultern zu klettern. Er trug mich den ganzen Weg zum

Krankenhaus. Obwohl er klein war und mich kleine Männer nicht anziehen, imponierte mir das. Er wurde mein Freund.

Ich lernte Deutsch wie die Kinder, plapperte die Alltagssprache nach, murmelte im Bus ganze Sätze so lange vor mich hin, bis ich sie fließend aussprechen konnte. Dann ging ich zum nächsten Satz über. Mit einer deutschen Mitbewohnerin und einem deutschen Freund machte ich rasche Fortschritte. Mit Sätzen wie »Gibst du mir 'ne Lulle?« konnte ich alle in Erstaunen versetzen. Ulf war okay. Wir schmusten viel, aber schlafen wollte ich nicht mit ihm. Er hielt sich daran.

Hast du einen Freund?, fragte mich einmal ein Pfleger.

Ja, hab ich.

Und was macht er?

Eisenflechter.

Was ist denn das?

Das ist einer, der auf dem Bau das Gitter für den Beton macht.

Der arbeitet auf dem Bau?

Ja. Na und?

Mensch, zu dir passt doch was Bessres. Ein Arzt oder so.

Tatsächlich war ich so sehr in meinen Chirurgielehrer verliebt, dass ich bis zum Staatsexamen kein einziges Wort herausbrachte. Er erinnerte mich an meinen Chirurgen in Kabul. Dennoch erstaunte mich die Bemerkung des Pflegers. Ich hatte gedacht, dass es ein solches Status- und Stammesdenken nur in Afghanistan gab. Und schon wurde ich unzufrieden mit meinem Ulf und fing an zu verheimlichen, dass er Eisenflechter war.

Nachdem die erste Aufregung über das Neue verklungen war, stellte sich auch das Heimweh ein. Ich erinnerte mich daran, aus welchen Gründen ich das Land verlassen hatte, und dass es überhaupt keine Veranlassung gab, meinem Leben dort nachzutrauern. Es nützte alles nichts, ich hatte Sehnsucht nach meiner Schwester, Sehnsucht nach meinem Kabuler Freund. Ich fühlte mich einsam. Die Abende und Sonntage in meiner kleinen Krankenhauswelt schienen mir immer trostloser. Die afghanischen Mädchen besuchten und bekochten sich gegenseitig, sie sprachen viel über die Heimat. Ich brach den Kontakt zu ihnen bald ab, ich kochte nicht gern. Sie lästerten über mich, ich sei eine unmoralische Frau, würde die Sitten und Gebräuche meines Landes mit Füßen treten. Sie sahen mich mit meinem Freund und konnten sich nicht vorstellen, dass ich noch Jungfrau war. Nach und nach übernahmen auch diese ehrbaren Mädchen die Sitten und Gebräuche des Gastlandes. Eine ließ sich schließlich sogar von ihrem afghanischen Ehemann scheiden, weil sie von einem Deutschen ein Kind erwartete. Ich war nur die Erste gewesen.

Meine Jungfräulichkeit wollte ich für einen besonderen Mann bewahren, nicht für die Ehe, aber für die Liebe. Und da Ulf klein war und Eisenflechter, war er mir nicht gut genug. Aber nachdem ich schon zwei Jahre mit ihm zusammen war, passierte es dann doch irgendwann. Danach übernachtete er fast jedes Wochenende bei mir, wenn nämlich meine Zimmernachbarin nach Hause fuhr. Natürlich war es verboten. Wenn ich auf der Rudower Straße seinen Pfiff hörte, schaute ich aus dem Fenster, winkte ihm, und er kletterte über die Mauer.

Während der Woche hatten wir Ausgang bis zehn Uhr, am Wochenende bis Mitternacht. Danach war der Zugang zum Flur von beiden Seiten abgeschlossen, und die Schlüssel hingen bei den Schulschwestern an der Tür. Wenn ich länger ausbleiben wollte, schlich ich in ihr Zimmer und ließ einen Schlüssel mitgehen. Leider erwischte ich nie den richtigen, und so hatte ich am Ende einen ganzen Haufen Schlüssel in der Schublade. Der Pförtner, an dem ich vorbeimusste, machte in solchen Fällen keine Schwierigkeiten. Nur Männer mussten so an ihm vorbeigeschleust werden, dass er nichts merkte.

Ich war natürlich nicht die Einzige, die sich ihren Freund aufs Zimmer holte, und nicht selten musste einer hastig in der Bettlade verschwinden. Die Schulschwestern waren ganz versessen darauf, uns in flagranti zu erwischen. Jede Nacht gingen sie von

Zimmer zu Zimmer, wünschten uns eine gute Nacht und machten das Licht aus. Diejenigen, die von zu Hause dicke Federbetten mitgebracht hatten, waren im Vorteil. Sie strichen das Federbett glatt und mussten nur darauf achten, dass der Freund darunter nicht erstickte. Ulf musste sich einmal im tiefsten Winter außen ans Fenstersims hängen. Und einmal stürmten gleich zwei Schwestern um sechs Uhr morgens mein Zimmer. Sie hatten Pech – mein Freund war nicht da. Ein andermal hatte ich Pech. Ulf hatte vormittags frei und trödelte, während ich in Eile war und arbeiten gehen musste. Wenn du fertig bist, haust du ab, schärfte ich ihm ein. »Irrtümlich«, wie sie später behauptete, öffnete eine Schulschwester die Tür, sah ihn nackt am Waschbecken stehen, stieß einen Schrei aus, schlug die Tür zu und rannte davon.

Die schmeißen mich raus! Was soll ich tun?, jammerte ich.

Ulf war ein Arbeiterkind und stolz auf seine proletarische Herkunft. Er war um die Lösung eines so einfachen Problems nicht verlegen: Leugnen! Sag einfach, da war kein Mann, das warst du selbst.

Ich wurde zum Personalrat zitiert.

Malalai, Sie haben einen Mann auf dem Zimmer gehabt. Sie wissen, dass das streng verboten ist. Sie müssen leider hier ausziehen.

Nein, erwiderte ich, da war kein Mann. Das war ich selbst. Ich stand nackt am Waschbecken, als die Schulschwester plötzlich die Tür aufgerissen hat. Sie muss sich so erschreckt haben, dass sie mich für einen Jungen hielt. Sie sehen ja, wie dünn ich bin.

Er schmunzelte, rief die Schulschwester an und konfrontierte sie mit meiner Version. Sie schrie so in den Apparat, dass er den Hörer vom Ohr weghalten musste und ich alles hören konnte.

Halten Sie mich für blöd? Glauben Sie, ich kann nicht zwischen einem Mann und einer Frau unterscheiden? Zwischen blond und schwarz?

Malalai behauptet das eine, Sie das andere. Was machen wir denn jetzt?

Als sie nicht aufhörte zu schreien, legte er auf, und ich durfte bleiben.

Solche Erlebnisse verhalfen mir zu einem realistischeren Deutschlandbild. In Afghanistan konnte ich um Mitternacht von Radio Kabul nach Hause kommen und mich unbehelligt mit meinem Freund treffen, aber mitten in Europa war das Gleiche höchst kompliziert. Mit den Schulschwestern führten wir dieselben Debatten über die Rocklänge wie Karim und ich mit unserer Mutter in Kabul. Wir durften keinen Lippenstift tragen, und wenn sich eine von uns auf der Station mit lackierten Fingernägeln blicken ließ, wurde ihr gleich ein Fläschchen Aceton hingeschoben: Mach dich sauber!

Sauberkeit war überhaupt das oberste Prinzip. *Eine gute Schwester weiß sich immer zu helfen, um stets hygienisch und sauber zu arbeiten.* Diesen Spruch werde ich nie vergessen.

In Rudow hatte ich viele Mütter, die wesentlich strenger waren als meine eigene. Einmal kamen wir fünf Afghaninnen nach 22 Uhr vom Wenckebach-Krankenhaus nach Hause. Es war kalt und schneite, und Schwester Felicitas wollte uns die Tür nicht öffnen. Schlafen Sie auf der Parkbank, ist mir doch egal, rief sie uns hinter der Milchglasscheibe zu. Wir klingelten so lange Sturm, bis uns ein Mädchen einließ. Am nächsten Tag wurde das Mädchen dafür heftig gerügt. Solche Strenge und Verkniffenheit hatte ich bis dahin für typisch islamisch gehalten.

Auch die enorme Sparsamkeit der Schulschwestern überraschte mich. *Man prasst nicht mit seinen Sachen.* Auch diesen Satz werde ich nie vergessen. Mein Land ist so arm im Vergleich zu Deutschland. Je reicher, desto großzügiger, hatte ich früher gedacht. Nun musste ich erkennen, dass es genau umgekehrt war.

Eine einschneidende Erfahrung war für mich der Umgang

mit Sterbenden und Toten. Es mochte ja sein, dass das Leben eines Menschen wenig zählte in Afghanistan, der Leichnam eines Verstorbenen jedoch genoss großen Respekt. Wenn ein junger Mensch starb, wurde sein Leichnam von der Familie gewaschen und für die Beerdigung vorbereitet. Fremden Händen hätte man ihn nie anvertraut. Die Alten wurden von einem Leichenwäscher gewaschen. Sterbende auf ihrem Weg allein zu lassen, galt als Todsünde. Ein solches Verhalten hätte sich die Familie nie verziehen. Auch die Ärzte im Krankenhaus achteten darauf, den Verwandten rechtzeitig Bescheid zu geben, damit sie den Sterbenden mit nach Hause nehmen konnten. Versäumte ein Arzt diesen Augenblick, handelte er sich großen Ärger ein – nicht nur mit den Verwandten, auch mit seinem Vorgesetzten. In Deutschland war das anders. Selten blieben die Verwandten bei Schwerkranken über Nacht im Krankenhaus, und Sterbende wurden in einen separaten Raum (meistens in ein nicht mehr benutztes Badezimmer) geschoben, um mutterseelenallein die Welt zu verlassen.

Meine erste Erfahrung mit dem deutschen Tod war ein Schock. Als Vorschülerin auf der Inneren Medizin wurde mir die Aufgabe zugewiesen, eine Patientin zu füttern. (Heute sagt man »das Essen reichen«.) Die Frau wog über hundertfünfzig Kilo. Ihr Körper bestand aus einem kastenartigen Rumpf, auf dem ein kleiner Kopf fast halslos ruhte. Als ich mit dem Mittagessen ihr Zimmer betrat, saß sie mit herabhängenden Beinen quer auf dem Bett. Ich fütterte sie und achtete darauf, dass sie alles aufaß, ich wusste ja schon, dass es nicht gern gesehen wurde, wenn auf dem Teller etwas zurückblieb. Nachdem ich ihr den letzten Löffel in den Mund geschoben hatte, erbrach sie sich in den leeren Teller und besudelte meine Schürze. Am nächsten Nachmittag starb sie. Ich machte mir Vorwürfe, dass ich sie einen Tag vor ihrem Tod zum Essen gezwungen hatte. Die Schwestern riefen die Leichenträger. Zwei kräftige Männer schoben eine Art Badewanne mit Deckel in das Zimmer der Toten. Durch einen Spalt in der Tür konnte ich vom Flur aus beobachten, was sie taten. Die Männer entfernten das Laken, in das die Schwestern die Frau gewickelt hatten. Nun lag ihre Leiche splitternackt auf dem Bett. Es war entwürdigend. Die Männer legten ihr eine breite Schlinge um den Hals und beförderten den massigen Körper mit mehreren Anläufen vom Bett in den Metallsarg. Dann schlossen sie den Deckel und verließen damit die Station. Fassungslos, wie angewurzelt stand ich da. Wie konnte man so mit einer Toten umgehen? Als Kind hatte ich öfter erlebt, dass man auf diese Art Hundekadaver von der Straße entfernte.

Später besichtigten wir die Pathologie. Da sah ich, wie man Leichen wusch. Ein Toter lag auf dem Fliesenboden, und ein Mann spritzte ihn mit einem Wasserschlauch ab. Ich musste daran denken, wie meine Großmutter den Handrücken unter den Wasserstrahl aus der Kanne gehalten hatte, damit das Wasser den Körper meiner Mutter nur sanft berührte. Und mir fielen die Barbaren ein, von denen ich in der Schule gelernt hatte: ein unzivilisiertes Volk, das in den Wäldern Europas hauste, Wildschweine jagte, Hörner als Kopfschmuck trug und fremde Länder überfiel.

Wenn in Kabul ein Kind stationär behandelt werden musste, war es eine Selbstverständlichkeit für die Eltern, bei ihm zu bleiben. Da sich nicht alle Familien ein Bett im Krankenhaus leisten konnten, schlief die Mutter meistens neben dem Bett des Kindes auf dem Fußboden. Die Ärzte empfahlen den Eltern, ihr Kind im Krankenhaus nicht alleine zu lassen, ihre Anwesenheit sei wichtig für seine schnelle Genesung. In Deutschland galt die umgekehrte Regel. Auf der Kinderstation der HNO-Abteilung riefen die Kinder oft nach ihren Eltern. Sie durften täglich nur eine halbe Stunde besucht werden, und wenn sie beim Abschied zu sehr weinten, empfahlen die Schwestern und Ärzte den Eltern, erst gar nicht zu kommen. So waren die meisten Kinder in der schweren Zeit nach einer Operation auf sich alleine gestellt – und weinten umso mehr. Ich stellte mir vor, wozu eine afghanische Mutter imstande wäre, wenn man ihr nicht erlaubte, bei ihrem kranken Kind auf der Station zu bleiben. Deutsche Eltern nahmen diese Regel widerspruchslos hin. Einmal wollte ein Arzt bei einem dreijährigen Mädchen einen Zugang zur Halsvene legen. Das Herumstochern mit der dicken Kanüle im Hals tat dem Kind gewiss sehr weh, und es konnte seinen Kopf nicht still halten. Eine Krankenschwester hatte den Auftrag, es festzuhalten. Sie kniete auf dem Bett und drückte mit beiden Händen und ihrem gesamten Körpergewicht den Kopf des Mädchens seitlich auf die Matratze. Da hörte es auf zu schreien. Sein Gesicht war blau, die Augen starr, die Halsschlagader zum Platzen mit Blut gefüllt. Eines von zahlreichen Bildern des Kinderelends auf dieser Welt, eines, das mich nicht mehr loslässt, ist das des kleinen Mädchens auf dem Krankenbett und der halb auf ihr knienden Schwester. Wenn du eines Tages doch noch als Krankenschwester arbeiten musst, meide die Kinderabteilung, nahm ich mir vor. Ich habe diesen Entschluss nie mehr rückgängig gemacht.

In gewisser Weise war ich froh, mehr, auch Negatives, über Deutschland zu erfahren. Und das Heimweh nahm immer mehr zu.

Zwei Jahre nach meiner Ankunft am Flughafen Berlin-Tempelhof machte ich mich in den Ferien mit einer Mitschülerin (die endgültig nach Afghanistan zurückkehrte) auf den Weg in die Heimat. Mit der Bahn fuhren wir nach Moskau, wo ich einen Teil der sechshundert Mark, die ich mir von den neunzig Mark Taschengeld im Monat gespart hatte, auf dem Schwarzmarkt umtauschte. Die Mitschülerin machte es ebenso. Damit kauften wir unsere Flugtickets und flogen mit der Aeroflot nach Taschkent und von dort weiter nach Kabul.

Als die Iljuschin vor der Landung über der Stadt kreiste, sahen die Lehmhäuser unten winzig aus wie Streichholzschachteln. Der Flughafen, beim Abflug noch groß und luxuriös, erschien mir nun erbärmlich, schäbig und klein. Auch die Kleidung der Menschen sah plötzlich ärmlich aus, farblos und wie von einer unsichtbaren Staubschicht überzogen. Meine Schwester trat mir in europäischen Kleidern entgegen, doch auch sie wirkte merkwürdig glanzlos.

Karim bewohnte mit Mann und Sohn anderthalb Zimmer in einem Haus in der Neustadt. Sie tat mir Leid. Karg und traurig war ihre Behausung, und ich nahm mir vor, sie nach Kräften materiell zu unterstützen.

Der Poet war zu meiner großen Freude verlobt – mit einem Dorfmädchen, das ihm meine Schwester ausgesucht hatte. Sie sei anspruchslos genug, um sich in unsere Familie einzuordnen, erklärte sie ihre Wahl. Ich selbst hielt die nicht mehr ganz junge Braut für zu unscheinbar für einen Ästheten wie meinen Onkel, aber er schien zufrieden. Schon ein Jahr waren die beiden verlobt. Die Eltern des Mädchens wollten Kleider, Geld und eine große Hochzeit. Doch der Poet war nur eine kleine Schreibkraft an der Universität Kabul.

Ich kann sogar mit geschlossenen Augen tippen, erzählte er lachend.

Was, mit deiner Handschrift?

Ja, die mögen jetzt ihre Briefe lieber getippt.

Und verdienst du gut?

Klar, ich habe immer genug Geld.

Das stimmte nicht. Weder er noch meine Familie konnten sich seine Hochzeit leisten.

Das ist eine einmalige Gelegenheit, uns erkenntlich zu zeigen, sagte ich zu meiner Schwester.

Wir legten zusammen, und innerhalb einer Woche hatten wir die Hochzeit organisiert.

Auf dieser Hochzeit habe ich mich sehr blamiert, es ist mir heute noch peinlich. Ein Schwager meiner Schwester, der bei den Amerikanern arbeitete, wollte zur Hochzeit eine Flasche

Whisky mitbringen. Gemeinsam fuhren wir in einem Jeep seines Arbeitgebers in das Herkunftsdorf der Braut. Unterwegs zog er den Whisky heraus. Ich hatte in Deutschland noch nie Alkohol getrunken, nicht einmal ein Bier, geschweige denn Whisky. Ich dachte, wir sollten die Flasche schnell austrinken, bevor es jemand sah. Also nahmen wir während der Fahrt abwechselnd einen Schluck, bis die Flasche leer war. Als ich ankam, war ich auffallend fröhlich. Meine Schwester merkte rasch, wie es um mich stand, und versuchte mich aus der Gesellschaft zu entfernen. Dann wurde es dunkel um mich. Ich will nach Hause, schrie ich und klappte zusammen. Männer der Familie mussten mich an Händen und Füßen ins Haus tragen. Eine betrunkene Frau – eine größere Schande ist kaum vorstellbar. Am nächsten Tag wachte ich erst nachmittags auf, ging hinunter und wurde von einer Totenstille empfangen. Die Hochzeitsgäste saßen schweigend da und sahen mich an, als ob ich ein Gespenst wäre.

Was ist los?, fragte ich meine Schwester.

Du hast große Schande über unsere Familie gebracht.

Da sah ich meine Großmutter und setzte mich zu ihr.

Ich glaube, es ist besser, wenn du wieder nach Deutschland fährst und dort bleibst, sagte sie kalt.

Der Vorfall wurde nie wieder erwähnt, berichtete mir meine Schwester, als sie mich später in Berlin besuchte. Aber keiner vermisst dich. Sie glauben, dass du in der Fremde eine schlechte Frau geworden bist.

Mein Haschisch rauchender Onkel hat mir gewiss verziehen. Neben meiner Schwester ist mir in meiner Herkunftsfamilie nur er wichtig. Mit seiner unscheinbaren Frau und ihren fünf Kindern wurde er sehr glücklich. 1978 erblindete er, es war die Folge eines Tumors im Kopf. Meine Schwester wollte ihm eine Reise nach Indien bezahlen, wo eine ärztliche Behandlung möglich gewesen wäre, aber er lehnte ab. Er konnte sich nicht vorstellen, auch nur eine einzige Nacht von seiner Familie getrennt zu sein. Ich wage nicht, mir vorzustellen, dass er tot sein könnte. Aber auch nicht, dass er am Leben geblieben ist, um die Sowjets, die Mudschaheddin, die Taliban und zum Schluss auch noch die Amerikaner mitzuerleben.

Ich wohnte bei meiner Schwester. An einem späten Nachmittag kam Aref zu Besuch. Arefs Frau studierte in Berlin. Ich hatte ihn kennen gelernt, als ich sie einmal besuchte. Jetzt lud er mich ins Khayber-Restaurant ein und holte mich ab. Als Karim meinte, es sei zu spät zum Ausgehen, wir sollten den Tee lieber auf der Terrasse einnehmen, beruhigte er sie: Er sei mit dem Auto unterwegs und werde mich vor Einbruch der Dunkelheit nach Hause bringen. Was zwei Jahre Deutschland ausmachen konnten! Zwei Jahre zuvor wäre es undenkbar gewesen, mit einem fremden Mann gegen Abend ein Restaurant aufzusuchen, und Aref wäre es nie eingefallen, mich dazu einzuladen. Doch alle wussten, dass ich bald nach Deutschland zurückkehren würde. Wahrscheinlich gehörte ich schon nicht mehr richtig dazu.

Vor meiner Ausreise war ich nachmittags gern ins Khayber-Restaurant gegangen, um Kaffee zu trinken. Eigentlich trank man in Afghanistan keinen Kaffee, doch im Khayber-Restaurant gehörte es zum guten Ton. Hier hatte ich meinen ersten Kaffee überhaupt bestellt. Es dauerte eine Weile, bis ich herausfand, wie der unangenehme bittere Geschmack mit reichlich Zucker und Milch abzumildern war.

Ich ging also mit Aref ins Khayber. Wir saßen dort lange und unterhielten uns über die Bundesrepublik, über seine Frau, die er vermisste, und über seine Schwierigkeiten, ihr nach Berlin zu folgen. Er könne als Offizier seinen Posten nicht einfach aufgeben, meinte er, zumal er ohnehin keine Arbeitserlaubnis erhalten würde. Er müsste also in Berlin studieren. Das wiederum wollte er nicht, denn wozu sei er vier Jahre auf der Militärakademie gewesen – nur um wieder von vorne anzufangen? Ich war froh, seine Probleme nicht zu teilen. Ich konnte jederzeit zurück und studieren, solange ich wollte.

Draußen war es bereits dunkel, und das Restaurant leerte sich. Als wir aufstanden, sah ich einige Tische von uns entfernt ein junges Paar. Obwohl ich mittlerweile den Anblick blonder Menschen gewöhnt war, stutzte ich beim Anblick der Haarfarbe des Mädchens. Beim Hinausgehen machte ich einen Umweg an ihrem Tisch vorbei. Aref folgte mir. Das Mädchen sah mich verstohlen an. Dieser kurze Blick genügte, um ihre olivgrünen Augen wiederzuerkennen, wenn ich mich auch damals nicht an ihren Namen erinnern konnte: Hassina.

Hassina war während meiner kurzen Zeit als Grundschullehrerin meine Schülerin gewesen. Sie war mir damals sofort aufgefallen. Zwölf Jahre war sie alt, und ihr dunkelblondes Haar und der helle Teint unterschieden sie auffällig von den anderen Kindern. Schon damals dachte ich, sie müsse aus reichem Haus sein, denn ihre schwarze Schuluniform war aus feinem Stoff. Und während die anderen Mädchen Röcke bis unterhalb des Knies trugen, endete ihrer fast zehn Zentimeter darüber. Sie trug auch kein weißes Kopftuch wie die anderen Mädchen. Kinder aus ärmeren Familien waren oft sehr scheu. Hassina war lebhaft und selbstbewusst. Sie konnte einer Lehrerin wie mir direkt in die Augen schauen und deutliche Fragen stellen. Und sie konnte deutliche Fragen mit fester Stimme beantworten. Sie meldete sich öfter als die anderen und las gerne vor.

Nun war sie etwa fünfzehn und sehr schön geworden. Kaum hatten sich unsere Blicke gekreuzt, sah sie auch schon wieder weg. Ich blieb dennoch an ihrem Tisch stehen.

Entschuldigen Sie bitte, hörte ich mich sagen, sind Sie nicht –? Oh, aber ich kann mich nicht an Ihren Namen erinnern.

Sie stand auf, streckte mir die Hand entgegen und sagte: Guten Abend, *malem saheb,* verehrte Lehrerin.

Sie wandte sich an ihren Begleiter: Darf ich dir Malalai *dschan* vorstellen, meine Geschichtslehrerin. In Afghanistan spricht man Respektspersonen mit dem Beinamen *dschan* an, aber auch gute Freunde und Menschen, die man sehr mag. Es ist ein Ausdruck der Zuneigung, und ich freute mich.

Den jungen Mann stellte sie als ihren Cousin Raschid vor. Sie sprach mit einer schüchternen Zurückhaltung, die ich bei ihr als Kind nie beobachtet hatte. Statt mich von ihnen zu verabschieden, setzte ich mich unaufgefordert an ihren Tisch. Aref holte sich vom Nachbartisch einen Stuhl. Aber Hassina nannte mir nicht ihren Namen. Ich ließ mir nichts anmerken. Wahrscheinlich war es ihr peinlich, abends mit einem Mann in einem Restaurant gesehen zu werden, und ausgerechnet von ihrer ehemaligen Lehrerin. Raschid war ganz gewiss nicht ihr Cousin. Wie froh es mich machte, dass sie den Mut hatte, mit ihrem Freund im Khayber-Restaurant zu sitzen, obwohl es draußen schon dunkelte, konnte sie nicht wissen. Der Einbruch der Dämmerung war in Afghanistan für Frauen eine klare Aufforderung, schleunigst nach Hause zu gehen und öffentliche Orte zu meiden.

Die Dunkelheit in Kabul ließ auch mich unruhig werden. In den vergangenen zwei Jahren in der Fremde hatte ich diese Unruhe kein einziges Mal gespürt. Im Gegenteil: Wenn es dunkel wurde und die Lichter angingen, zog es mich in Berlin hinaus auf die Straße. Es war wohl diese Wiederkehr eines alten Reflexes, die mich veranlasste, den beiden anzubieten, sie nach Hause zu fahren. Als wir zum Auto gingen, das direkt vor dem Restaurant abgestellt war, warf Hassina einen überraschten Blick auf einen etwa fünfundzwanzigjährigen Mann, der zwischen den parkenden Autos stand und auf sie zu warten schien. Mit nervösen Schritten ging sie auf ihn zu, wechselte ein paar Worte mit ihm und kehrte zu uns zurück. Beim Einsteigen sah sie erneut ängstlich zu dem Mann hin und bat uns, sie zum Flughafen zu fahren.

Es gab in Kabul wenige Möglichkeiten, nachts auszugehen. Ich vermutete, dass Hassina mit Raschid zum Restaurant am Flughafen wollte.

Der Flughafen lag außerhalb der Stadt. Die Straße war unbeleuchtet und führte durch ein Militärgebiet. Es gab weder Geschäfte noch Wohnhäuser, nur vereinzelt große steinerne Gebäude, die sogar tagsüber unheimlich wirkten. Sobald man das Zentrum mit dem Gewimmel kleiner Läden verlassen hatte, wurde es schlagartig dunkel. Eine stille schwarze Finsternis, die sich wie tiefe Einsamkeit in meiner Seele ausbreitete.

Während der etwa zwanzigminütigen Fahrt auf dieser finsteren Straße sprachen wir nicht miteinander – was sehr ungewöhnlich war. Am Flughafen angekommen, eilte Hassina voraus, die Treppe hinauf zur ersten Etage, wo das Restaurant sich befand. Wir folgten ihr. Sie durchquerte den großen Raum und ging geradewegs auf das Telefon zu, das auf einer kleinen Konsole stand. Unentschlossen blieben wir neben der Tür stehen. Das Restaurant war menschenleer. Im Grunde war es nicht mehr als eine schäbige, staubige Halle, in der eine Unzahl von Tischen und Stühlen zu Gruppen zusammengestellt war. Die spärliche Beleuchtung verdüsterte noch die ungemütliche Atmosphäre. Neben der Konsole mit dem Telefon standen zwei verhärmt aussehende Kellner in weißen Jäckchen und schwarzen Hosen. Hassina unterhielt sich mit jemandem am anderen Ende der Leitung, ihr Gesicht war angespannt, ihre Stimme gehetzt. Abrupt legte sie auf und kam zu uns zurück.

Wir können jetzt nach Hause fahren, sagte sie.

Es gab damals in Kabul keine öffentlichen Telefone. Wer telefonieren wollte, musste zum Postamt gehen, und das hatte zu dieser Zeit geschlossen. Offensichtlich hatte Hassina der angerufenen Person etwas sehr Dringendes mitzuteilen. Im Nachhinein kann ich nicht begreifen, warum keiner von uns nachfragte. Es lastete eine unbestimmbare Beklommenheit über uns allen, die uns den Mund verschloss.

Schweigend traten wir die Rückfahrt an. Nach kurzer Zeit bat Hassinas Begleiter unvermittelt, wir möchten ihn aussteigen lassen. Er verabschiedete sich hastig und verschwand in der Dunkelheit. Mein Unbehagen steigerte sich. Wir waren mitten im

Militärgebiet, hier gab es keine Wohnhäuser. Ohne ihn fuhren wir weiter in Richtung Stadt. Im Zentrum angekommen, fragte Aref Hassina nach ihrer Adresse. Sie wohnte in einer vornehmen Gegend am Stadtrand. Erneut mussten wir durch leere Straßen fahren. Es schien, als wären wir die einzigen Menschen auf der Welt.

Da wurde Aref durch die Scheinwerfer eines dicht hinter ihm fahrenden Wagens geblendet. Er riss das Lenkrad nach rechts. Als der Wagen uns überholt hatte, verlangsamte er die Geschwindigkeit so plötzlich, dass Aref scharf abbremsen musste. Da sah ich auch schon zwei weitere Autos. Eines direkt hinter uns, das andere neben uns. Von drei Seiten umzingelt fuhren wir langsam weiter, bis der Wagen vor uns bremste. Die vier Autos kamen zum Stillstand.

Alles ging sehr schnell. Sie rissen die vier Türen unseres Wagens auf, zerrten Aref hinaus und schoben ihn in ein anderes Auto. Ein Mann setzte sich neben mich ans Steuer. Zwei weitere Männer drängten sich zu Hassina auf den Rücksitz. Einer fragte mich nach Raschid. Ich nannte ihm die Stelle, wo wir ihn abgesetzt hatten. Als sie zurückfuhren, um nach ihm zu suchen, beruhigte ich mich. Wir waren nicht gemeint. Doch sie gaben die Suche bald auf, und alle vier Wagen fuhren mit quietschenden Reifen aus der Stadt hinaus. Es war wie eine Szene aus einem der Gangsterfilme, die ich in Berlin im Kino gesehen hatte. Wie weit weg war jetzt Berlin! Dort waren die Nächte nicht so dunkel und unheimlich. Die Straßenlaternen vertrieben Angst und Einsamkeit. Auch spätnachts fuhren immer noch Autos, und ihre Scheinwerfer warfen Licht auf den eigenen Weg. Hier gab es nichts als uns, eine kurze, unheimliche Wagenkette, die mit hoher Geschwindigkeit durch die Nacht jagte. Wie viele Männer in jedem der vier Wagen saßen, konnte ich nicht erkennen. Was wollten sie von uns? Waren sie Kidnapper? Räuber? Wen wollten sie entführen? Auf wen hatten sie es abgesehen? Was hatten sie mit uns vor?

Ich geriet in Panik. Erst jetzt hörte ich mein eigenes Geschrei. Ich riss die Beifahrertür auf und wollte aus dem fahrenden Auto springen. Eine Männerhand zog meinen Kopf nach hinten und drückte mir so lange die Kehle zu, bis ich die Tür wieder zuschlug. Der Fahrer befahl, mich loszulassen. Als ich wieder Luft bekam, fing ich erneut an zu schreien. Zum ersten Mal hörte ich Hassinas Stimme. Sie schien einen der Männer zu kennen, sprach ihn mit seinem Vornamen an. Ihr habt doch mich, hörte ich sie bitten, lasst sie gehen. Der Mann, den sie Esmael nannte, redete auf mich ein. Ich solle keine Angst haben, mir werde nichts geschehen, ich solle nur aufhören zu schreien. Er sprach die Sprache eines gebildeten Städters, was mich (fern jeder Logik) beruhigte. Er musste etwa Mitte zwanzig sein, vielleicht ein Student. Er sprach ohne Erregung, fast gelassen. Der Mann neben ihm hatte einen starken Akzent. Er klang grob und ungebildet und verfiel zwischendurch in Paschtu. Ich nahm meinen Vorteil wahr, sprach ihn mit Bruder an, bat ihn in seiner Sprache, mich aussteigen zu lassen. Es nützte nichts. Halt den Mund, brüllte er. Ich dachte nicht daran und schrie mir die Lunge aus dem Leib. Hassina redete mit beruhigender Stimme auf mich ein, aber ich hörte ihr nicht zu. Wir waren bereits weit außerhalb der Stadt.

Schon lange fuhren wir nicht mehr auf der asphaltierten Straße. Nach einer Fahrt, die kein Ende zu nehmen schien, bogen wir schließlich nach rechts in einen Waldweg. Draußen erkannte ich nichts als bedrohliche Finsternis. Tief hängende Zweige schlugen gegen die Scheiben. Nach einer weiteren Ewigkeit erreichten wir eine Lichtung. Unser Wagen hielt zuerst, die anderen drei umstellten uns. Ich erblickte die von den Scheinwerfern beleuchteten Umrisse einer Lehmburg. Aus den Autos stiegen nun ganze Horden von Männern. Einer ging zum Tor der Qala und klopfte mit dem eisernen Ring. Eine dunkle Männergestalt erschien auf dem Dach. Saheb sei nicht zu Hause, rief der Mann herunter, er dürfe sie nicht einlassen.

Dann wirf uns wenigstens eine Matratze herunter.

Der Mann verschwand und kam mit der gewünschten Matratze wieder.

Seit unserer Ankunft an diesem Ort war ich still. Ich schrie nicht mehr und verfolgte das Geschehen von meinem Platz auf dem Beifahrersitz mit geschärften Sinnen. Die drei Männer in unserem Wagen waren ausgestiegen. Hassina und ich waren unter uns, aber wir sprachen kein Wort. Einer der Männer schleppte die Matratze an den Rand der Lichtung und verschwand aus meinem Blickfeld.

Plötzlich rissen zwei Männer die hintere Tür und die Beifahrertür auf. Sie packten uns und zerrten uns aus dem Wagen. Hassina gab keinen Ton von sich und ließ sich widerstandslos wegschleppen. Ich fing wieder an zu schreien. Die anderen standen wortlos um uns herum. Ich trug ein Kleid aus Kunstseide. Der Stoff war glatt und rutschig. Während ich in der Umklammerung des Mannes zappelte, rutschte mein Kleid immer höher. Meine Oberschenkel wurden entblößt. Die Männer klatschten und brüllten, feuerten den Mann an. Mein Geschrei, das Gebrüll der Männer und das rutschige Kleid lenkten ihn ab – ich schlüpfte zwischen seinen Armen zu Boden, sprang in den Wagen und verriegelte die Tür. Der Mann fluchte, und ich erkannte, dass es der Paschtune war.

Kaum hatte ich die Fahrer- und die Beifahrertür verriegelt, öffnete er die hintere Tür, packte mich am Hals, zog den Knopf der vorderen Tür hoch und riss mich wieder aus dem Wagen. Da kam Aref brüllend aus der Dunkelheit auf uns zugerannt. Das lenkte den Paschtunen abermals ab, und ich konnte erneut ins Auto flüchten und diesmal alle vier Verriegelungsknöpfe niederdrücken. Einige Männer hielten Aref fest. Der Paschtune wurde nun richtig wütend, nahm einen Stein und schleuderte ihn auf Aref. Am Oberschenkel getroffen, stürzte er zu Boden. Einer der Männer, der die Kampfszene die ganze Zeit schweigend beobachtet hatte, trat ans Auto heran. Mir werde nichts geschehen, sagte er mit ruhiger Stimme: Hab keine Angst, öffne nur die Tür. Es war der, den Hassina während der Fahrt Esmael genannt hatte, und ich sah, dass er auch derselbe war, mit dem sie zwischen den parkenden Autos vor dem Restaurant gesprochen hatte. Er stützte den Arm auf das Dach des Wagens, bemerkte einen Augenblick vor mir, dass es einen Spalt breit offen stand, und griff blitzschnell hinein. Seine Hand fand den Türknopf und zog ihn hoch. Ebenso schnell riss er die Beifahrertür auf, und wieder war ich draußen. Ich weiß nicht, wer mich diesmal festhielt und wie lange ich mich wehrte, ich weiß nur, dass ich am Ende wieder im Auto saß und nun alles verriegelt hatte, was zu verriegeln war. Es wurde still um mich. Erschöpft lehnte ich mich zurück und begann zum ersten Mal richtig nachzudenken. Das Auto bot einen trügerischen Schutz. Sie könnten die Scheiben einschlagen. Ich wollte lieber sterben als von ihnen vergewaltigt werden. Die Klarheit dieser Alternative beruhigte mich, und plötzlich erschien mir die Situation weniger ausweglos.

Die Wahrscheinlichkeit, im Auto eine Waffe zu finden, war groß. Es gab in Afghanistan kaum einen Mann, der keine Waffe besaß. Ich öffnete das Handschuhfach in der Gewissheit, gleich eine Pistole in der Hand zu haben. Mit Pistolen konnte ich umgehen. Ich erinnerte mich an meinen ersten Schuss. Rasul hatte mir einmal erlaubt, mit seiner Pistole aus dem Fenster seiner Lehmburg zu schießen. Er hatte allerdings vergessen, mir zu sagen, dass ich sie mit beiden Händen festhalten sollte. Als ich abdrückte, riss der Schuss meine Hand nach unten und die Kugel ging nicht wie gewünscht in den Himmel, sondern jagte über ein Feld, auf dem einer seiner Bauern arbeitete. Der Mann warf sich vor Schreck zu Boden. Rasul aber lächelte mit einem Hauch von Stolz, als er tags darauf meiner Mutter davon erzählte.

Im Handschuhfach fand ich nichts als ein geschlossenes Taschenmesser. Ich konnte die Sicherung nicht finden, zog und zerrte mit den Fingernägeln an der vermeintlichen Klinge und brachte eine Gabel zutage. Der zweite Metallstreifen entpuppte sich als Löffel. Beim dritten Versuch erschien endlich das Messer. Aref, dieser Idiot, hatte wohl von seinem Berlinbesuch ein Picknickbesteck mitgebracht. War er nicht Offizier von Beruf? Ich betrachtete das Messer. Immerhin war es spitz. Besser als gar nichts.

Ich wurde wohl die ganze Zeit beobachtet. Der Mann, der Esmael hieß, trat an die Scheibe und fragte mich mit herablassendem Lächeln, was ich mit dem Messer vorhätte. Ich schaute hinaus. Da standen sie, ein Rudel hungriger Wölfe, die auf den geeigneten Augenblick warteten, um zuzupacken. Am Rand der Lichtung würden sie über mich herfallen. Es würde lange dauern, bis ich das Bewusstsein verloren hätte. Sehr lange. Ich legte die Spitze des Messers an meinen Bauch und sagte mit einer Überzeugung, an die ich selbst glaubte, dass ich mir lieber den Bauch aufschlitzen würde als mich ihnen auszuliefern. Er lachte hämisch und hielt mir eine Pistole an die Scheibe. Nimm lieber die, damit geht es schneller. Alle lachten. Ich erwog kurz, seinen Rat zu befolgen, aber ich konnte ihm nicht trauen. Es wird schon reichen, sagte ich und drückte das Messer weiter gegen meinen Bauch. Nun hörte ich Aref auf die Männer einreden. Sie sollten von mir lassen, sie hätten doch schon eine, ich sei sowieso nicht eingeplant gewesen. Und plötzlich verschwanden alle Männer in der Dunkelheit. Ich saß noch eine Weile mit dem Messer am Bauch, dann legte ich es beiseite. Wie lange ich so dasaß, ob ich zwischendurch eingenickt bin, worüber ich nachdachte, all das ist mir entfallen. Als ich irgendwann auf meine Armbanduhr schaute, war es zwei Uhr. Plötzlich hörte ich Stimmen. Einige der Männer stiegen in die Autos. Einer hielt Hassina am Oberarm fest. Er befahl mir, ihre Sachen aus dem Auto zu werfen. Hassina war sehr blass und vollkommen ruhig. Ich griff nach den Büchern und Schulheften auf dem Rücksitz, kurbelte die hintere Scheibe einen Spalt herunter und schob die Bücher hinaus. Hassina nahm sie mir aus der Hand. Der Mann zerrte sie am Arm zu seinem Wagen und sagte: Bis morgen bist du mein Gast.

Wieder ging alles sehr schnell. Aref wurde gebracht, und ich öffnete ihm die Tür. Er sprang auf den Fahrersitz, startete den Wagen, wartete schwer atmend, bis die anderen ihm den Weg frei machten, und raste auf dem Waldweg davon. Erst auf der asphaltierten Straße drosselte er die Geschwindigkeit.

Den Esmael kenne ich, sagte er, nachdem wir eine Weile schweigend durch die Nacht gefahren waren. Er stammt aus einer angesehenen Kabuler Familie. Sein Vater ist Bediensteter des Königs und geht täglich im Königsschloss ein und aus.

Was haben sie mit Hassina getan?, wagte ich schließlich zu fragen.

Er antwortete mir. Woran ich mich erinnern kann, sind Sätze wie: Wenn einer mit ihr fertig war, setzte er sich ans Ende der Schlange und unterhielt sich mit den anderen, bis er wieder an der Reihe war. Es fehlte nur noch der Tee. Oder: Sie sagten mir, ich könne auch mitmachen, wenn ich Lust hätte. Jeder von ihnen war dreimal dran. Es waren zwölf.

Bis heute bin ich nicht in der Lage, drei mal zwölf auszurechnen.

Etwa fünfzehn Jahre später traf ich Esmael bei der Hochzeit einer seiner in Berlin lebenden Verwandten.

Dort hinten sitzt er, flüsterte mir meine Schwester ins Ohr.

Ich schaute hinüber, doch wie sehr ich mich auch anstrengte, ich konnte sein Gesicht nicht erkennen. Ich rieb mir erst die Augen, dann riss ich sie weit auf, doch der graue Fleck, der sich auf sein Gesicht gelegt hatte, ging nicht weg. Er blieb, bis das Fest zu Ende war. Bis zum Schluss war ich nicht imstande, an seinen Tisch zu treten und ihm ins Gesicht zu schauen.

Nach vier Jahren hatte ich meine Ausbildung zur Krankenschwester beendet. Von den fünfzehn Mädchen, die 1967 am Flughafen in Berlin-Tempelhof ankamen, hatten nur ich und die Schulfreundin, die mich in Kabul ins Gesundheitsministerium mitgenommen hatte, bis zum Ende durchgehalten. Die einen gingen, von Heimweh geplagt, nach einem halben Jahr zurück, die anderen heirateten und zogen in die Herkunftsländer ihrer Ehemänner. Eine ging nach Italien, eine andere in den Iran. Ich schloss mein Staatsexamen mit der Gesamtnote drei ab und muss ziemlich gut gewesen sein, denn bei den beiden Zwischenprüfungen hatte ich zuvor die denkbar schlechtesten Ergebnisse erzielt. Dass sie mich damals trotzdem hatten weitermachen lassen, lag wohl daran, dass ich einen Vertrag für vier Jahre unterschrieben hatte. Ich hatte mich überhaupt nicht vorbereitet, denn meine Noten waren mir gleichgültig – mein Ziel war ein Studium an der Universität und nicht der Beruf der Krankenschwester. Nachdem ich Afghanistan glücklich verlassen hatte, ging es mir nur noch darum, die Zeit im Krankenhaus möglichst schmerzlos hinter mich zu bringen.

Sechs Monate vor dem Staatsexamen rief mich eine der jüngeren Schulschwestern zu sich.

Was willst du nachher anfangen?, fragte sie mich.

Nachher? Da fange ich endlich zu leben an.

Was meinst du damit?

Ich werde studieren.

Was?

Weiß ich noch nicht.

Und wovon willst du leben? Auch zum Studieren braucht man Geld. Hier im Haus wirst du nicht bleiben können.

Da ging mir ein Licht auf. Ich hatte zwar das Stehlen von Kleidern und Lebensmitteln zur Perfektion entwickelt, doch ganz ohne Arbeit würde ich nicht auskommen. Ich brauchte einen Beruf.

In meinem Zimmer wartete mein Freund.

Du musst mir helfen, herrschte ich ihn an. Deinetwegen habe ich mich hängen lassen. Ich muss diese Abschlussprüfung bestehen.

In meiner maßlosen Arroganz hatte ich allerdings im Unterricht nicht einmal mitgeschrieben. Widerstrebend gaben mir meine deutschen Mitschülerinnen ihre Hefte, und mein Freund musste sie abschreiben. Er war zwar Eisenflechter, hatte aber eine wunderschöne Handschrift. Nach drei Monaten war er fertig, und ich fing an zu lernen.

Der Beamte für Gesundheit und Soziales hielt mein Diplom in der Hand.

Packen Sie Ihre Koffer noch heute Abend. Morgen geht es zurück nach Afghanistan!

Ich war wie vom Donner gerührt. Nach dem, was ich 1969 dort erlebt hatte, war jede Sehnsucht nach der Heimat verflogen. Im Gegenteil, ich wollte in Berlin bleiben und meine Schwester nachholen. Benommen stand ich vor dem Schreibtisch und dachte nur: Morgen bist du wieder in Afghanistan. Dann hatte ich einen rettenden Einfall.

Kann ich mich nicht ein weiteres halbes Jahr zur Anästhesieschwester ausbilden lassen?

Nein, junge Frau, das ist nicht in Ihrem Vertrag vorgesehen. Da ist nichts zu machen.

Ich bat den Beamten, mir das Diplom ansehen zu dürfen. Arglos überreichte er mir den Umschlag. Ich klemmte ihn unter den Arm und trat zwei Schritte zurück.

Ich fahre morgen nicht nach Afghanistan!

Tut mir Leid, dann werde ich die Polizei rufen müssen. Die werden Sie morgen früh abholen und zum Flughafen bringen.

Ich drehte mich um und rannte hinaus.

Jetzt gab es kein Zurück. Glücklicherweise hatte ich meine Papiere dabei. Von der Urania zum Bahnhof Zoo war es nicht weit. Ich hatte gerade noch Zeit, in einen abfahrenden Zug zu springen. Als ich am Morgen aufwachte, war ich in Amsterdam.

VERSÖHNUNG

Die waren schon bei dir und haben das Zimmer aufgebrochen, sagte Ulf, als ich ihn aus Amsterdam anrief. Sie dachten, du hättest Selbstmord begangen.

Was soll ich jetzt machen?

Und wieder wusste das Arbeiterkind Rat: Hör zu. Auf dem Bau habe ich einen holländischen Kumpel, den Paul – er ist Eisenflechter wie ich. In zwei Tagen fährt er nach Amsterdam. Ruf mich wieder an, und ich gebe dir eine Adresse durch. Dort kannst du auf ihn warten.

Ich erhielt eine Adresse in einer Kleinstadt in der Nähe von Amsterdam. Der Mann, der dort wohnte, zeigte mir wortlos ein Zimmer und kümmerte sich nicht weiter um mich. Nach zwei Tagen kam Paul und schleppte mich von Behörde zu Behörde.

Was mir in Amsterdam sofort auffiel, waren die vielen dunkelhäutigen Menschen und die Vertrautheit, mit der Angehörige verschiedener Generationen und Schichten miteinander umgingen. In der Kneipe standen neben uns am Tresen Matrosen, Hausfrauen mit Einkaufstüten, die ihren Nachmittagscognac kippten, Studenten und Hippies, und keiner schien sich durch den anderen belästigt zu fühlen. Paul machte mich auf ein handgeschriebenes Schild aufmerksam und übersetzte: Leute, kifft heute nicht, die Bullen waren hier! In den engen überfüllten Gassen mischten sich Sprachen und Hautfarben. Aus den Kneipen drangen Radionachrichten auf die Straße.

Weißt du, was der Sprecher gerade durchgibt, fragte mich Paul stolz.

Nein, wie sollte ich, übersetze!

Das ist die Haschischbörse. Er vergleicht die Haschischpreise in den verschiedenen Ländern – Afghanistan, Libanon, Ägypten – und sagt an, wie teuer Haschisch heute in Amsterdam sein sollte. Damit die Leute nicht übers Ohr gehauen werden. Und weißt du, wer der Sprecher ist? Der Sohn der Gesundheitsministerin!

Das alles spielte sich in einer Zeit ab, als der Haschischbesitz auch in den Niederlanden noch verboten war.

Auf den Ämtern sprach Paul offen und ohne jede Spur von Angst und Unterwürfigkeit. Und die Beamten antworteten zuvorkommend und liebenswürdig.

Die Deutschen wollen sie ausliefern, sie möchte aber noch eine Weile in Berlin bleiben.

Es tut mir Leid, sagte der Beamte vom Ausländeramt, wir haben kein Arbeitsabkommen mit Afghanistan. Sie kann nur für beschränkte Zeit als Touristin hier bleiben.

Was?, empörte sich der Beamte vom Einwohnermeldeamt. Kein Arbeitsabkommen? Soll sie jetzt nach Deutschland gehen? Das werden wir mal sehen!

Ich merkte, dass die beiden Behörden in Konkurrenz zueinander standen. Die Ausländerpolizei wollte mich ausweisen, das Einwohnermeldeamt wollte mich retten. Dort machte sich der freundliche Beamte doch tatsächlich Gedanken, auf welche Weise ich legal in Holland bleiben könnte. Nachdem er und Paul sich eine Weile auf Holländisch unterhalten hatten, wandte sich Paul an mich.

Weißt du, was er gesagt hat? – Wir sollen heiraten! Dann kannst du in Deutschland bleiben, solange du willst.

Ich schaute Paul entgeistert an. Dann lächelten wir einander plötzlich zu. Warum eigentlich nicht?

Ich muss in zwei Tagen zurück nach Berlin, wie lange wird es dauern?, fragte Paul.

Das können wir an einem Tag erledigen, antwortete der Beamte.

Paul hatte eine große Familie. Am nächsten Tag kamen sie alle mit Blumen, und wir wurden von einer Standesbeamtin getraut.

Paul fuhr zurück nach Berlin und ich zog zu seiner älteren Schwester in eine Kleinstadt bei Den Haag. Ich wollte eine Weile nachdenken und nichts tun. Sie lebte in einem Reihenhaus mit Garten in einem beschaulichen, sauberen Stadtviertel. Nach kurzer Zwiesprache mit ihrem Mann (einem Flugzeugmechaniker) machte sie eines der Kinderzimmer für mich frei, legte ihre beiden Söhne zusammen und betrachtete mich von da an als Teil der Familie. Ein halbes Jahr wohnte ich dort, ohne dass mich jemand gefragt hätte, was ich eigentlich vorhatte. Sie hätten auch keine Antwort bekommen, denn alles, was ich wusste, war, dass meine Sehnsucht nach Berlin trotz der idyllischen Verhältnisse in den Niederlanden von Tag zu Tag größer wurde.

Meiner Rückkehr stand nichts mehr im Wege. Ich hatte einen neuen Namen und einen neuem Pass. In Berlin zog ich bei Paul ein.

Im Frühjahr 1973 bekam ich eine Stelle in der Intensivstation des Klinikums Westend. Mit einem Mal trat Ruhe ein. Ich liebte meinen Beruf als Krankenschwester, wurde für meine Leistung geachtet, verdiente genügend Geld und ließ es mir gut gehen. Alle zwei Jahre lud ich meine Schwester nach Berlin ein, und sie erzählte mir, wie sich die Verhältnisse in Kabul geändert hatten. Die Frauen seien nun freier als zu meiner Zeit. Es sei nicht mehr ungewöhnlich für eine Frau, sich morgens allein in den Bus zu setzen und abends in Masar-e-Scharif auszusteigen. Und abends ein Café zu besuchen, sei mittlerweile eine Selbstverständlichkeit für Karim. Du wirst es nicht glauben – wir haben in Kabul sogar eine Disko, erzählte sie mit einem Anflug von Ironie. Viele Frauen arbeiteten nun in Büros und Banken und als Ärztinnen in Krankenhäusern. Meine Klassenkameradin Mahbuba sei zur Obersten Richterin ernannt worden. Die Frauen hätten sogar ihre eigenen Unternehmen, seien Inhaberinnen von Restaurants und Modegeschäften. Auch Karim würde gern eine Boutique aufmachen, aber ihr Mann meinte, die Kinder seien noch zu klein, und schließlich hätten sie auch so genügend Geld zum Leben.

Meine Schwester kaufte sich in Berlin die gleiche Kleidung, wie ich sie trug.

Die Zeiten sind vorbei, als ich meinen Rock abschneiden musste und dafür eine Tracht Prügel bekam!, bemerkte sie lachend.

Wenn ich an der neuen Freiheit der Frauen zweifelte und sie an Hassina erinnerte, entgegnete Karim mir stets mit demselben Satz: Das kann jeder Frau auf der ganzen Welt passieren. Kommt so etwas in Berlin etwa nicht vor? Darauf wusste ich nichts zu antworten.

So gern sie mich in Berlin besuchte, so freudig fuhr sie wieder nach Hause.

Beruhigt, meine Schwester glücklich zu wissen, stürzte ich mich ins Leben. Ich hatte viel nachzuholen. Während die deutschen Feministinnen über den klitoralen und vaginalen Orgasmus diskutierten, lila Latzhosen und lange indische Röcke mit selbst gehäkelten Westen trugen, zog ich meine durchsichtigen Kleider an, warf mir einen Fuchsmantel über die Schulter und zog nachts durch die Kneipen. Ein Augenaufschlag, ein verschämtes Lächeln, drei Sätze kaum ausgesprochen – und die Liebe gehörte mir. Ich genoss sie, ich litt, wenn sie zu Ende ging, und fing gleich wieder von vorne an. Es kam mir vor, als liebte ich in einem solchen Übermaß auch für jene, denen die Liebe nicht vergönnt war – für meine Mutter, für Schirin, für alle zwangsverheirateten Frauen Afghanistans.

Als meine Schwester 1976 in Berlin war, gab ich ihrem Druck nach und versprach, im Jahr darauf nach Kabul zu reisen. Mein letzter Aufenthalt war von dem schrecklichen Erlebnis mit Hassina dermaßen überschattet, dass ich fast acht Jahre brauchte, um ihn zu verarbeiten. In dieser Zeit konnte ich mir nicht vorstellen, dieses verhasste Land jemals wieder zu betreten, geschweige denn dort zu leben.

1977 reiste ich also in den Ferien nach Kabul und nahm mir sicherheitshalber eine deutsche Freundin mit. So fühlte ich mich weniger ausgeliefert und hatte ein Stückchen Berlin in meiner Nähe. Ich kündigte meine Ankunft in letzter Minute von Taschkent aus an. Meine Schwester holte mich mit ihren beiden Kindern vom Flughafen ab. Vor dem Gebäude wartete ein Toyota. Karim setzte sich ans Steuer und fuhr los.

Wann hast du den Führerschein gemacht, davon hast du mir gar nichts erzählt?, fragte ich, als ob eine Frau am Steuer etwas Besonderes wäre. Sie lachte.

Malalai, wovon redest du? Wir sind in Kabul. Oder findest du etwa, dass ich keine gute Fahrerin bin?

Ihre Hausangestellten arbeiteten fieberhaft daran, das Haus sauber zu machen und ein Zimmer für uns vorzubereiten. Karim war empört, dass ich sie erst so spät benachrichtigt hatte. Was sollte meine deutsche Freundin von ihr denken?

Kaum hatten wir unsere Koffer ausgepackt, füllte sich das Haus mit Freunden und Verwandten. Die Besucherkette riss während unseres ganzen Aufenthalts nicht ab. Alle kamen, um uns zu besichtigen. (So dachte ich damals, aber sie kamen, um uns willkommen zu heißen.) Mir war das alles zu viel. Dreizehn Jahre Berlin hatten in meinem Verhalten Spuren hinterlassen: Nach einer kurzen Begrüßung zog ich mich zurück. Karim musste sich andauernd neue Ausreden einfallen lassen, warum ich mich nicht blicken ließ.

Meine Schwester tat alles, um mir zu beweisen, dass Kabul sich von Grund auf verändert hatte. Und schon am zweiten Tag sollten wir mit ihr ein Programm für unseren Urlaub erstellen.

Du bist in Afghanistan immer nur in Kabul gewesen. Es wird Zeit, dass du dein Land kennen lernst. Und du möchtest doch nicht, dass deine Freundin die ganze Zeit hier hockt. Ihr müsst unbedingt folgende Städte besuchen: Masar-e-Scharif, Dschalalabad, Bamjan, Herat. Außerdem müssen wir ein Wochenende in Paghman verbringen, am besten bei Vollmond. Und ich weiß auch, wo sich deine Freundin in Kabul wohl fühlen wird. Dort trifft sie mit Sicherheit auch auf Landsleute.

Sie meinte die Chicken Street, und tatsächlich war meine Freundin begeistert. Eine etwa einen Kilometer lange Nebenstraße in der Neustadt, in der früher Hühner verkauft wurden, hatte sich im Laufe der Jahre zu einem bunten Basar gemausert. Es wimmelte von Teehäusern, Restaurants, Souvenir- und Teppichläden und billigen Pensionen für Rucksacktouristen. Meine Freundin ging fast täglich nach dem Frühstuck dorthin und kam erst spät nachts nach Hause, meistens beschwipst oder bekifft. Oder beides.

An einem Freitagabend bereiteten meine Schwester und ihr Mann uns und allen Freunden und Verwandten einen prächtigen Empfang, von dem meine Freundin noch zwanzig Jahre später schwärmte. Zum Festmahl auf der Terrasse gab es Live-Musik und für die deutschen Gäste (meine Freundin hatte aus der Chicken Street drei Berliner Bekannte angeschleppt) sogar Whisky. Zum ersten Mal konnte ich erleben, wie in Kabul junge Frauen und Männer ungezwungen miteinander tanzten, sangen und flirteten. Die Freundinnen meiner Schwester waren freizügig gekleidet und stellten ihre Weiblichkeit stolz und selbstverständlich zur Schau. Einer der drei Männer aus Berlin kam täglich zu uns zum Baden. In ihrer Pension gebe es nur eine Dusche, er hätte seit Monaten keine Badewanne gesehen. Meine Freundin ist noch heute nicht davon abzubringen, dass sie sich eines Tages für immer in Kabul niederlassen will.

Wir drei Frauen gingen täglich aus. Unser Lieblingsrestaurant wurde von einer Frau betrieben. Sie hatte im Innenhof ihres Hauses Tische und Stühle aufgestellt und den Hof mit einem Holzgitter überdacht, an dem sich wilder Wein rankte und für angenehme Kühle sorgte. Die Gäste waren überwiegend junge

Pärchen oder Mädchen in Gruppen, Oberschülerinnen und Studentinnen, die hier zu Mittag aßen.

Bei unseren Restaurantbesuchen nahm ich nur unkonzentriert am Gespräch teil, so sehr war ich damit beschäftigt, das Verhalten von Frauen und Männern zu beobachten. Meine misstrauischen Ohren und Augen registrierten alles, jedes aufgeschnappte Wort, das die Menschen miteinander wechselten, jeden Blick und jede Geste zwischen den Geschlechtern. Es hatte sich in der Tat eine Menge verändert. Die jungen Leute sorgten im Restaurant mit lauten Gesprächen und Gelächter für eine ständige Geräuschkulisse. Auf der Straße bewegten und unterhielten sich Frauen und Männer ungezwungen und hielten sich sogar an den Händen. Die Frauen trugen Tschaderi ebenso selbstverständlich wie Miniröcke, Schlaghosen und Schuhe mit Plateausohlen, auf denen sich die Mädchen mit eingeknickten Knien wie Kamele fortbewegten.

Mein hartnäckiges Misstrauen zerstreute sich erst nach einem Familienausflug nach Paghman. Freunde hatten für uns in einem Hotel mehrere Zimmer reserviert. Wir kamen mit einem ganzen Schwarm junger Menschen (Freunde meiner Schwester) in mehreren Autos an. Sie hatten Musikinstrumente mitgebracht. Am Abend ließen wir uns in einem der zahlreichen öffentlichen Gärten neben einem Bach unter Bäumen auf Kelims und Matratzen nieder und musizierten, tanzten und sangen bis spät in die Nacht. Man begegnete Freunden und Verwandten, die ebenfalls für das Wochenende nach Paghman gekommen waren. Ich sah, wie Pärchen Arm in Arm unter den Bäumen flanierten, sich unauffällig aus der Menge entfernten und in die Dunkelheit des Gartens verschwanden. Die Atmosphäre war fröhlich, ausgelassen und ungezwungen. Gegen Morgen gingen die Familien und Frauen ins Hotel, und die vom Tanz berauschten jungen Männer schliefen unter den Bäumen.

Die ersten drei Wochen blieben wir in Kabul. Dann drängte meine Schwester auf die Reise durch Afghanistan. Meine Freundin hatte keine Lust, Kabul zu verlassen. So beauftragte Karim ihre Englisch sprechende Nachbarin, ein Auge auf sie zu haben und der Haushälterin ihre Wünsche zu übersetzen.

Unsere erste Reise führte uns nach Norden über den Salang-Pass, der als Gegenleistung für den unbegrenzten Zugang zu afghanischem Erdgas von den Sowjets gebaut wurde. (Später rollten über diese Straße die Panzer der Roten Armee nach Kabul, aber noch war die Welt in Ordnung.) In Masar-e-Scharif stiegen wir für eine Woche bei einer befreundeten usbekischen Familie ab. In welchem Verhältnis die unzähligen Frauen, Männer und Kinder zueinander standen, konnte ich nicht erkennen, ich wusste nur, dass sie alle zu einer Familie gehörten. Ihre Gastfreundschaft war überwältigend. Vom Aufstehen bis zum Schlafengehen stand jedem von uns eine Begleitperson zur Verfügung, zwei junge Mädchen für mich und meine Schwester, ein junger Mann für meinen Schwager. Wenn ich mein Zimmer verließ, bückte sich meine junge Begleiterin blitzschnell und stellte mir die Schuhe zurecht, damit ich mühelos hineinschlüpfen konnte. Wenn ich mir im Freien Hände und Gesicht wusch und meine Zähne putzte, hielt sie in einer Hand das Handtuch und goss mir mit der anderen Wasser über die Hände. Beim Frühstück schenkte sie mir den Tee ein und legte mir Brot und Käse zurecht, es fehlte nur noch, dass sie mich fütterte. So ging das den ganzen Tag. Nach drei Tagen gewöhnte ich mich an ihre Anwesenheit wie an meinen eigenen Schatten.

Unsere zweite Reise ging nach Bamjan, eine Hochburg unserer buddhistischen Vergangenheit. Die Buddha-Statuen standen majestätisch in einer atemberaubend schönen, von eiskalten, dunkelblauen Schmelzwasserseen durchzogenen Berglandschaft. Kein Windhauch, kein Flügelschlag eines Vogels störten die überirdisch wirkende Stille der Kultstätte.

Auf dem Weg nach Dschalalabad wurde mir die gewaltige, beängstigende Natur meines Landes bewusst. Das zerklüftete Bergmassiv flößte mir Ehrfurcht ein. Es war, als ob die Welt nur den Bergen und Schluchten gehörte und wir Menschen uns wie Ameisen darin verirrt hätten. Meine paschtunischen Großeltern hatten diese Berge zu einer Zeit überquert, als es noch keine asphaltierte Straße gab. In meiner Kindheit war Dschalalabad ein verschlafenes Nest, dessen Bewohner von der Landwirtschaft lebten. Im Sommer war es unerträglich heiß, in den drei Wintermonaten jedoch, wenn Kabul im Schnee erstickte, war das Klima mild und angenehm. Rasuls Vater besaß dort Ländereien, weshalb es im Haus des Mohammad Saman Khan auch im Winter tropische Früchte gab.

Anfang der siebziger Jahre entdeckten die Kabulis Dschalalabad. Da es in Kabul wegen der extremen Kälte drei Monate Schulferien gab, zog es im Winter ganze Familien nach Osten. Die Bewohner stellten sich rasch um und bauten in ihren Orangenhainen behelfsmäßige Hütten oder vermieteten vorübergehend ihre eigenen Häuser. Später wurde in einem Palmenhain ein prachtvolles Hotel errichtet, dessen Zimmer Jahre im Voraus ausgebucht waren.

Dschalalabad ist im Frühjahr eine Stadt der Blumen. Vor Sonnenaufgang liegt der Duft der Narzissen wie ein Seidenschleier über der Stadt. Sobald die ersten Sonnenstrahlen sie berühren, verflüchtigt sich der Geruch und zurück bleibt eine verschlafene Schönheit, die von Dichtern mit dem Schlafzimmerblick einer Geliebten verglichen wurde. Unser Besuch fiel in den Spätsommer: keine Spur von betörendem Duft, nur verdorrte Palmen, Hitze und Staub. Wir blieben nicht länger als zwei Tage. Morgens, wenn die Luft noch kühl war, weckte mich meine Schwester zu einem Spaziergang in den Gärten und erzählte mir so plastisch vom Duft der Narzissen, dass ich sie tatsächlich zu riechen vermeinte.

Nach einer Weile hatte ich genug. Herat und Kandahar reizten mich nicht mehr. Meine Freundin reiste nach vier Wochen zurück nach Deutschland, ich blieb insgesamt drei Monate.

Das Haus meiner Großmutter war im Laufe der Jahre einer

Bienenwabe noch ähnlicher geworden. Alle Onkel waren nun verheiratet, der Jüngste mit einer Hasara. Als ich sie zum ersten Mal sah, trug sie einen etwa zweijährigen Jungen auf dem Arm und begrüßte mich in akzentfreiem Paschtu. Ich war zutiefst irritiert. Ihre Gesichtszüge verrieten ihre ethnische Herkunft, und ich hatte noch nie einen oder eine Hasara Paschtu sprechen hören.

Selbst Hasara müssen in diesem Haus Paschtu sprechen, bemerkte Schirin, die meine Verwirrung beobachtet hatte.

Für die Liebe nimmt man noch Schlimmeres in Kauf, gab die Frau des Onkels noch eins drauf.

Wir lachten herzlich über diesen Schlagabtausch.

Meine Großmutter hatte den Verlust ihres hellhäutigen Liebhabers wohl verschmerzt. Sie saß wie immer in ihrem Zimmer am Fenster, klagte über Rückenschmerzen, schien aber sonst mit ihrem Leben zufrieden. Der Poet begrüßte mich mit einem Kuss auf den Scheitel.

Die Machtverhältnisse im Haus hatten sich verschoben. Nun stand Schirin in der Hierarchie an der Spitze, bloß die Vorherrschaft des Schlägers, ihres ältesten Bruders, tolerierte sie halbherzig. Dessen Frau war eine bemerkenswerte Person. Ich war etwa neun oder zehn, als sie zu uns ins Haus kam. Sie stammte ebenfalls aus einer paschtunischen Einwandererfamilie, und Pari nahm sich ihrer an. Nach vier Töchtern gebar sie endlich den ersehnten Sohn, doch er starb an Gelbsucht, und so musste sie weitermachen. Und wieder bekam sie vier Töchter. 1977 wurde der zweite Sohn geboren, und sie hoffte, dass nun Schluss sei mit dem Gebären. Von Pari hatte sie den Koran lesen gelernt und gesehen, wie Karim und ich zur Oberschule gingen. Nicht weiter verwunderlich, hatte der Schläger wenig für die Schulausbildung seiner Töchter übrig. Nur die Grundschule sollten sie besuchen, ab dem zwölften Geburtstag zu Hause mithelfen und dann so bald wie möglich heiraten. Jedes weitere Schuljahr musste sich seine Frau erkämpfen. Jedes Jahr setzte es Schläge.

Und ich werde sie trotzdem zur Schule schicken!, wiederholte sie Jahr für Jahr, bei allen acht Töchtern. Einmal stand sie im Hof, und ihr Mann reparierte das Dach. Morgen beginnt die Schule, rief sie zu ihm hinauf, und die Mädchen haben noch keine Bücher! Da schlug ihr der Schläger mit einem Balken auf den Kopf. Blutüberströmt brach sie zusammen. Jung sollst du sterben, schrie Pari ihrem Bruder zu, verband die Schwägerin und nahm sie zu sich aufs Zimmer.

Was macht Sarmina?, fragte ich. Da glühte die Frau meines Onkels vor Stolz. Sarmina (was auf Paschtu goldene Liebe heißt) studierte an der Universität englische Literatur! Ich habe es geschafft, sagte sie strahlend. Mein Opfer hat sich gelohnt.

Meine Familie war weiterhin isoliert. Immer noch gab es keine Kontakte zu den Nachbarn, ja nicht einmal zu den Familien der Schwiegertöchter oder zu den Schwiegereltern meiner Schwester. Weder meine Großmutter noch die Onkel hatten Karim in ihrem Haus in der Neustadt besucht. Die Haustür wurde nach wie vor am frühen Abend verriegelt und der Schlüssel unter Golghotais Kopfkissen gesteckt. Sie waren immer noch Fremde, Emigranten von jenseits des Khayber-Passes.

Beim Abschied fragte mich der Poet auf seine liebevoll sanfte Art: Schwesterchen, warum bleibst du nicht hier? Warum musst du wieder in die Fremde gehen? Ich konnte ihm nicht antworten. Nur weinen.

Es war ein Besuch voller Reminiszenzen. Mein Schulweg hatte durch den Basar geführt. Es waren nur etwa dreihundert bis fünfhundert Meter bis zur asphaltierten Straße, doch bei Regen reichte das, um meine fliederfarbenen Stöckelschuhe mit Pfennigabsätzen restlos zu ruinieren. Also zog ich Gummistiefel an und suchte nach einem Geschäft am Ende des Basars, wo ich sie abgeben konnte (wie meine Schwester ihre Tschaderi). Der Ladenbesitzer, der schließlich bereit war, die Stiefel zu verwahren, knöpfte mir dafür einen Afghani ab. Bald kannte ich jeden einzelnen Ladenbesitzer und sagte *kakah* zu ihnen – Onkel.

Mit ihren Söhnen tauschte ich Schulerfahrungen aus. Wie oft musst du ein Kapitel wiederholen, bis du es auswendig kannst? Sie brauchten wesentlich länger als ich! 1977 schaute ich beim Bäcker vorbei, um ihm guten Tag zu sagen. Später klopfte ein Laufbursche bei meiner Großmutter an und brachte ein in Butter ausgebackenes und mit einem Tuch zugedecktes Brot, das wie Blätterteig schmeckte – ein Begrüßungsgeschenk des Bäckers.

Erinnerst du dich an die Kutschi?, fragte meine Schwester eines Tages. Sie sind jetzt auch in der Neustadt.

Ich war überrascht, denn früher waren sie nur in der Altstadt gewesen. Und ob ich mich erinnerte! Die Kutschi waren Paschtu sprechende Nomaden, die keine Grenze respektierten. Im Frühjahr kamen sie aus Pakistan nach Afghanistan, zogen dann weiter nach Persien und kehrten im Herbst wieder. Sie reisten in Karawanen mit etlichen Dutzend Kamelen, Eseln und einigen Schafen. Im Serail gegenüber unserem Haus, einem riesigen von Wohnräumen gesäumten Hof mit reichlich Platz für Pferdekarren und Lasttiere, war ihnen die »Parkgebühr« zu teuer, und so schlugen sie ihre Zelte vor dem Serail auf, um in der Altstadt Brennholz, Kohle und Milcherzeugnisse zu verkaufen. Sie waren wesentlich größer und kräftiger als wir Stadtmenschen. Die Kutschi-Frauen trugen weite Kleider, und an ihrer Frisur konnte man erkennen, ob sie verheiratet waren. Die mit den Ponyfransen waren unverheiratet. Auf dem Kopf trugen sie ein großes buntes Kopftuch, das nach hinten hing und alles Mögliche aufnehmen konnte. Mit ihrer stolzen Haltung signalisierten sie Distanz und flößten Respekt ein. Kein städtischer Mann hätte es gewagt, sich ihnen zu nähern. Nachdem sie ihre Ware verkauft hatten, zogen sie weiter. Für uns Schulkinder gaben sie ein beliebtes Motiv ab: Wir malten und stickten Bilder von ihnen, rahmten unsere Werke ein und hängten sie übers Bett. Für Karim und mich waren sie der Inbegriff der Freiheit. Wir lebten in stickigen Gassen, sie in der freien Natur, sie schliefen unter den

Sternen und badeten im Fluss. Wenn die Kutschi kamen, hielt es mich nicht im Haus. Ich schlich mich abends davon, durchstreifte ihr Zeltlager – ich machte dabei um die Kamele einen großen Bogen – und schaute den Frauen beim Kochen zu. Ihre Kinder sahen beneidenswert gesund aus, waren kräftig gebaut und hatten rosige Wangen. Was in den Kochtöpfen schmorte, konnte ich wegen der Dunkelheit nicht erkennen. Am Tag schlich ich einmal einer Frau hinterher, um zu sehen, was sie beim Fleischer kaufte. Lunge und Leber! Es war mir unbegreiflich, wie man von einem derart scheußlichen Essen so gesund werden konnte. Mit diesen unnahbaren Wesen zu sprechen, wagte ich nicht. Die Kutschi-Mädchen trugen ihre Erzeugnisse in Töpfen von Haus zu Haus. Auf Paschtu riefen sie ihre Waren aus, und alle öffneten ihnen. Sie setzten sich mitten in den Hof, breiteten ihre weiten Röcke wie eine natürliche Grenze um sich aus, und wir Kinder bestaunten den Silberschmuck an ihren Armen, Fingern, am Hals und auf der Stirn und versuchten, ihre Ringe zu zählen. Die Frauen lagerten um sie herum, die jungen Männer lugten aus den Fenstern und zwinkerten ihren Schwestern zu. Und diese verstanden: Sie sollten das Kosten und Feilschen möglichst lange hinauszögern. Die Milch schmeckt nicht gut, der Käse ist zu salzig – die Kutschi-Frau verzog keine Miene. Nachdem sie etwas verkauft hatte, raffte sie ihre Röcke zusammen, stand ohne Umschweife auf, setzte den Topf auf den Kopf und stolzierte hinaus. Mehr an persönlicher Begegnung war nicht möglich. Wir hatten gerade genug Zeit, ihre undurchdringlichen, mit Kajal umrandeten schwarzen Augen und die kleinen tätowierten Punkte an Lippen, Stirn und Wangen zu betrachten. Wie ich als Kind, trugen sie den Kopf voller kleiner Zöpfe. Manchmal rutschte ihnen das Tuch vom Kopf, doch das scherte sie nicht. Als Kinder konnten wir nicht verstehen, wie sie es wagen konnten, furchtlos in fremde Höfe zu gehen. Doch als einmal ein paar Jungs versuchten, eine von ihnen anzufassen, bekamen sie zu spüren, dass die Kutschi-Mädchen nicht nur stolz, sondern auch stark waren. Kein Wunder, dass es ihre Aufgabe war, nachts mit dem Gewehr im Anschlag um die Karawane zu patrouillieren.

Ich erzähle dir nichts, sagte meine Schwester. Bilde dir selbst ein Urteil.

Auf dem Gehsteig vor dem Cinema Park, dem Kino für die höheren Schichten, saß eine Kutschi-Frau. Sie mag etwa fünfundzwanzig oder dreißig Jahre alt gewesen sein, war tätowiert und trug weite Röcke, wie ich es aus meiner Kindheit kannte. Doch die Röcke bildeten keine natürliche Grenze mehr, die sie vor Übergriffen schützte, und ihr Blick ließ die Menschen nicht mehr in Ehrfurcht zurückweichen. Die kokette Frau war von einer Traube von Männern umgeben, die ihr derbe Sprüche zuwarfen und sie anfassten. Die Moderne hatte auch die Kutschi erreicht.

Ich ließ es mir nicht nehmen, den Clan des Mohammad Saman Khan in Schewaki zu besuchen. Ich nahm den Bus und überquerte die Brücke über das kleine Flussrinnsal, auf der sich mein Vater, der Kommandeur, einst das Bein gebrochen und seine Kariere ruiniert hatte. Die baufällige Brücke konnte damals nicht anders ausgesehen haben. An der Bushaltestelle traf ich Sabur, Paris feingliedrigen Komplizen, der gerade aus dem einzigen Teehaus dieses staubigen Orts kam. Er begrüßte mich, als hätten wir uns erst gestern gesehen, und wir gingen nebeneinander zur Burg.

Im Hof waren einige Frauen mit ihren Kindern beschäftigt. Nana rannte wie immer wieselgleich umher und verteilte Anweisungen. Ihre Gestalt war noch knochiger, als ich sie in Erinnerung hatte, ihre Vogelaugen waren zu Nagetieraugen geworden. Sie sah mich so argwöhnisch an, dass ich fürchtete, sie würde jeden Augenblick anfangen, über ihr Dschanan-Porzellan zu jammern. Ich begrüßte sie mit einem Kuss auf die Hand, die sie mir widerwillig unters Kinn schob.

Der Clan des Mohammad Saman Khan hatte enorm zugelegt. Die sieben Söhne hatten sieben Schwiegertöchter ins Haus gebracht, eine fruchtbarer als die andere, sodass selbst Nana, die von ihren Enkelkindern Bibi Dschan genannt wurde, weder ihre Namen noch ihre Zahl behalten konnte. Manchmal wusste sie ihre Enkel nicht einmal den richtigen Müttern und Vätern zuzuordnen. Noch immer verbrachte der Clan die Sommermonate auf der Burg, die Rasul instand gesetzt hatte. In die Zimmer der oberen Etage hatte er große Fenster eingebaut, damit es im Sommer luftiger war. Die Breitseite der Burg war weiß getüncht, sehr ungewöhnlich für eine Qala. Die beiden dem Wohntrakt gegenüberliegenden Türme waren abgerissen worden, denn es gebe, so die Begründung, keine Kriege mehr, für die man sie hätte gebrauchen können. Vom Fluss hatte Rasul einen schmalen Bach abgeleitet, der nun den Hof durchquerte und den Kindern als Planschbecken diente.

Ich unterhielt mich mit Rasuls zweiter Frau, die ihm fünf Kinder geboren hatte, und hörte mir ihre Klagen über das Leben auf der Burg an. Nana würde dem Verkauf der Ländereien nicht zustimmen. Mit dem unter den Söhnen verteilten Geld hätte sich jeder ein Haus in der Stadt kaufen können, aber Nana wollte alle unter ihrer Knute haben. Ich entnahm ihren Worten, dass sie bei der Schwiegermutter nur geringes Ansehen genoss.

Nana verwaltete das Erbe ihres Mannes und verteilte ihre Gunst unter den Schwiegertöchtern danach, wie ihre eigene Beziehung zu ihren Söhnen gerade aussah. Saburs Frau stand hoch im Kurs. Er hatte sie aus dem legendären Paindschscher-Tal (Fünf-Löwen-Tal) nach Kabul gebracht. Die Paindschscheri sind berühmt für ihren hellen Teint, die grünen Augen und das dunkelblonde Haar. Unzählige Dichter haben die Pfirsichhaut der Frauen besungen. Mein Onkel, der Poet, hatte sich auch einmal in ein Paindschscheri-Mädchen verliebt und glaubte seit damals nicht mehr daran, dass die Feen im Qafqas-Gebirge zu Hause sind.

Die Geschichte von Sabur und seiner Frau ist erzählenswert: Auf der Fahrt nach Masar-e-Scharif hatte Sabur im Paindschscher-Tal an einem Fluss eine Rast eingelegt. Er breitete seinen Kelim über einen flachen Felsen, legte sich auf den Rücken und gab sich der Stille und der machtvollen Wirkung des Gebirges hin. Er sinnierte über den Namen des Tals, und als er gerade überlegte, ob es dort tatsächlich noch Löwen geben könnte, hörte er über sich ein Rascheln. Erschrocken schnellte er hoch, als ob ihm tatsächlich fünf Löwen nach dem Leben trachteten, und erschreckte damit ein junges Mädchen, das ihn durch einen Felsspalt beobachtet hatte. Trittsicher wie ein Reh sprang sie über die Steine davon. Sabur, von männlichem Jagdinstinkt gepackt, setzte dem Mädchen nach. Er konnte sie zwar nicht einholen, sah aber, wie sie nicht weit von seinem Rastplatz in einer Lehmhütte verschwand. Von nun an fuhr er Woche für Woche an diese Stelle, setzte sich auf einen Felsen und fixierte die Hütte. Irgendwann muss es ihm wohl gelungen sein, das Mädchen anzusprechen und sich danach noch weitere Male mit ihr zu treffen. Aber es sei aussichtslos, sagte sie, ihre Brüder um ihre Hand zu bitten. Sie würden sie niemals einem Fremden zur Frau geben. Es ergab sich, dass Sabur mit dem Statthalter der südlich vom Paindschscher-Tal gelegenen Provinz Konduz befreundet war. Der Rat des Freundes war unmissverständlich: Du musst sie entführen! Fahr nach der Aktion nicht geradewegs nach Kabul, denn sie werden euch in den Bergen den Weg abschneiden, und dann gnade dir Gott! Bring sie lieber zuerst zu mir nach Konduz. Für einige Tage seid ihr meine Gäste, und wenn sie eure Spur verloren haben, könnt ihr unauffällig in meinem Jeep nach Kabul fahren. Einige meiner Männer werden euch begleiten – für alle Fälle.

Die Aktion gelang. Die Frau lebte seither auf der Burg, ihre Pfirsichwangen waren längst von Sonne und Staub gegerbt, doch Sabur liebte sie immer noch heiß und innig. Die Geschichte ist ein wenig pikant, denn der hilfsbereite Statthalter von Konduz war der erstgeborene Sohn des Kommandeurs. Wusste Sabur, dass sein Freund ein Sohn des Erzfeindes seines Vaters war? Wusste der Sohn des Kommandeurs, wer sein Freund war? Eines steht auf jeden Fall fest: Im Gegensatz zu seinem Vater war es ihm gelungen, die Entführung einer Frau erfolgreich über die Bühne zu bringen.

Die Abenddämmerung war hereingebrochen. Ich verließ die Qala, ging auf dem Kiesweg langsam auf die Pappelallee zu und suchte nach den Spuren eines Kindes im Schnee.

Meine Berliner Zeit zwischen 1973 und 1978 war meine schönste Zeit – zufällig identisch mit der Regierungszeit von Daud Khan. Fünf Jahre Glück in einem Leben ist nicht viel. Ich liebte meine Arbeit als Krankenschwester und gab mein Bestes. Doch nach fünf oder sechs Jahren merkte ich, dass ich zu routiniert wurde, nichts Neues mehr dazulernte. Da fiel mir Paris Auftrag ein: Und nach dem Abitur gehst du auf die Universität.

Mein zweiter Aufenthalt hatte mich mit Afghanistan versöhnt: Es ließ sich leben in diesem Land. Anfang Mai 1978 wollte ich in Kabul mit dem Medizinstudium beginnen, war also nur nach Berlin zurückgekehrt, um meine Zelte abzubrechen. Am 27. April 1978 putschte die prosowjetische Opposition, und die Volksrepublik Afghanistan wurde ausgerufen.

Warte ab, wie sich die Verhältnisse entwickeln, warnte meine Schwester.

Sie entwickelten sich schlecht, und ich blieb in Berlin, zog in eine WG und begann ein Psychologiestudium. Da ich nun Studentin war, begann ich mich unter den intellektuellen und linken Frauen und Männern, mit denen ich zusammenlebte, auch ein wenig intellektuell zu fühlen und irgendwie kommunistisch. In der Küche lauschte ich ihren Gesprächen über Mao und die Kulturrevolution und demonstrierte sogar mit ihnen in Gorleben. Einer von ihnen nahm sich meiner an. Er erkannte, wie er sagte, meinen »analytischen Verstand« und machte es sich zur Aufgabe, mich politisch zu fördern. Er las mir aus Maos Werken vor und erklärte mir den Akkumulationsprozess des Kapitals und den tendenziellen Fall der Profitrate. Ich war beeindruckt von so viel Klugheit, wenn ich auch den Faden schon längst verloren hatte und nicht wusste, was ich mit diesen wichtigen Erkenntnissen anfangen sollte. Und weil mich die politische Lektüre ermüdete, ließ ich mir von ihm zur Belohnung so lange aus *Momo* vorlesen, bis ich auf seinem Schoß einschlief. Er nannte mich Momo.

An dieser Stelle ist es angebracht, die politische Entwicklung in Afghanistan zu rekapitulieren: Der 1963 zurückgetretene Daud Khan, Schwager und Cousin des Königs Saher Schah, hatte am 17. Juli 1973 mit Hilfe von DVPA-Offizieren (Demokratische Volkspartei Afghanistans) in der Armee unblutig gegen die Monarchie geputscht. Viele Anhänger des Königs flohen in den folgenden Jahren nach Pakistan, wo sie sich, unterstützt von der pakistanischen Regierung und wahrscheinlich auch schon vom Westen, zu Mudschaheddin-Führern entwickelten. Vierzig Prozent des afghanischen Staatshaushalts stammten zu diesem Zeitpunkt aus dem Ausland, in erster Linie aus der Sowjetunion. Daud beanspruchte für sich das Amt des Staats- und Regierungschefs sowie den Verteidigungs- und Außenministerposten. Als Belohnung für ihre Hilfe beim Putsch gab es in seinem Kabinett vier Minister der prosowjetischen DVPA, die als einzige Partei Freiraum für ihre Aktivitäten genoss. Daud festigte seine Macht mehr und mehr durch traditionelle Entscheidungsinstanzen wie die Loja Dschirga. Diese nahm in seiner zweiten Amtszeit 1977 viele seiner Gesetzesvorschläge an und stattete Daud mit einer erheblichen Machtfülle aus. Trotz massiver Wirtschafts- und Militärhilfe durch die Sowjetunion versuchte Daud, sein Regime aus der einseitigen Abhängigkeit von der UdSSR herauszulösen und sich dem Westen anzunähern. Diese politische Entwicklung machte die Sowjets nervös. Auf Druck Moskaus einigten sich die beiden verfeindeten Fraktionen Khalq (Volk) und Partscham (Banner). Als sie eine Demonstration organisierten, um ihre Stärke vorzuführen, ließ Daud alle führenden Köpfe der DVPA verhaften. Die Sowjets reagierten schnell und aggressiv. Am 17. April 1978, drei Tage nach der Verhaftung der DVPA-Führung, meldete Radio Kabul »einen Aufstand der revolutionären Soldaten und Offiziere«. Weitere drei Tage später wurde in Radio Kabul von der »unvergleichlichen Revolution der Arbeiter und Bauern Afghanistans« gesprochen. Am 27. April wurden Daud und fast seine gesamte Familie von demselben marxistischen Flügel in der Armee ermordet, der ihm 1973 zur Macht verholfen hatte. Das neue Regime unter Nur Mohammad Taraki und Hafisullah Amin machte sich daran, die Balance zwischen Nationalstaat und Ethnien zu zerstören. Mit großer Brutalität peitschte es ohne Rücksicht auf Kultur und Tradition und auf die sozialen und religiösen Werte, mit denen sich die Völker Afghanistans identifizierten, weitreichende Reformen durch. Zugleich definierte es die Frauenrechte neu, um »die ungerechte, islamistische, patriarchale Beziehung zwischen Mann und Frau« zu beseitigen. Wie ein Lauffeuer breitete sich der Widerstand innerhalb weniger Monate im ganzen Land aus und wurde mit aller Brutalität zurückgeschlagen. Im September 1979 wurde Taraki im Zuge von Fraktionskämpfen in der DVPA getötet. Amin versuchte nun, seine Machtbasis zu stärken, indem er sich um die Unterstützung Pakistans und der Vereinigten Staaten bemühte. Die USA und die NATO fürchteten eine Ausweitung des sowjetischen Einflussbereichs und unterstützten die islamistischen Widerstandsgruppen logistisch, finanziell und militärisch. Innerhalb weniger dramatischer Monate geriet Afghanistan ins Zentrum des verschärften Kalten Krieges zwischen der Sowjetunion und den USA.

Im Oktober 1979 war meine Schwester wieder in Berlin, diesmal mit ihrer kleinen Tochter Zuny. Sie überbrachte mir die Nachricht, dass unser Vater bei einem Autounfall ums Leben gekommen war. Wie alt Rasul wurde, blieb uns unklar. Als ich ihn kurz vor Paris Tod einmal nach seinem Alter fragte, erhielt ich eine undeutliche Antwort.

Vierzig, fünfundvierzig? Ja, vielleicht fünfundvierzig.

Seltsam, dachte ich, denn ich war mir sicher, ihm dieselbe Frage schon einmal gestellt zu haben – als ich etwa zehn war.

Vierzig, fünfundvierzig? Ja, vielleicht fünfundvierzig, hatte er damals geantwortet.

Er ist bestimmt mit fünfundvierzig Jahren gestorben, war mein erster Gedanke.

Kaum hatte Karim ihre Koffer abgestellt, begann sie auch schon atemlos zu erzählen, was los war in Afghanistan.

In Deutschland ist jeder zweite Intellektuelle Kommunist, sagte ich. Die Kommunisten sind gar nicht so schlecht. Es ist an der Zeit, dass sich in Afghanistan auch etwas ändert.

Hast du eine Ahnung, was sich alles ändern würde!, entgegnete Karim. Die werfen alle, die nicht Mitglied ihrer Partei werden, ins Gefängnis. Hör dir das an – ich habe es auswendig gelernt: »Wer Afghane ist, soll sich in der Partei und in den Parteiorganen organisieren. Wer sich weigert, in unserer Volkspartei mitzukämpfen, der ist eindeutig ein Parteigegner, Volksgegner und Afghanistan-Gegner.« Unglaublich! Das Gefängnis Pol-e-Tscharkhi ist so überfüllt, dass sie Privathäuser in Gefängnisse verwandeln. Die Frauen tragen wieder freiwillig den Schleier.

Um Himmels willen, warum denn das?

Malalai! Du darfst ihnen als Frau weder positiv noch negativ auffallen. Gefällst du ihnen, möchten sie, dass du Mitglied ihrer Partei wirst. Gefällst du ihnen nicht, verdächtigen sie dich der Konterrevolution. Sie holen dich mitten in der Nacht aus dem Haus, und du verschwindest für immer.

Was ist denn so schlimm daran, Mitglied ihrer Partei zu werden? Das ist doch immer noch besser, als für immer zu verschwinden.

Anfangs haben viele junge Menschen so gedacht wie du. Sie haben sogar den Putsch der Kommunisten gefeiert. Die Schüler und Studenten kamen kaum noch zum Lernen vor lauter Kundgebungen und Demonstrationen.

Studenten müssen demonstrieren, warf ich ein, aber Karim ließ sich nicht unterbrechen.

Bald hat man dann von ihnen verlangt, an politischen Sitzungen und Seminaren teilzunehmen, die meist am Abend stattfanden. Damit hatten viele Familien Probleme. Sie wollten nicht, dass ihre Töchter abends aus dem Haus gehen und mit fremden Männern Seminare besuchen, von deren Inhalt sie keine Vorstellung hatten. Manche Väter verschwanden spurlos, wenn sie ihre Töchter nicht an politischen Veranstaltungen teilnehmen ließen.

Es wird Zeit, dass man sich auch in Afghanistan daran gewöhnt, Frauen nachts auf der Straße zu sehen!

Ach, Malalai! Afghanistan ist nicht Deutschland, und Kabul nicht Berlin. Und außerdem konnten auch wir vor dem Putsch abends ausgehen. Wir sind ins Kino und ins Restaurant gegangen, erinnerst du dich nicht mehr?

Und was sie mit Hassina getan haben, das nennst du Freiheit?

Sei nicht so naiv! Jetzt gibt es viele Hassinas. Denen geht es nicht um die Freiheit der Frauen, es geht ihnen nur um den Nutzen, den sie aus dieser Freiheit ziehen.

Welchen Nutzen?

Anfangs haben viele aufgeklärte Familien ihren Töchtern erlaubt, auch abends an diesen Parteisitzungen teilzunehmen. Bald aber wollten die Mädchen dort nicht mehr hingehen. Es sprach sich herum, was in diesen Sitzungen so alles passierte.

Was ist passiert? Hat sich vielleicht eine in einen Jungen verguckt?

Das ist nicht witzig, Malalai. Manche Mädchen mussten von dort direkt ins Krankhaus gebracht werden, mit einer Alkoholvergiftung oder mit einer zerrissenen Scheide. Einige Mädchen haben sich danach das Leben genommen. Du kannst dir nicht vorstellen, wie viele Frauen täglich das Land verlassen. Gerade die Aufgeklärten und Studierten.

Ach was! Überall gibt es schwarze Schafe, auch in einer kommunistischen Partei.

Meine Schwester ignorierte meinen dummen Einwurf und sprach weiter.

Jede Woche wird eine Liste mit Namen von Frauen und Männern, die angeblich hingerichtet wurden, am KHAD-Büro (afghanischer Geheimdienst) ausgehängt. Doch niemand bekommt die Leichen je zu sehen. Sie sind wahrscheinlich in einem solchen Zustand, dass die Kommunisten es nicht wagen, sie freizugeben. Es könnte einen Aufstand geben. Viele Vermisste tauchen niemals auf diesen Listen auf. Vielleicht hat man sie nach Sibirien verschleppt.

Unsicher, wie ich das Treiben der Kommunisten in meinem Land beurteilen sollte, wandte ich mich an meine Mitbewohner in der WG.

Wo gehobelt wird, da fallen Späne, sagten sie. Jede Revolution fordert ihre Opfer. Auch bei der Kulturrevolution gab es Opfer.

Wie viele?, fragte ich. Und wie lange hat diese Kulturrevolution gedauert?

Wer kann das wissen? Revolutionen sind permanente Prozesse. Sie können sehr lange dauern.

Diese Antwort erschreckte mich zutiefst.

Diesmal blieb meine Schwester fast drei Monate in Berlin. Immer wieder aufs Neue verzögerten wir ihre Rückreise, ohne darüber zu sprechen. Karim kochte afghanische Gerichte, und die an Aldi-Nahrung gewohnten WG-Mitglieder verschlangen sie mit Begeisterung. Sie befreite die Frauen von den Filzläusen, die sie sich irgendwo eingefangen hatten, zupfte ihnen die Augenbrauen und enthaarte ihre Beine. Sie mochten meine Schwester.

In Afghanistan gingen die willkürlichen Verhaftungen und Ermordungen auch von Leuten aus den eigenen Reihen weiter. Meine Schwester und ich versuchten, solche Nachrichten zu ignorieren. Wir hatten Angst um ihren kleinen Sohn und ihren Mann in Kabul.

27. Dezember 1979. Die WG war fast leer. Zwei Männer und zwei Frauen waren nach Westdeutschland gefahren, um, wenn auch widerwillig, Weihnachten mit ihren Familien zu feiern. Nur mein Förderer wollte mit seinen »Nazi-Eltern« nichts zu tun haben. Wir saßen vor dem Fernseher und sahen uns die Nachrichten an.

Soeben hat uns die Nachricht erreicht, dass die Rote Armee in Afghanistan einmarschiert ist. Laut Radio Moskau hatte der afghanische Staatschef und Parteivorsitzende die KPdSU um Hilfe ersucht, weil Feudale und Konterrevolutionäre die Errungenschaften der Revolution gefährdeten. Amin und viele seiner Anhänger wurden ermordet.

Der Nachrichtensprecher wirkte nervös.

Schweine!, fluchte mein Förderer, der Wert darauf legte, Maoist zu sein.

Ich übersetzte meiner Schwester die Nachricht, und sie brach in Tränen aus. Mir fiel die Berliner Mauer ein und wie ein Mann jeden Sonntag in Rudow an der Mauer stand und mit einem Fernglas nach Ostberlin schaute.

Du musst deinen Sohn und deinen Mann dort rausholen, sagte ich.

Ich habe Angst vor Folter, flüsterte sie.

Eine Woche später flog meine Schwester nach Kabul zurück, mit einer Kapsel Zyankali im Gepäck, die ich ihr mit Hilfe eines befreundeten Arztes aus dem Krankenhaus besorgt hatte.

Schluck sie mit einem Glas Wasser hinunter, wenn es so weit ist, sagte ich ihr und wünschte mir, ich wäre selbst schon tot. Dann können sie dich nicht mehr foltern.

In diesem Augenblick wusste ich, was es bedeutet, wenn Menschen sagen: »Mir ist das Herz gebrochen.«

Ihre fünfjährige Tochter Zuny ließ Karim bei mir.

Anfang Januar kehrten die WG-Mitglieder wieder. In der Küche wurde heiß über den Einmarsch der Roten Armee diskutiert. Ich war von Radio und Fernseher nicht mehr wegzukriegen und weinte viel. Mein Förderer riet mir, andere Afghanen aufzusuchen.

Eine gute Idee, fand ich. Jeden Freitag versammelten sie sich im Studentenheim Siegmundshof. Ich stellte mich der Gruppe von etwa zehn Männern und einer Frau vor. Sie diskutieren Marx. Zu welcher Klasse gehören die Straßenverkäufer und Kulis von Kabul?, fragte die Frau in die Runde. Zur Arbeiter- oder zur Bauernklasse? Ich hob meinen Finger und bekam sofort das Wort. Mao nennt sie das Lumpenproletariat, stotterte ich. Die Augenbrauen einiger Männer gingen in die Höhe. Das war Marx, sagte einer mit verständnisvollem Unterton. Unter Lumpenproletariat verstand er die Masse demoralisierter und arbeitsunwilliger Personen – Gelegenheitsarbeiter, Prostituierte, Vagabunden –, die keinen objektiven und bewusstseinsmäßigen Anteil am kapitalistischen Produktionsprozess haben und daher politisch nicht gestaltungsfähig sind. Unter den bestehenden Verhältnissen wirken sie konsolidierend.

Ich schämte mich, dass ich den Unterschied zwischen Lump und Lumpen nicht verstanden und Mao mit Marx verwechselt hatte. Oder war es umgekehrt? Mein Förderer riet mir, mich auf solche Diskussionen nicht einzulassen. Du bist eine praktische Frau, sagte er und ärgerte sich, dass die Gruppe mein Potential nicht erkannte und meine Fähigkeiten nicht zu nutzen wusste. Ihr müsst auf die Straße gehen, demonstrieren, Flugblätter verteilen, Veranstaltungen organisieren. Ihr müsst die Massen mobilisieren. Und er schrieb uns Flugblätter und übte mit mir meine von ihm verfassten Reden, bis ich auf seinem Schoß einschlief. Das waren nun meine Gutenachtgeschichten. Adieu, Momo.

Die WG wurde langsam unruhig. Das Kind störte zwar niemanden, denn es war ein stilles Kind, nur ab und zu saß es unter einem Schreibtisch und stöberte im Papierkorb. Aber so hatten wir es nicht vereinbart – ich war ohne Kind eingezogen. Ich empfand das nicht einmal als ungerecht. Sie hatten Recht, es ging ums Prinzip.

Mein Förderer erklärte sich solidarisch. Gemeinsam zogen wir in eine Zweizimmerwohnung, er, Zuny und ich.

DIE RETTUNG

Fast ein Jahr war meine Schwester schon in Kabul. Ihre sporadischen Briefe waren entweder so verschlüsselt, dass ich sie nicht verstand, oder nichts sagend. Wie es ihr ging, wie lange es noch dauern würde, bis ihr und der Familie die Flucht gelingen würde, erfuhr ich nicht. Ich hatte große Angst davor, das Schicksal vieler Deutscher zu erleiden – ein Teil der Familie unter sowjetischer Herrschaft, ein Teil in Freiheit. Immer wieder musste ich an den Mann mit dem Fernglas in Rudow denken. Ich konnte nicht essen und nicht schlafen und weinte viel.

In Afghanistan war eine Marionettenregierung unter Babrak Karmal eingesetzt worden. Die Invasion der Roten Armee löste die weltweit größte Fluchtbewegung seit dem Zweiten Weltkrieg aus. Über fünf Millionen Afghanen flohen, drei Millionen nach Pakistan, 1,5 Millionen in den Iran, die Eliten nach Europa und in die Vereinigten Staaten. Und das bei einer geschätzten Bevölkerung von sechzehn Millionen. Aus dem Fernsehen erfuhr ich, dass die Sowjets mal diese, mal jene Stadt bombardierten, und sah Bilder vom überfüllten Gefängnis Pol-e-Tscharkhi.

Wenn ein Flüchtling aus Kabul es bis Berlin schaffte, suchte ich ihn auf und hoffte auf beruhigende Nachrichten. Aber diesen Gefallen tat mir keiner, stattdessen hörte ich viele Geschichten von willkürlichen nächtlichen Verhaftungen. Die verwinkelte Altstadt, in der meine Familie lebte – Golghotai, Schirin, der Poet und alle anderen –, war zerstört worden, weil sich dort »Widerstandsnester« gebildet hatten und die Sowjets mit ihren Panzern in den schmalen Gassen nicht Patrouille fahren konnten. Plötzlich vermisste ich sogar den Schläger.

Mein eigenes Leben in Berlin war auch nicht leicht. Ich hatte nun ein Kind, das seine Eltern und den Bruder vermisste, die deutsche Sprache nicht beherrschte und mit mir und meinem Förderer zurechtkommen musste. In der Wohnung, in der wir nach dem Rausschmiss aus der WG unterkamen, wohnten wir, »illegal«, wie es hieß, zur Untermiete. Ständig stand der Hausbesitzer vor der Tür und wollte den Hauptmieter sprechen. Einmal sagte er zu mir: Wir sind in Deutschland und nicht im Ausland, wo alle in einem Zimmer hausen. Ich bin keine Ausländerin, sagte ich, und es verschlug ihm die Sprache. Mein Förderer schämte sich für mich, weil ich seiner Meinung nach meine Herkunft verleugnet hatte.

Ich brachte Zuny in einem Kinderladen unter. Wenn ich sie nachmittags abholte, waren ihre Augen rot. Die Erzieherin sagte, sie sei hilflos, das Kind spricht kein Deutsch und kann sich mit den anderen Kindern nicht verständigen – da gibt es beim Spielen immer Streit, und Zuny wird ausgeschlossen. Doch Zuny wollte unbedingt weiter in die Kita gehen.

Zehnmal im Monat hatte ich Nachtdienst im Krankenhaus, damit ich am Tag bei Zuny sein konnte. In den restlichen zwanzig Nächten nahm ich sie zu mir ins Bett. Zur Uni ging ich nicht mehr. Mein Förderer war rührend um Zuny besorgt, las ihr Geschichten vor, wenn ich nachts arbeitete. Ich aber hatte Angst, ein kleines Mädchen mit einem Mann alleine zu lassen. Es waren doch immer Männer aus der nächsten Umgebung, die Kinder missbrauchten. Ich bekam Schweißausbrüche, rief andauernd zu Hause an, um zu fragen, ob alles in Ordnung sei. Einmal sprach ich unverblümt aus, was ich dachte: Wenn du dich dem Kind in böser Absicht nähern solltest, glaub bloß nicht, ich würde dich nur bei der Polizei anzeigen – ich würde dir im Schlaf die Kehle aufschlitzen! Mein Förderer war entsetzt.

Dann gab es noch meine afghanische Gruppe, die ich aufsuchte, so oft ich konnte. Wir demonstrierten, verteilten Flugblätter, organisierten Veranstaltungen. Mir fiel meistens die Aufgabe zu, auf Demos und Veranstaltungen zu sprechen, weil ich besser Deutsch konnte als die meisten der anderen. Die Sitzungen waren für mich anstrengend. Sie stritten sich die meiste Zeit darüber, was Mao oder Marx sagte, und wie der afghanische Widerstand politisch einzuordnen sei. Sie beschimpften sich gegenseitig als Revisionisten oder Stalinisten. Ich kam nicht mit. Ich wollte meinem Land helfen, den Menschen beistehen, meine Schwester wiederhaben, das Kind seinen Eltern zurückgeben. Es sollte nicht mehr in der Kita weinen müssen.

Mein Förderer tat alles, um mich zu entlasten und zu trösten, doch seine Worte erreichten mich nicht. Immer mehr entzog ich mich. Je mehr er für mich und Zuny tat, desto tiefer fühlte ich mich in seiner Schuld.

An einem regnerischen Novembernachmittag saß ich alleine in der Küche, schaute in den grauen Hinterhof hinaus und dachte darüber nach, wie es weitergehen sollte, mit mir, mit dem Kind, das mir anvertraut wurde, mit meinem Förderer. Noch heute höre ich die Sätze, die an diesem Tag in meinem Kopf hämmerten: Es wird immer so weitergehen. Nachts wirst du arbeiten gehen, tagsüber ein trauriges Dasein fristen. Du wirst von einem Mann abhängig sein. Ohne ihn wirst du nicht leben können. Weder du noch das Kind.

Du musst vom Flughafen den Bus nehmen, kein Taxi. Taxifahrer fahren Umwege. An der Endhaltestelle steigst du aus und bist mitten in Delhi. Bereitwillig stand mir mein Förderer mit Ratschlägen aller Art zur Seite. Ich wollte nach Indien, und ihn schien diese Entscheidung zu erleichtern.

Zwei Wochen später stand ich um drei Uhr früh Ortszeit im Flughafen von Delhi – mit einem Koffer voller Legosteine und Kleider, einem schlafenden Kind auf dem Arm und zehntausend Mark im Brustbeutel. Ich nahm den Flughafenbus und kein Taxi und stieg nach langer Fahrt am Connought Place aus, wie mein Förderer es mir geraten hatte. Nur die Ankunftszeit in Delhi hatten wir nicht bedacht. Auf dem finsteren runden Platz war ich die einzige Person weit und breit. Ich drehte mich um die eigene Achse, und allmählich gewöhnten sich meine Augen an die Dunkelheit. Weit weg unter den Arkaden nahm ich das schwache Licht einer nackten Glühbirne wahr. Dunkle Schatten erhoben sich vom Boden und bewegten sich langsam auf mich zu. Ich ließ den Koffer stehen und ging wie benommen auf die Glühbirne zu. Es war ein Reisebüro mit einem schläfrigen Mann. Ich fragte, ob ich in seinem Büro warten könne, bis es hell würde. Er breitete seinen Schal über die Bank, für das Kind. Ich ging zurück, um meinen Koffer zu holen. Er war von Gestalten umringt, die ihn wie hypnotisiert anstarrten.

Etwa zwei Monate wohnten wir an diesem Platz in einer Pension, aßen dreimal am Tag im Restaurant, und meine zehntausend Mark schrumpften. Während eines Mittagessens hörte ich am Tisch direkt hinter uns Dari sprechen. Die Frauen hatten die schöne Aussprache der Menschen aus Tadschikistan. Während die beiden Männer den Einmarsch der Roten Armee in Afghanistan verurteilten, bemühten sich die beiden Frauen darum, den Vorgang zu rechtfertigen. Die Sowjets würden uns Afghanen vom Joch des Feudalismus und des Kapitalismus befreien, wir sollten dankbar sein. Mir fiel ein, dass die Sowjets in den sechziger Jahren eine Reihe so genannter Experten nach Afghanistan geschickt hatten, darunter viele Frauen. Sie wirkten am Aufbau und bei der Durchführung von geheimen Schulungen der prosowjetischen Parteien mit. Die Studenten waren damals von der Freiheit und Freizügigkeit ihrer russischen Mitarbeiterinnen begeistert. Ich drehte mich um, umklammerte mein Schweizer Messer und drohte den KGB-Huren, wie ich sie nannte, dass ich ihnen den Bauch aufschlitzen würde, wenn sie nicht augenblicklich das Restaurant verließen. Alle vier erschraken furchtbar. Die beiden Frauen sprangen auf und stürzten aus dem Restaurant, die Männer versuchten, mich zu beruhigen, ich solle nur mein Messer wegstecken, es sei in Indien verboten,

Waffen zu tragen. Sie fragten mich nach meiner Adresse in Delhi. Dass ich aus Berlin angereist war, erstaunte sie sehr. Es wollte doch jeder weg aus Indien – wieso war ich ausgerechnet hierher gekommen?

Am nächsten Tag besuchte mich ein etwa dreißigjähriger sehr großer, stämmiger Mann mit olivgrünen Augen. Er war höflich, gebildet und sprach in väterlichem Ton zu mir. Besonders interessierte er sich dafür, wen ich in Berlin kannte. Er nannte mir die Namen einiger Studenten aus meiner politischen Gruppe und fragte schließlich, was ich in Delhi suchte. Ich antwortete einfach: dass ich es in Berlin nicht mehr ausgehalten hatte und versuchen wollte, meine Schwester aus Afghanistan herauszuholen. Ich sagte ihm auch, dass ich vorhatte, gegen die Sowjets zu kämpfen.

Eine Woche später wohnte ich in der Defence Colony bei Mr. Talwar, einem pensionierten Offizier. In der Colony waren die meisten afghanischen Flüchtlinge aus der Kabuler Mittelschicht bei indischen Familien untergebracht. Der junge Mann mit den grünen Augen besuchte mich fast täglich. Ich war hocherfreut zu erfahren, dass er mit einer demokratischen Widerstandsgruppe sympathisierte, von der ich schon in Berlin gehört hatte. Unser afghanischer Diskussionszirkel hatte von Zeit zu Zeit ihre Flugblätter bekommen. Ihr Inhalt sagte uns zu, weil er sich von den Schriften der anderen Widerstandsgruppen unterschied. Sie propagierten nicht den Dschihad, sondern den nationalen Befreiungskampf, sie nannten sich nicht Mudschaheddin, sondern Partisanen oder Widerstandskämpfer, sie wollten nicht kämpfen, weil der Islam durch die Kommunisten bedroht, sondern weil Afghanistan von einer fremden Macht besetzt war. Wir hatten diese Flugblätter vervielfältigt und verteilt.

Der Sympathisant bewohnte ein etwa zehn Quadratmeter großes Zimmer, beherbergte dort aber zeitweise bis zu zwölf Männer, die meisten von ihnen Partisanen dieser Widerstandsgruppe. Sie wurden zur Behandlung ihrer Kriegsverletzungen nach Indien geschickt, weil sie entweder in Afghanistan nicht behandelt werden konnten oder Angst hatten, die staatlichen Krankenhäuser aufzusuchen. Außerdem bestand die Aufgabe des Sympathisanten darin, zweimal wöchentlich am Flughafen auf die Ankunft von Fluggästen aus Kabul zu warten. Allein reisende Frauen und Frauen mit Kindern ohne männlichen Begleiter sollte er ansprechen und sie fragen, ob man sie in Delhi erwartete. Kannten sie niemanden, bot er ihnen seine Hilfe bei der Wohnungssuche an. Später besuchte er diese Personen regelmäßig, half ihnen bei der Anmeldung im Büro der Vereinten Nationen, das für die afghanischen Flüchtlinge zuständig war, ging mit ihnen zur indischen Flüchtlingsbehörde, zeigte ihnen die verschiedenen Botschaften, bei denen sie Asylanträge stellen konnten. Er sorgte für die Einschulung ihrer Kinder und verschaffte den Müttern Englisch- und Computerkurse. Seinen eigenen Lebensunterhalt bestritt er als Kurier für verschiedene Nachrichtenagenturen in Delhi.

Eines Tages brachte er mir einen Berg schmutziger Männerkleidung zum Waschen. Das machte er so lange, bis ich mich ausdrücklich weigerte. Das sei Arbeit hinter der Front, für den Widerstand, sagte er. Wenn ich nicht waschen wollte, sollte ich eine Frauengruppe bilden und sie politisch schulen. Das gefiel mir schon besser, aber ich scheiterte bereits an der Formulierung der politischen Plattform. Einige Frauen brachten von ihren Männern fertig formulierte Texte mit, andere wehrten sich gegen diese Bevormundung, und die Gruppe zerfiel nach nur vier Sitzungen. Gelegentlich übernahm ich den Nachtdienst im Krankenhaus, wenn ein Widerstandskämpfer operiert wurde, oder ich spendete Blut, wenn einer kein Geld hatte, um das benötigte Blut für die Operation zu bezahlen.

New Delhi war ein Tummelplatz für alle, die sich am Krieg und am Elend der Kriegsflüchtlinge bereicherten: indische, pakistanische oder afghanische Fluchthelfer, Inder, die ihre Dienstmädchenzimmer zu Wucherpreisen an afghanische Flüchtlinge vermieteten, so genannte Mudschaheddin, die Schutzgelder kassierten, die sie »Spenden für den Widerstand« nannten. Wenn jungen Frauen in Begleitung ihrer minderjährigen Brüder die Flucht gelang und sie das Glück hatten, nicht bereits in Peschawar in die Fänge der Mudschaheddin zu geraten, wurden sie mit Sicherheit von einem Fluchthelfer betrogen und in Delhi von einem Mudschahed aufgesucht. Wenn sie sehr viel Glück hatten, trafen sie auf den Sympathisanten und konnten sich während ihrer Zeit in Delhi einigermaßen sicher fühlen. Ich habe miterlebt, wie Fluchthelfer ganze Familien in den Ruin trieben. Sie versprachen, ihnen ein Einreisevisum nach Europa oder Amerika zu besorgen. In den meisten Fällen verschwanden sie spurlos mit dem Geld. In anderen Fällen wurden die Afghanen jahrelang vertröstet, ohne jemals ein Visum zu Gesicht zu bekommen.

Anfangs kamen die Männer bartlos nach Delhi. Sobald ihnen Bärte gewachsen waren, nannten sie sich Mudschaheddin. Sie schlossen sich anderen Bärtigen an und gingen auf die Jagd nach Flüchtlingen, jeder auf seine Art. Einige von ihnen fühlten sich zu Sittenwächtern berufen. Sie belästigten Frauen und drohten Ehemännern, deren Frauen nicht »anständig« gekleidet waren oder nachts ausgingen. (Am Tag war es zu heiß, um das Haus zu verlassen.) Da ich den Schutz des Sympathisanten genoss, ließen sie mich in Ruhe. Ich nannte New Delhi das asiatische Casablanca, und der Sympathisant erinnerte mich an Humphrey Bogart.

Ein Jahr war fast vergangen. Ich dümpelte vor mich hin, bekam alle paar Monate einen nichts sagenden Brief von meiner Schwester und ließ Zuny in Freiheit aufwachsen. Sie spielte mit indischen und afghanischen Kindern direkt vor unserem Haus und blühte auf. Jahre später sagte sie mir, dass unsere beiden Jahre in Indien zur schönsten Zeit ihrer Kindheit gehörten.

Eines Tages machte ich mich auf dem Weg nach Peschawar, in der naiven Annahme, es würde leichter sein, von Pakistan aus die Fluchthilfe für meine Schwester zu organisieren. Der Sympathisant gab mir eine Adresse, und afghanische Familien nannten mir die Namen einiger Fluchthelfer. Ich flog mit Zuny nach Lahor und nahm von dort einen Kleinbus nach Peschawar.

Ich trug Jeans und ein Hemd, sprach mit Zuny ausschließlich Deutsch und gab vor, Ausländerin zu sein – irgendeine, nur keine Afghanin. So fühlte ich mich sicherer. Im Bus saßen wir auf dem Beifahrersitz, wo ich mich vor den Blicken der Männer geschützter fühlte. Unterwegs flog ein Stein in die Windschutzscheibe und zerschmetterte das Glas. Niemand wurde verletzt, doch der Fahrer schimpfte auf Paschtu und gab mir die Schuld an dem Unfall. Er hätte geahnt, sagte er den Fahrgästen, dass heute noch ein Unglück passieren würde, weil eine ungläubige, unreine Frau neben ihm Platz genommen hatte. Von da an sprach ich überhaupt nur noch Englisch oder Deutsch.

In Delhi hatte ich die afghanischen Flüchtlinge wegen ihrer erbärmlichen Lebensumstände bedauert, doch verglichen mit Peschawar war Delhi ein Garten Eden. Es ist mir nicht möglich, das Elend der Flüchtlinge in den pakistanischen Lagern zu beschreiben. Es ist vor mir tausendfach beschrieben und abgebildet worden, in Worten besser als ich es könnte, auf unzähligen Fotos und in Filmen. Ich erzähle daher nur von der Organisation einer einzigen Flucht, der Flucht meiner Schwester und ihres Kindes aus Kabul.

Von einem Rikschafahrer ließ ich mich zu der Adresse bringen, die mir der Sympathisant angegeben hatte, einem Haus voller Männer. Bei meinem Anblick wurden sie nervös. Ich sollte mich lieber pakistanisch kleiden, meinten sie, Frauen in Jeans fielen auf. Ich fragte sie, ob sie mir bei der Flucht meiner Familie helfen könnten. Sie nickten: Sie kannten eine alte Paschtunin, die allerdings gerade nach Kabul unterwegs sei. Sie würden mich benachrichtigen, sobald sie zurück sei. Sie luden mich nicht ein zu bleiben.

Ich stieg mit Zuny in die nächste Rikscha und fuhr zu einer der Adressen, die man mir in Delhi gegeben hatte. Es war eine Art Serail, in der Mitte ein großer Hof, an den vier Seiten über zwei Stockwerke Zimmer. Ich fragte nach einem Mann, dessen Namen ich mir unter dieser Adresse aufgeschrieben hatte. Er hatte ein Vogelgesicht und einen Ziegenbart, sprach mich mit »Schwester« an und nahm Zuny an die Hand. Er führte uns in einen etwa fünf Quadratmeter großen Raum, in dem es außer einem alten Kelim, einer Matratze und einem Kopfkissen nichts gab. Neben dem Kopfkissen lag ein zusammengefaltetes Laken. Zuny und ich setzten uns, und Vogelgesicht verließ wortlos den Raum. Nach einer halben Stunde kam er mit mehreren Plastiktüten wieder. Den Inhalt der Tüten stellte er vor uns auf den Kelim: einen Teller, ein Brathähnchen, das er zerteilte und sorgsam auf dem zu kleinen Teller arrangierte, eine Flasche Cola für Zuny. Zu guter Letzt breitete er noch ein kleines weißes Tuch aus, auf das er Brote und einen Bund Frühlingszwiebeln legte. Vor mich und vor sich selbst stellte er je eine Flasche Fanta. Er entschuldigte sich, weil er keine Teller besaß, und weil wir uns die Hände vor der Tür waschen mussten. Schweigend aßen wir mit den Fingern unser Brathuhn.

Nach dem Essen ging er fort und kehrte erst abends wieder. Diesmal brachte er Kebab und Fladenbrot und ein in Zeitungspapier gewickeltes Päckchen. Es enthielt zwei Paar Kamis-Schalwar, für mich und für Zuny, und zwei sehr große Kopftücher. Nach dem Abendessen verabschiedete er sich. Er werde auf dem Dach schlafen, sagte er, ich solle mir keine Sorgen machen, er würde die Zimmertür im Auge behalten. Erst als ich die Tür von innen verriegelt hatte, stellte ich fest, dass wir uns in einem fensterlosen Raum befanden. Die Luft war heiß und stickig. Todmüde schliefen wir in unseren T-Shirts ein.

Im Zimmer dieses fremden Mannes fühlte ich mich geschützt. Wenn er in meiner Nähe war oder mich mit Schwester ansprach, hielt er den Blick respektvoll gesenkt. Einer Frau glotzt man nicht ins Gesicht, wenn man mit ihr spricht, hatte ich Pari oft zu ihren Brüdern sagen hören. Zu Zuny war er väterlich, zu mir wie ein fürsorglicher großer Bruder. Ich teilte ihm den Grund meines Aufenthalts in Peschawar mit, und dass mir Leute versprochen hätten, mir bei der Flucht meiner Schwester behilflich zu sein. Er hörte sich meine Geschichte an und stellte keine Fragen.

Zweimal wöchentlich nahm ich eine Rikscha, um zu dem Haus voller Männer zu fahren und nach der alten Paschtunin zu fragen. Eines Tages warnte mich Vogelgesicht, weiterhin diese Leute aufzusuchen, sie seien Maoisten. Aber woher wusste er, wohin ich gefahren war?

Nach drei Wochen Wartezeit in dem stickigen Zimmer war die alte Paschtunin endlich da. Sie nahm mich mit zu ihrer Familie, die zusammen mit vier anderen Familien in einem Garten wohnte, in einem Zelt. Hier könne ich bleiben, bis sie meine Familie in Kabul gefunden und mitgebracht hätte. Sie würde es tun, es sei kein Problem für sie. Zuerst würde sie den Sohn meiner Schwester herausschmuggeln. Mit einem Sack Kartoffeln auf den Schultern würde ihn kein Grenzbeamter aufhalten, man würde ihn für ihren Enkel halten.

Im Zelt der alten Paschtunin lebten ihr Sohn, seine Frau und ihre fünf Enkelkinder. In den vier anderen Zelten wohnten ähnlich große Familien. Nachts schliefen die Mädchen im Zelt, die Eltern und die beiden Jungen davor. Mir gaben sie eine Matratze und ein Laken, ich und Zuny sollten im Freien schlafen. Der Sohn der Paschtunin arbeitete bei irgendeiner der vielen islamistischen Parteien. Für den Lebensunterhalt der Familie sorgten Mutter und Sohn gemeinsam.

Einundzwanzig Tage blieb ich bei dieser Familie. Sie teilten ihre kärglichen Mahlzeiten mit mir und nahmen mich mit, wenn sie Verwandte in den Flüchtlingslagern besuchten. Verglichen mit den Flüchtlingen in den Zeltlagern lebte meine Fluchthelferfamilie in dem Garten im Luxus. Was sich mir von diesen Ausflügen in die Flüchtlingscamps eingeprägt hat, sind Bilder. Bilder von zerlumpten, apathischen Kindern, die vor dem Zelt in der brütenden Hitze saßen und keine Kraft mehr hatten, die Fliegen aus Mund, Nase und Augen zu verscheuchen. Bilder von Dreck, Urinpfützen, Staub und unerträglichem Gestank.

Eines Tages sagte der Sohn der Paschtunin zu seiner Frau, seine Partei habe ein Programm verfasst, und zeigte ihr eine Art Flugblatt.

Hier steht, wir können unsere Söhne in die Madrassa (eine islamische Theologieschule) schicken. Sie werden dort wohnen und essen und eine gute Schulausbildung erhalten. Es gibt nur einen Haken: Sie würden nicht in Peschawar leben, sondern irgendwo weit weg von den Flüchtlingslagern. Eigentlich ist das Programm für Waisenkinder gedacht, aber bei meiner guten Beziehung zur Partei könnten wir auch unsere Söhne dort einschulen.

Einige Tage später wurden die beiden Enkel der Paschtunin und einige Jungen aus den anderen Zelten von ihren Vätern mitgenommen und kamen nicht mehr zurück.

Auf ähnliche Weise verschwanden zwei junge Witwen aus unserem kleinen Zeltlager. Eine islamistische Partei hatte eine Kampagne gestartet, bei der es darum ging, junge Frauen und Witwen Arabern zur Frau zu geben. Im Koran stehe, sagten sie, es sei eine Sünde, junge Frauen zur Enthaltsamkeit zu zwingen. Es sei deshalb die religiöse Pflicht jedes Mannes, jungen Frauen und Witwen einen geeigneten Ehemann zu finden. Zahlreiche muslimische Brüder aus arabischen Ländern seien bereit, ihnen diese Pflicht abzunehmen. Tausende junge Frauen wurden an Araber verschenkt. Später begriffen die Väter, dass sie für ihre Töchter auch Geld verlangen konnten. Unsere jungen Witwen wurden von ihren Brüdern verkauft.

Als die alte Paschtunin nach drei Wochen immer noch nicht aus Afghanistan zurück war, wurde ich ungeduldig und fuhr – diesmal auf dem Landweg über Amritsar – zurück nach New Delhi. Noch heute schäme ich mich dafür, dass ich und Zuny so lange bei dieser Familie wohnten, schliefen und aßen, ohne eine einzige Rupie zu bezahlen. Auch Vogelgesicht gab ich nichts, obwohl meine finanziellen Verhältnisse es mir erlaubt hätten. Ich kann es mir nur so erklären, dass ich mich in einem psychischen Ausnahmezustand befand, der mit dem Einmarsch der Sowjets in Afghanistan begann und noch ein halbes Jahr über meine Rückkehr nach Berlin hinaus fortdauerte.

An der pakistanischen Seite der staubigen Grenze war eine Gruppe von etwa dreißig afghanischen Flüchtlingen gestrandet. Sie flehten jeden an, der einen gültigen Pass besaß und nach Indien hinüberdurfte, den indischen Grenzbeamten eine Nachricht zukommen zu lassen. Ich erklärte mich bereit. Ich sollte nach einem gewissen Sing fragen und ihm mitteilen, dass die seit einer Woche an der Grenze festsitzenden Afghanen bereit seien, für die Einreise nach Indien pro Person 250 Dollar zu zahlen. Mit den pakistanischen Grenzern sei alles geklärt. In der Gruppe waren kleine Kinder, die unter der sengenden Sonne dahindämmerten. Die Frauen saßen unter ihrer Burqa und gaben keinen Ton von sich. Nur die Männer sprachen mit mir und flehten mich an, sie nicht im Stich zu lassen.

Ich musste die Grenze mehrere Male in beide Richtungen passieren. Die Grenzbeamten an ihren kleinen Schreibtischen in dem großen, nach vorne in eine offene Veranda übergehenden Raum waren zwar auf beiden Seiten gesprächsbereit, mit dem Inder jedoch verliefen die Verhandlungen zäh. Mr. Sing wollte zuerst fünfhundert Dollar pro Person und reduzierte seine Forderung nur in winzigen Schritten. Jedes Mal musste ich auf die pakistanische Seite zurück, um das Gegenangebot der Afghanen einzuholen. Es dauerte etwa fünf Stunden, bis sie sich geeinigt hatten. Zuny und ich erreichten gerade noch den letzten Zug nach Delhi.

Später sah ich einige dieser Männer auf der Straße wieder, einen von ihnen sogar im Zimmer des Sympathisanten. Ich hatte nun den Ruf, eine Fluchthelferin zu sein. Ständig kamen Anfragen von Afghanen, die mich baten, ihre Verwandten aus Pakistan herauszuholen. Später tat ich es auch einige Male im Auftrag des Sympathisanten.

Mr. Talwar, mein Vermieter, teilte mir mit, dass mich in meiner Abwesenheit fast täglich eine Frau aus Kabul angerufen hatte. Gegen acht Uhr früh am nächsten Tag rief meine Schwester wieder an. Zum ersten Mal seit zwei Jahren hörte ich ihre Stimme.

Hast du meinen Sohn getroffen?, fragte sie.

Ja, antwortete ich.

Gott sei Dank, sagte sie und legte auf.

Wahrscheinlich hatte die Paschtunin den Jungen nach Peschawar gebracht, während ich auf dem Weg nach Indien war. Um meine Schwester nicht zu beunruhigen, hatte ich am Telefon gelogen. Gleich am nächsten Tag wollte ich nach Peschawar zurück.

Am Nachmittag rief meine Schwester wieder an. Sie wiederholte dieselbe Frage, und diesmal schwieg ich. Ich konnte sie kein zweites Mal belügen. Sie fing an zu schimpfen. Ihr Sohn sei gerade nach Hause gekommen, er habe mich nicht gefunden. Sie sprach verschlüsselt. Später erzählte sie mir, sie habe ihren Sohn und den Jungen eines Nachbarn einem Busfahrer anvertraut, der sie gegen Bezahlung nach Peschawar bringen wollte. Sie habe mich täglich angerufen, um mir mitzuteilen, dass ihr Sohn im Habib Hotel auf mich wartete. Als ihr Geld aufgebraucht war, hätten sich die beiden Kinder in den nächsten Bus gesetzt und seien zurück nach Kabul gefahren. Mein Neffe war damals zwölf, der andere dreizehn oder vierzehn. Beide waren sehr stolz, dass sie weder den afghanischen noch den pakistanischen Grenzern aufgefallen waren. Sie hatten sich neben irgendwelche fremden Frauen gesetzt und so getan, als gehörten sie zu ihnen.

Weitere zwei oder drei Wochen vergingen nach dem Anruf meiner Schwester, als ein Telegramm aus Peschawar vom Sohn der Paschtunin eintraf. Der Junge sei angekommen, ich solle ihn abholen.

Nun brauchte ich für ihn einen Pass oder zumindest etwas, das nach einem Pass aussah. Ich fragte den Sympathisanten und andere Afghanen und wurde immer wieder vertröstet. Einige verlangten bis zu fünftausend Dollar. Da ich aus Deutschland kam, hielten sie mich für reich.

Seit Erhalt des Telegramms waren schon zehn Tage vergangen. Ich lag in der Nachmittagshitze in meinem Zimmer und schlief. Ich träumte von den Flüchtlingslagern in Peschawar. Ich ging eine staubige Straße entlang auf die Zelte zu, da kam mir mein kleiner Neffe entgegen. Ich umarmte ihn und küsste seine Stirn. Sein Gesicht war gelb, und er roch nach Fieber. Als ich ihn in meinen Armen hielt, wurde er ohnmächtig. Schreiend wachte ich auf, und Mr. Talwar versuchte mich zu trösten.

Ich ging zum Sympathisanten und beschimpfte die Männer, die in seinem Zimmer lagerten.

Was seid ihr für Widerstandskämpfer?! Ihr seid nicht einmal in der Lage, mir einen gefälschten Pass zu besorgen. Ihr wollt Afghanistan befreien und könnt nicht einmal ein Kind vor den Russen in Sicherheit bringen!

Und zum Sympathisanten gewandt: Du willst politisch arbeiten, für das afghanische Volk. Ist mein Neffe etwa kein Afghane? Die Männer, die sich Mudschaheddin nennen, verhelfen täglich ganzen Familien zur Flucht nach Europa, und du kannst noch nicht einmal ein Pass besorgen!

Das saß. Einer der Männer holte einen Pass aus der Tasche.

Hier, Schwester, das ist zwar nur die Fotokopie eines Passes, aber versuch dein Glück damit. Wir sind eben nicht wie diese Mudschaheddin, die sich am Elend anderer bereichern.

Ich nahm den Pass, ging zu einer afghanischen Familie und bat die Frau, Zuny für ein paar Tage zu sich zu nehmen. Ich müsse mich beeilen, sagte sie, in einer Woche wolle sie nach Australien auswandern.

In Peschawar angekommen, suchte ich sofort die alte Paschtunin auf und fragte sie, was ich ihr schulde. Das, antwortete sie, habe bereits meine Schwester erledigt. Später erfuhr ich von meiner Schwester, dass sie ihr dasselbe geantwortet hatte. Ein kleiner Junge begleitete mich zum Zeltlager. Ich nahm eine Rikscha, denn die Mittagsonne heizte die Erde auf wie einen Backofen. Auf einer staubigen Straße, die zu den Zelten führte, kam uns ein Kind entgegen. Der Rikschafahrer hielt an, ich stieg aus und umarmte meinen Neffen. Sein Gesicht war gelb, und er roch nach Fieber.

Ich musste mit ihm zu einem Fotografen, um ein Foto für seinen Pass anfertigen zu lassen. Während des Fotografierens wurde er ohnmächtig. Ich ließ ihn im nächsten Krankenhaus zurück und fuhr zum Haus mit den vielen Männern, die Vogelgesicht für Maoisten hielt. Ich ging in eines der zahlreichen Zimmer und legte den Pass auf den Kelim. Ich brauche ein Einreisevisum für Indien, sagte ich den Männern.

Lassen Sie den Pass hier, sagte einer, und kommen Sie in ein paar Tagen wieder. Wir besorgen Ihnen ein Visum.

Ich bestand darauf, den Stempel sofort zu bekommen, mein Neffe sei krank, ich müsse ihn unverzüglich nach Delhi bringen.

Gut, sagte ein anderer, kommen Sie morgen wieder.

Ich kehrte ins Krankenhaus zurück, verbrachte die Nacht neben dem Bett meines Neffen auf dem kühlen Steinboden und überwachte die Infusion.

Am nächsten Tag passierten wir an der immer noch schmutzstarrenden Grenzstation Amritsar problemlos die pakistanische

Seite. Sahen sie nicht, dass der Pass nur eine Fotokopie war? Oder war es ihnen egal? Aber vielleicht hatten sie auch Mitleid mit dem kranken Jungen.

Auf der indischen Seite jedoch ging es weniger glatt. Sing erkannte mich sofort wieder. Diesmal werde er keine Ausnahme machen, sagte er. Unter fünfhundert Dollar wollte er den Jungen nicht einreisen lassen. Ich hatte gerade hundertfünfzig Dollar in der Tasche und musste davon noch unsere Karten für die Bahnfahrt nach Delhi kaufen.

Ich kenne diesen Jungen nicht, sagte ich. Ein Mann hat ihn mir an der Bushaltestelle in Peschawar anvertraut und mich gebeten, ihn bis Delhi zu begleiten. Dort würden ihn seine Verwandten an der Bahnstation erwarten. Mein Neffe verstand sofort, wie er sich in der Folge zu verhalten habe.

Sing nahm mir die Geschichte nicht ab, und so saßen wir von morgens zehn bis abends fünf an der Grenze fest. Der letzte Zug nach Delhi ging einige Minuten nach siebzehn Uhr.

Kurz vor Abfahrt des Zuges baute ich mich vor Sing auf und sagte: Ich habe keine Lust, wegen eines fremden Jungen die Nacht an der Grenze zu verbringen. Sie können ihn behalten oder ihn zurückschicken, ist mir doch egal.

Mein Neffe lag apathisch auf dem Steinfußboden und hatte wieder Fieber. Mr. Sing schaute mir tief in die Augen.

Sie sollten nicht noch mal afghanische Kinder nach Indien schmuggeln, wenn ihre Eltern Ihnen nicht genügend Geld mitgeben. Fünfhundert Dollar – mein letztes Angebot. Die Preise sind gestiegen.

Und er zwinkerte verschmitzt zum abfahrbereiten Zug hinüber.

Na, haben Sie alles erledigt?, fragte plötzlich ein schlanker, äußerst gepflegt aussehender Mann um die fünfzig, der den ganzen Tag in dem großen Raum im Hintergrund gesessen hatte, ohne zu arbeiten. Das Erstaunliche war nicht, dass er plötzlich zu reden anfing und offensichtlich eine wichtige Person war und keineswegs ein Bittsteller, für den ich ihn gehalten hatte; das Erstaunliche war die Sprache, in der er die Frage formulierte: einwandfreies Deutsch!

Kennst du die Frau?, fragte er dann noch meinen Neffen in ebenso perfektem Persisch.

Nein, antwortete der Junge.

Ich hörte, wie die Zugtüren zugeschlagen wurden und ein Pfiff ertönte. Da packte ich die Hand meines Neffen, flehte ihn an, sich zusammenzureißen und zu laufen so schnell er konnte. Wir stürmten über die Brücke und die Treppe hinunter auf den abfahrenden Zug zu. Wir erwischten gerade noch die Kante der offen stehenden Tür des letzten Waggons und zogen uns hoch. Auf dem Bretterboden des leeren Güterwaggons verbrachten wir die Nacht. Wir wurden nicht gestört, und die hundertfünfzig Dollar blieben unangetastet.

Die Frau, die auf Zuny aufgepasst hatte, riet mir, sie zur Schule zu schicken, sie werde sonst verwahrlosen. Gleich in der nächsten Woche schulte ich sie in der einzigen deutschen Schule von Delhi ein. Ihren Bruder schickte ich auf eine indische Schule.

Dann wartete ich weitere sechs Monate auf eine Nachricht von meiner Schwester. Endlich kam ihr Brief aus Peschawar. Ich glaubte, sie sei nun in Sicherheit, und war überglücklich. Jetzt galt es, für sie einen Pass zu organisieren, um sie nach Indien zu holen. Einige Wochen später erhielt ich von Vogelgesicht einen Brief: Meine Schwester sei neu in Peschawar, sie kenne niemanden, und er habe gehört, dass es die pakistanische Geheimpolizei auf sie abgesehen habe. Sie sei in Gefahr. Ich schickte meiner Schwester die Adresse von Vogelgesicht und riet ihr ausdrücklich, diesem Mann zu vertrauen, ohne zu fragen, woher er meine Adresse hatte und woher er wusste, dass sie meine Schwester war.

Weitere sechs Monate vergingen, aber ein Pass war einfach nicht aufzutreiben, zumal ich keine großen Summen zahlen konnte. Ich schrieb meiner Schwester, sie solle versuchen, in Peschawar einen Pass zu organisieren, vielleicht könne ihr Vogelgesicht behilflich sein.

Die Briefe meiner Schwester klangen jetzt wieder verschlüsselt oder nichts sagend. Ich habe solche Sehnsucht nach euch, schrieb sie in ihrem letzten Brief. Der Satz gab mir einen Stich ins Herz. Ich legte Zuny einen Stapel von sieben Kleidern in den Schrank und trug ihr auf, jeden Tag zur Schule ein sauberes Kleid anzuziehen. Und wenn sie das letzte Kleid getragen hätte, würde ich mit ihrer Mutter in Delhi sein. Der Sympathisant versprach, täglich nach beiden Kindern zu sehen, und ich machte mich erneut auf den Weg nach Peschawar – ohne einen Pass für Karim.

Es war später Nachmittag, als ich ankam. Nach der Postadresse zu urteilen, wohnte Vogelgesicht nicht mehr im Serail. Der Rikschafahrer hielt an einem Hochhaus, wenigstens hätte man es damals in Peschawar als solches bezeichnet. Vogelgesicht wohnte im dritten Stock. Überrascht und nicht gerade begeistert, mich zu sehen, führte er mich durch einen langen Flur mit vielen Türen. Hinter einer saß meine Schwester. Sie hatte so sehr zugenommen, dass ich sie fast nicht erkannt hätte. Mit Kopftuch und pakistanischen Kamis-Schalwar wirkte sie wie eine verschüchterte traurige Hausfrau.

Wir umarmten und küssten uns und weinten. Vogelgesicht stand da und betrachtete uns stumm. Ich sagte ihm, dass wir am nächsten Tag nach Delhi reisten und darum noch eine Menge zu tun sei. Er verstand den Wink und verließ das Zimmer. Meine Schwester ging in die Küche, machte mir Tee und bereitete etwas zu essen zu. Vogelgesicht kehrte wieder und aß mit uns. Danach ging er ins Nebenzimmer.

Inzwischen war es dunkel geworden. Ich hatte den Eindruck, dass meine Schwester nicht über ihre Abreise sprechen wollte, und war gekränkt. Sie schien mir etwas zu verheimlichen. Als ich mit ihr auf dem Balkon stand und wir nach unten schauten, deutete sie auf eine Hütte am Fuße des Hochhauses und sagte leise mehr zu sich selbst: Wenn mich dieser Mann freilassen würde, wäre ich auch in dieser Hütte glücklich.

Was meinst du?, fragte ich. Ich war wie vor den Kopf geschlagen.

Da erschien Vogelgesicht wieder in der Tür und forderte meine Schwester auf, zu ihm ins Nebenzimmer zu kommen. Wie betäubt stand ich an der Balkontür und konnte keinen klaren Gedanken fassen. Da vernahm ich von nebenan seine Stimme und das Weinen meiner Schwester. Ich ging auf den Flur und horchte an der Tür.

Wenn du willst, dass deine Schwester heil nach Delhi kommt, dann sag ihr, dass du nicht mitkommst, hörte ich ihn drohen. Sag ihr, du willst bei mir in Peschawar bleiben.

Um mich drehte sich alles. Meine Wut wuchs so schnell, dass ich fürchtete, sie würde mich zerreißen. Ich stürmte in das Zimmer.

Karim, pack sofort deinen Koffer!

Und zu ihm: Wir fahren nach Delhi, jetzt gleich.

Was habt ihr denn in Delhi zu suchen?, fragte er.

Dort sind ihre Kinder.

Wir können ihre Kinder auch nach Peschawar holen.

Ich hatte genug. Ich packte meine Schwester am Arm und zog sie ins andere Zimmer.

Ich war außer mir. Ich riss die Türen des Kleiderschranks auf, fegte den Inhalt der Fächer auf den Boden und schrie meine Schwester an, sofort alles in ihren Koffer zu packen. Aus dem hinteren Teil eines der Fächer fiel mit den Kleidern eine Pistole heraus. Ich hob sie auf und steckte sie in meinen Hosenbund.

Noch heute frage ich mich, wieso ich darauf bestand, dass meine Schwester ihren Koffer packte. Vielleicht hatte ich in Deutschland gelernt, dass man vor einer Reise die Koffer packt. Paradoxerweise reagierte meine Schwester ähnlich. Sie ging ins Badezimmer und begann, ihre Zahnbürste und andere Utensilien einzusammeln.

Und wieder fing ich an zu schreien: Lass das gefälligst!

Wir stopften alles, was aus dem Schrank gefallen war, in den Koffer. Ich sah, wie meine Schwester einen Pass und mehrere Karten hineinlegte. Ich riss sie ihr aus der Hand. Der Pass trug das Bild von Vogelgesicht. Die Karten verwiesen auf seine Mitgliedschaft in mehreren islamistischen Kriegsparteien.

Sie gehören ihm, lass sie hier liegen, zischte ich.

Nein, das sind wichtige Dokumente, wir sollten sie mitnehmen. Ich erkläre es dir später.

Als wir auf den Flur hinausgingen, versperrte uns Vogelgesicht den Weg.

Wohin wollt ihr um diese Zeit? Ihr werdet keine zweihundert Meter weit kommen. Die pakistanische Polizei wird euch an der nächsten Straßensperre aufhalten.

Das lass unsere Sorge sein, schnauzte ich ihn an.

Er machte einen Schritt auf mich zu und eine Handbewegung, als wolle er mir den Arm streicheln.

Schwesterchen, wo willst du um zwei Uhr nachts hingehen? Bleib doch, bis es hell wird.

Ich wich zurück und sagte in einem Ton, der gemessen an meiner inneren Spannung ungewöhnlich ruhig klang: Wenn jemand versucht, uns hier festzuhalten, dann fließt Blut, das versichere ich dir.

Er sah mir lange in die Augen, als ob er in ihnen lesen wollte, wie ernst meine Drohung zu nehmen sei. Dann trat er zur Seite.

Ihr werdet ja doch nicht weit kommen.

Das Haus stand an einer breiten asphaltierten Straße. Weit und breit keine Menschenseele, kein Auto, nichts als die endlos scheinende Straße. Wir liefen einfach in irgendeine Richtung los. Den überflüssigen Koffer schleppten wir abwechselnd.

Bald hörten wir das Geräusch einer näher kommenden Rikscha. Wir stellten uns mitten auf die Straße und hielten den Fahrer an. Er sei auf dem Weg nach Hause und wolle keine Fahrgäste mehr annehmen. Wir fragten, in welche Richtung er fuhr. Er machte eine Handbewegung in die Fahrtrichtung. Und schon saßen wir samt Koffer in seinem Gefährt.

Bitte fahren Sie rasch weiter. Wir steigen unterwegs aus.

Der arme Mann war so verdutzt, dass er ohne weitere Fragen losfuhr.

Meine Schwester trug eine pakistanische Kamis-Schalwar und ein sehr großes Kopftuch, das ihren ganzen Körper umhüllte, ich meine übliche Hose mit Karohemd. Der Pistolenknauf ragte hinten aus dem Hosenbund hervor.

Gib sie mir, flüsterte meine Schwester und steckte die Pistole unter dem Schutz ihrer Umhüllung in den Büstenhalter.

Wie Vogelgesicht prophezeit hatte, hielt uns die pakistanische Polizei nach kurzer Fahrt an einer Straßensperre an: zwei Männer und eine Frau in Uniform. Am Straßenrand war ein kleines Zelt aufgeschlagen, aus dem das schwache Licht einer Lampe drang.

Wohin fahren Sie um diese Zeit?

Wir fahren zum Busbahnhof nach Lahor, der Bus fährt um drei Uhr ab, hörte ich meine Schwester sagen und staunte über ihre Geistesgegenwart. Bluffte sie nur oder kannte sie den Fahrplan tatsächlich?

Der Busbahnhof ist in der Gegenrichtung!, schrien sie den Rikschafahrer an. Wohin fährst du sie? Der arme Mann stotterte vor Angst. Er hätte uns gar nicht mitnehmen wollen, er sei bloß auf dem Weg nach Hause. Diese Frauen hätten mitgewollt, egal in welche Richtung.

Aussteigen!

Wir stiegen aus, und ich begann fieberhaft, mir eine einigermaßen glaubwürdige Geschichte auszudenken.

Wir wollten unsere Verwandten in Peschawar besuchen, konnten sie aber an ihrer alten Adresse nicht finden. Vielleicht sind sie umgezogen? Nun bleibt uns nichts anderes übrig, als zurück nach Lahor zu fahren.

Plötzlich deutete einer der Polizisten auf meine Schwester, und zwar genau an die Stelle, wo unter ihrem großen Kopftuch die Pistole steckte.

Was ist das?

Ich drehte mich zu meiner Schwester, zog ihr das Tuch noch enger um den Hals und sagte ernst und entschlossen: Fassen Sie sie ja nicht an!

So gab ich zu verstehen, dass er es mit zwei ehrbaren Frauen zu tun hatte, und dass ich als die Ältere – in Ermangelung eines männlichen Familienmitglieds – über die Ehre der Jüngeren wachte. Das beeindruckte ihn, und er wich einen Schritt zurück.

Meine Schwester vermutete richtig, dass der Polizist das Glitzern ihrer Brosche auf ihrem Kleid gesehen hatte. Sie holte sie unter ihrem Kopftuch hervor und hielt sie der Polizistin hin.

Es ist nur eine Brosche, wollen Sie sie haben?

Unsere Vernehmung schien zu Ende zu sein, und der Polizist befahl dem Rikschafahrer, uns auf direktem Weg zum Busbahnhof zu fahren.

Ohne Umwege!, warnte er.

Kaum hatten wir uns am Busbahnhof zu etwa zwanzig Wartenden auf den Boden gesetzt, fuhren zwei Rikschas vor und entließen jeweils zwei Männer. Sie bahnten sich den Weg durch die wartende Menge und schauten den Leuten ins Gesicht. Ich legte meinen Kopf auf den Schoß meiner Schwester und stellte mich schlafend. Sie bedeckte meinen Körper, vor allem aber meine Jeans mit ihrem großen Kopftuch und ließ ihr eigenes Gesicht bis auf zwei Sehschlitze vollständig unter dem Schleier verschwinden.

Die vier Männer ließen sich ebenfalls auf dem Boden nieder. Als die Fahrgäste begannen, in den Bus zu steigen, konnte ich mich nicht mehr verstecken. Rasch ließ ich mir die Pistole von meiner Schwester zurückgeben, steckte sie tief in den Hosenbund und zog mein Karohemd darüber. Sie sollen es nur wagen, uns jetzt noch aufzuhalten!, hörte ich es in meinem Kopf dröhnen.

Von der Irrfahrt, die nun anbrach, ist Folgendes erzählenswert: Insgesamt waren wir fünf Tage und fünf Nächte quer durch Pakistan unterwegs. Ziellos sprangen wir auf abfahrende Züge, stiegen in Busse, die in irgendeine Richtung fuhren, ließen uns mitten auf der Strecke absetzen und nahmen den anderen Bus, der gerade in die Gegenrichtung fuhr. Wir schliefen kaum und ernährten uns von dem, was unterwegs von fahrenden Händlern angeboten wurde. Immer wieder hielten wir Ausschau nach Männern, die uns verfolgten.

Am Ende waren von unseren vier Verfolgern, die sich an dem Busbahnhof an unsere Fersen geheftet hatten, nur zwei übrig. Egal, wo wir uns aufhielten, in welche Richtung wir auch fuhren, stets hatten wir den Eindruck, von diesen Männern verfolgt zu werden. Oder bildeten wir uns das alles nur ein? An ihre Gesichter konnten wir uns schon längst nicht mehr erinnern. Sind es diese?, fragten wir uns abwechselnd, wenn wieder einmal zwei mit uns ausstiegen, um wie wir selbst den Bus in die Gegenrichtung zu nehmen. Oder war das bloß Zufall?

Am sechsten Tag landeten wir schließlich in einem Drecknest namens Gudschrat, dessen Straßen mit getrocknetem Pferdemist förmlich gepflastert waren. Wir mieteten uns in eine Art Pension ein, doch kaum hatten wir unsere Koffer geöffnet, hörten wir schon das Klappern von Schlüsseln an der gegenüberliegenden Zimmertür. Ich lugte durch einen Spalt in unserer Tür und sah den Rücken zweier Männer. Nun hatte ich es endgültig satt. Ich wollte nicht mehr fliehen. Ich wollte es jetzt genau wissen.

Ich nahm mir eine Zigarette aus der Schachtel und klopfte an die Tür der beiden Männer. Durch einen schmalen Schlitz sah mich ein kleiner schmächtiger Mann mit ängstlichen Augen an.

Was wollen Sie?, fragte er auf Paschtu.

Haben Sie Streichhölzer?, fragte ich auf Englisch und deutete auf meine Zigarette. Ich hörte das Geräusch der Dusche.

Er machte die Tür schnell wieder zu, reichte mir Sekunden später durch den Türspalt eine Schachtel Streichhölzer und schloss sofort ab. Meine Schwester stand die ganze Zeit an der offenen Tür und beobachtete die Szene.

Wir waren uns einig: Dieser ängstliche Mann konnte nicht unser Verfolger sein. Wir hatten sie abgehängt! Nun konnten wir in Ruhe duschen und uns saubere Sachen anziehen. Meine Schwester sollte nun auch Hose und Hemd tragen. So waren wir beide Touristinnen und konnten uns freier bewegen.

Auf der Straße kamen wir mit dem einzigen Mann ins Gespräch, der in diesem Nest einen dunklen Anzug trug – eine auffällige und für die pakistanische Hitze unpraktische Kleidung. Mit seiner dunklen Sonnenbrille wirkte er hier ebenso fremd wie wir. Ich fragte ihn auf Englisch, ob er wusste, wo es hier eine Bank gebe.

Heute ist Freitag, da haben die Banken geschlossen.

Er arbeite in Karatschi, erzählte er uns, und sei zu Besuch bei seiner Familie. Er bot uns an, mit der Pferdekutsche eine Besichtigungsfahrt durch seine Stadt zu unternehmen, wie er sein Kaff nannte. Stolz führte er uns die Moschee vor, als sei es die Peterskirche in Rom, und wir atmeten so viel Pferdemist ein wie noch nie zuvor in unserem Leben.

Ich habe über diese Besichtigungsfahrt in einer Pferdekutsche oft nachgedacht. Gerade noch wollten wir uns tagelang vor realen oder eingebildeten Verfolgern verstecken, sie abschütteln, unsere Fährte verwischen, und dann setzten wir uns in eine Kutsche und fuhren für alle sichtbar mit einem fremden Mann gemächlich durch die Straßen!

Es gab noch etwas anderes, was mir von dieser fünftägigen Flucht als einmalige Erfahrung in Erinnerung geblieben ist: Ich hatte überhaupt keine Angst. Was doch eine Pistole im Hosenbund ausmacht! So furchtlos müssen sich Rasul und alle Männer seines Schlages fühlen, wenn sie durchs Leben gehen. Ich verstand plötzlich, warum Männer gerne Waffen tragen. Es war im wahrsten Sinn des Wortes ein erhabenes Gefühl, dem ich manchmal nachtrauere. Die Pistole ließen wir später in der Pension in Gudschrat zurück. Meine Schwester versteckte sie im Stromkasten an der Zimmerwand. Spätestens beim nächsten Kurzschluss wird man sie finden, sagte sie.

Am nächsten Tag gingen wir zur Bank, um meine Schecks einzulösen. Ich fragte den Angestellten, ob ich kurz seine Schreibmaschine benutzen dürfte und ließ mir von ihm ein Blatt Papier geben. Ich tippte die Zahl E 26493079 mehrmals mit einigen Leerzeilen dazwischen, zog das Blatt heraus, faltete es zusammen und steckte es in die Hosentasche. Meine Schwester sah mich fragend an.

Unterwegs kaufte ich eine Schere und eine Tube Klebstoff. In unserem Pensionszimmer schnitt ich die Zahlen heraus und klebte sie in den Pass von Vogelgesicht, in die Rubriken für Geschlecht, Größe und Berufsbezeichnung. Dann entfernte ich sorgfältig sein Foto, zerriss es und warf die Schnipsel in den Papierkorb. Was ich mir bei dieser Zahl gedacht hatte, weiß ich bis heute nicht. Auch seine Mitgliedskarten wanderten in den Papierkorb.

Jetzt kann er nicht mehr auf seine Parteien zurückgreifen, sagte meine Schwester mit Genugtuung. Jetzt muss er zusehen, wie er sich neue Privilegien erkauft.

Ich bewunderte meine Schwester für so viel Weitsicht.

Wir ließen Passfotos meiner Schwester anfertigen. Beim Einkleben der Fotos stellten wir aber fest, dass der Stempel, der zur Hälfte auf dem Foto von Vogelgesicht und zur anderen auf dem Pass aufgedruckt war, einer von der Art war, die einen farblosen Abdruck auf dem Papier hinterlässt. Sichtbar war die Hälfte eines Halbmonds und die Hälfte eines Sterns in der Mitte des

Halbmonds. Vogelgesicht hatte sich wahrscheinlich von einem der zahlreichen saudi-arabischen oder türkischen Büros, die in den Flüchtlingslagern ihr Unwesen trieben, einen Pass ausstellen lassen.

Meine Schwester erwies sich als wahre Expertin für das Fälschen solcher Stempel. Sie weichte ihr Foto in einem Glas Wasser auf und prägte dann mit einem Kugelschreiber mit eingezogener Mine auf der Rückseite die fehlende Hälfte von Halbmond und Stern ein. Auf der Vorderseite des Fotos hob sich die Zeichnung als farblose Erhebung ab.

Nun warten wir, bis es trocken ist, sagte sie und lehnte sich zufrieden in ihrem Sessel zurück.

Danach klebte sie das Foto so in den Pass, dass die beiden Hälften des Stempels genau zueinander passten. Ich war erstaunt über so viel Geschicklichkeit und gespannt, ob ihre Arbeit den Realitätstest bestehen würde.

Am nächsten Tag nahmen wir den Bus nach Lahor und gingen sofort zu Air India. Ich schob der Frau hinter dem Schalter unsere beiden Pässe hin und verlangte zwei Flugtickets nach Delhi.

Falls der Schwindel auffliegt, hauen wir einfach ab, sagte ich meiner Schwester auf Deutsch. (Karim hatte bei mir in der WG etwas Deutsch gelernt.) Die Frau kann uns nicht festhalten.

Aber die Fälschung flog nicht auf. Mit den beiden Flugtickets in der Tasche bestiegen wir erleichtert das Taxi zum Flughafen. Als zweite Hürde standen uns noch die pakistanischen Beamten bevor.

Vogelgesicht hatte in seinem Pass sogar einen Aufenthaltsstempel für Pakistan, dessen Gültigkeit aber vor fünf Tagen abgelaufen war. Ich trat auf den Schalter zu, an dem die Tickets und Pässe kontrolliert wurden, zeigte auf meine abseits stehende Schwester und sagte leise zu dem Beamten hinter dem Schalter: Sehen Sie die Dame dort? Das ist ihr Pass. Sie hat ihren Aufenthalt in Pakistan um fünf Tage überzogen. Wir könnten nach Islamabad fahren und ein Ausreisevisum beantragen, oder

Sie könnten fünfhundert Rupien nehmen und uns diesen Umweg ersparen.

Der Beamte blickte sich nervös um, obwohl ich die Einzige war, die an seinem Schalter stand. Dann winkte er mir, ihm zu folgen. Gedankenverloren blätterte er im Pass meiner Schwester und kämpfte mit einer Entscheidung.

Gut, geben Sie mir das Geld, presste er schließlich hervor.

Während des Flugs sorgte sich meine Schwester um die dritte Hürde.

Mach dir keine Sorgen, in Delhi bin ich zu Hause. Hauptsache, wir sind aus Pakistan raus.

Auf dem Flughafen Delhi zeigte meine Schwester abermals ihre subversive Begabung. Mit Charme und Koketterie brachte sie den Passbeamten so sehr in Verlegenheit, dass er vor lauter Nervosität den Bügel ihrer Sonnenbrille zerbrach, die sie beiläufig vor ihm auf den Tisch gelegt hatte. Die Situation war ihm nun noch peinlicher, und er entschuldigte sich in einem fort. Über all dem vergaß er, auch nur einen Blick in ihren Pass zu werfen. Ganz ohne Stempel reiste Karim unbehelligt nach Indien ein.

In Delhi lernte meine Schwester den Sympathisanten kennen.

Von irgendwoher kenne ich den, wiederholte sie mehrmals.

Und dann plötzlich fiel es ihr ein: Sieh dir doch seine Augen an! Erkennst du nicht diesen fiebrigen olivgrünen Blick? Lass mich ihm nur einige Fragen stellen, und du wirst dich wundern, sagte meine Schwester geheimnisvoll.

Sie fragte ihn, ob er den Kommandeur kenne.

Ja, er ist mein Onkel.

Dann nannte sie ihm die Namen der Brüder des Kommandeurs.

Ja, der eine ist mein Vater, die anderen sind meine Onkel, antwortete der Sympathisant. Und so ging es weiter, bis wir die gesamte Familie beisammenhatten.

Jetzt wurde er neugierig. Als er erfuhr, dass er es mit Paris Töchtern zu tun hatte, fing er an zu schimpfen.

Diese verdammten Feudalherren! Sie heiraten im ganzen Land und kennen ihre eigenen Kinder nicht. Bald werden sich noch Geschwister untereinander vermählen, ohne es zu wissen.

Am nächsten Tag stellte er uns einen gebildeten älteren Herrn vor, der unter König Saher Schah in Kabul Oberster Richter gewesen war. Er war mit einer der Töchter des Kommandeurs verheiratet und hatte Pari persönlich gekannt. Sie genieße in seinem Clan immer noch großen Respekt, sagte er. Er fühle sich geehrt, die Töchter dieser stolzen Frau kennen zu lernen.

Seit diesem Tag stellte mich der Sympathisant stets als seine Kusine vor. Auf den Kommandeur war er nicht gut zu sprechen. Einer von dessen Brüdern hatte sich in Dschalalabad in eine verheiratete Frau verliebt und sie entführt. Es entstand eine Familienfehde, die leicht in einer Blutrache hätte enden können. Doch berief der Kommandeur eine Dschirga ein, und die beiden Clans einigten sich rasch: Der geschädigte Ehemann sollte als Ersatz für seine entführte Ehefrau drei Jungfrauen erhalten. Drei Brüder des Kommandeurs mit heiratsfähigen Töchtern mussten je eine Tochter abgeben, darunter auch eine Schwester des Sympathisanten, die an der Universität Kabul Medizin studierte. Er konnte es dem Kommandeur nicht verzeihen, dass er über sie verfügt hatte wie über eine Ware.

Während der kurzen Zeit der Ruhe in Delhi erzählte mir meine Schwester, was sich seit dem Einmarsch der Roten Armee in Afghanistan abgespielt hatte. Ich wusste, dass die Sowjets Unsummen in den Krieg investierten und dabei waren, sich selbst auszubluten. Ich wusste, dass sich die Opposition gegen die Sowjets und die Marionette Karmal schon Anfang 1980 im ganzen Land formiert und sich in Afghanistan und auf der pakistanischen Seite der Grenze in mehrere regionale Gruppen, die sich Mudschaheddin (Krieger) nannten, zusammengeschlossen hatte. Und dass die gewaltsamen Spannungen zwischen Khalq und Partscham weitergingen. Und vor allem wusste ich, dass Nadschibullah, damals Chef des (am Vorbild des KGB strukturierten) afghanischen Geheimdienstes KHAD, ein Schlächter war, der regelrecht Jagd auf vermeintliche Gegner des Regimes machte und nicht einmal Schulkinder verschonte.

Sofort nach ihrer Rückkehr hatte meine Schwester versucht, einen Pass für ihren Mann und ihren Sohn zu beantragen, um das Land legal zu verlassen. Es gelang ihr erst nach zwei Jahren, nachdem sie Unsummen an Bestechungsgeldern ausgegeben hatte.

In der Zwischenzeit hatte sie sich gefährlich tief in den Widerstand verstrickt.

Sie hatte einen Nachbarn, früher Dekan der Universität Kabul, nun aber durch eine Schussverletzung querschnittsgelähmt. Er hatte zahlreiche Verbindungen zu allen möglichen Leuten (im Widerstand ebenso wie in Regierungskreisen). Während er meiner Schwester bei der Beschaffung der Pässe behilflich war, bat er sie, Nachrichten an irgendwelche Personen zu übermitteln. Aus diesen anfänglich harmlosen Gefälligkeitsdiensten wurde im Lauf der Zeit eine handfeste Zusammenarbeit mit dem Widerstand. Sie kaufte in Apotheken Medikamente und Verbandsmaterial (jeden Tag eine kleine Menge und bei wechselnden Apotheken, damit es nicht auffiel) und lagerte die Sachen im Keller ihres Hauses, bis jemand vorbeikam und sie abholte. Nach der gleichen Methode besorgte sie Männerkleidung, Wollsocken und feste Schuhe auf den Märkten.

Eines Abends kam die Haushälterin des Gelähmten in seinem Auftrag zu meiner Schwester herüber und bat sie mitzukommen. Es herrschte bereits Ausgangssperre, aber natürlich ging Karim mit. Sie traf ihren Nachbarn mit einigen Männern an, sie sahen müde und abgespannt aus. Der Gelähmte fragte meine Schwester, ob sie die Männer für eine Nacht im Keller ihres

Hauses übernachten lassen könne. Es sei zu spät für sie, sich jetzt noch eine Unterkunft zu suchen.

Und so ging es weiter. Immer öfter suchten die Widerstandskämpfer bei ihr Zuflucht – auch am Tag, wenn sie sich vom KHAD verfolgt fühlten. Einmal kam ein Soldat zu ihr, zog seine Uniform aus und vergrub sie im Keller. Er wolle desertieren, sagte er, er wolle nicht gegen seine eigenen Brüder kämpfen.

Dies alles tat meine Schwester ohne Wissen ihres Ehemannes! Er hatte nicht die geringste Ahnung, dass in seinem eigenen Keller zeitweise vier bis fünf Männer übernachteten.

Die einzige Verbündete, die meine Schwester in dieser gefährlichen Zeit hatte, war ihre Haushälterin, eine ältere Frau aus dem Volk der Hasara. Sie gab den Männern zu essen, während meine Schwester oben das Abendessen mit ihrem Mann und ihrem Sohn einnahm. Sie versorgte sie mit Decken und Bettzeug, achtete darauf, dass sie nach dem Ende der Ausgangssperre im Morgengrauen leise und unbemerkt das Haus verließen. Und sie tröstete meine Schwester, wenn sie vor Sehnsucht nach Zuny fast krank wurde. Ohne die Fürsorge dieser alten Frau hätte sie die Zeit in Kabul nicht überlebt, sagte Karim. Sie wäre längst aufgeflogen und verhaftet worden.

Doch eines Tages passierte es: An einem Nachmittag fiel eine Horde Soldaten mit Kalaschnikows, KHAD-Mitarbeiter in Zivil und Polizisten in Uniform – insgesamt einundzwanzig Mann – in ihr Haus ein. Einige drangen durch das Tor, das die Haushälterin ihnen öffnete, andere stiegen über die Mauer in den Garten ein, verteilten sich über das zweistöckige Haus und übersahen auch nicht den Keller.

Während einige in den oberen Räumen wüteten, schleppten andere die Kisten mit den Sachen in den Garten. Sie rissen alles aus den Schränken und schlitzten Polster und Kissen auf. Zwei Frauen in Uniform hielten meine Schwester an beiden Armen fest und beobachteten das Treiben der Männer.

Aus dem Keller kam einer mit der vergrabenen Uniform und

schrie meine Schwester an, wo sie die Leiche des Soldaten vergraben habe.

Karim bewahrte kühlen Kopf. Sie beobachtete die Horde genau und suchte sich den Leitwolf als Ansprechpartner aus.

Kann ich Sie unter vier Augen sprechen, forderte sie, als sie es satt hatte, weiter angeschrien zu werden.

Ein solche sachliche Reaktion hatte er vermutlich bei einer Durchsuchung noch nie erlebt, und er ließ sich tatsächlich von meiner Schwester in ein Zimmer im zweiten Stock führen – ihr Schlafzimmer. Sie schloss hinter sich die Tür ab und sagte in ruhigem Ton: Möchten Sie heute Abend reich werden?

Er schwieg und wartete ab.

Meine Schwester schob den an der Wand hängenden eingerahmten Seidenteppich zur Seite, hinter dem sich ein Safe befand, in dem ihr Mann die Wertsachen aus seinem Juweliergeschäft aufbewahrte. Sie machte die Safetür weit auf und trat zur Seite, um dem Leitwolf den Blick freizugeben.

Er stand immer noch reglos da und konnte sich nicht entscheiden.

Bedienen Sie sich, es gehört alles Ihnen.

Sie holte aus einer Ecke des Zimmers die Schultasche ihres Sohnes und hielt sie ihm hin.

Nehmen sie die Tasche und packen Sie hinein, was Sie wollen. Sagen Sie den anderen, Sie hätten einige wichtige Dokumente beschlagnahmt, die Sie persönlich untersuchen wollen. – Erlauben Sie mir, heute Nacht hier zu bleiben. Sagen Sie den anderen, dass Sie mich morgen abholen lassen. Ihnen wird schon etwas einfallen.

Sie schob ihn sanft an den Safe heran.

Wie betäubt griff er immer von neuem hinein und stopfte alles in die Schultasche. Er muss sich vorgekommen sein wie im Märchen von Ali Baba und den vierzig Räubern. Meine Schwester ließ er für diese Nacht in Ruhe. So etwas dürfte es – noch dazu bei derart erdrückender Beweislast – äußerst selten gegeben haben. In dieser Zeit wurden Menschen beim geringsten Verdacht abgeholt, verschwanden, und ihre Angehörigen erfuhren nie, wohin man sie gebracht hatte.

Karims Mann kam wie immer vor der Polizeistunde nach Hause und staunte nicht schlecht über die Unordnung im Haus. Meine Schwester sagte ihm lediglich, es habe eine routinemäßige Durchsuchung gegeben.

Sie müssen sich wie die Wilden aufgeführt haben, war sein einziger Kommentar.

Nachdem ihr Mann am nächsten Tag das Haus verlassen hatte, verabschiedete sich Karim von der Haushälterin und ihrem gelähmten Nachbarn. Der Hasara-Frau trug sie auf, sich alles zu nehmen, was sie gebrauchen konnte, das Haustor aber nicht abzuschließen, damit niemand Verdacht schöpfte.

Ach, Bibi Dschan, sagte sie, ich brauche nichts. Ich war darauf vorbereitet, dass Sie eines Tages das Land verlassen würden. Ich gehe in die Berge zu meinen Leuten und werde unsere Arbeit dort fortsetzen.

Der gelähmte Nachbar gab ihr eine Adresse in Dschalalabad. Dort wohnte ein Mann mit zwei Ehefrauen, seiner alten Mutter und einer Schar Kinder. Karim sollte eine Weile bei ihnen wohnen, bis sich an der Grenze zu Pakistan eine günstige Gelegenheit bot.

In der Zwischenzeit hatte der Widerstand alle Ebenen der Regierung und der Bürokratie infiltriert. Die Sowjets konnten zwischen Freund und Feind nicht unterscheiden. Selbst ihre afghanischen Verbündeten hatten den Überblick verloren.

Nach zwei Wochen gab der Gastgeber Karim grünes Licht. Eine Woche lang würden seine Freunde auf der afghanischen Seite der Grenze Dienst tun. Karim, sagte er, könne problemlos die Grenze passieren.

Eine seiner Frauen gab ihr eine Burqa.

Als hätte er auf sie gewartet, öffnete ihr auf der afghanischen Seite der Grenze ein Mann wortlos die Kette und ließ sie durch.

Auf der pakistanischen Seite wurde sie von zwei Polizisten erwartet. Sie nahmen sie fest und übergaben sie zwei schwer bewaffneten Mudschaheddin. Jeder anderen Frau (und wohl auch jedem Mann) hätte schon ihr Äußeres das Blut in den Adern gefrieren lassen, nicht aber meiner Schwester. Sie waren sehr groß und hatten um Brust und Schultern kreuz und quer Patronengürtel geschlungen. Jeder trug eine Kalaschnikow. Ihre Gesichter waren von pechschwarzen Bärten fast zugewachsen, und unter ihren schweren Turbanen prangte die dichte Haarmatte der Menschen aus den Bergen, die schon Pari als Kind bei Abdullah bestaunt hatte. Ihre Augen waren ruhig, doch ihre Blicke schienen Karims Burqa zu durchbohren.

Wie viele Russen haben diese beiden wohl schon getötet?, fragte sich meine Schwester und empfand Stolz auf ihre paschtunische Herkunft.

Sie setzten sie in einen Jeep und brausten mit ihr in die Berge.

Dass paschtunische Männer schroff waren und jeden überflüssigen Wortwechsel mit fremden Frauen mieden, war meiner Schwester bekannt. Sie wunderte sich also nicht über ihre schweigsamen Begleiter, die während der halbstündigen Fahrt kein einziges Wort an sie richteten. Es musste wohl ihr Auftrag sein, sie an der Grenze aufzufangen und nach Peschawar zu bringen, dachte sie.

Doch da täuschte sie sich schwer.

Da ihr Grenzübertritt so glatt vor sich gegangen war, hielten die pakistanischen Beamten und die beiden Mudschaheddin sie für eine Kollaborateurin, die nach Pakistan ging, um Spitzel für die Sowjets anzuwerben.

Spätestens, als die Männer sie aussteigen ließen und in einen Hof voller Männer führten, wusste Karim Bescheid. Sie sperrten sie in einen fensterlosen Raum, in den spärliches Tageslicht durch eine viereckige Öffnung über der Tür drang. Im Raum stand nichts als ein tönerner Wasserkrug.

Sie nahm den Krug und hämmerte damit an die Tür, bis er

zerbrach. Sie schleuderte die einzelnen Scherben aus der Öffnung über der Tür in den Hof und schrie unentwegt, dass man sie hinauslassen solle. Als die Männer das Geschrei nicht mehr ertragen konnten, öffneten sie die Tür und brüllten sie ihrerseits an.

Du hast wohl gedacht, du könntest unbemerkt für die Russen spionieren!

Meine Schwester konnte sich an einen Namen erinnern, den der Gelähmte einmal beiläufig erwähnt hatte. Sie wusste, dass er ein wichtiger Mann in irgendeiner Widerstandspartei in Peschawar war. Sie verlangte, dass sie sofort zu ihm gebracht würde.

Er weiß, dass ich kein Spitzel bin. Ich werde selbst vom KHAD gesucht.

Der Name des wichtigen Mannes verfehlte seinen Eindruck nicht. Die Männer wurden unsicher und versprachen, ihre Aussage zu überprüfen.

Meine Schwester machte ihnen klar, dass sie nicht bereit sei, in diesem Gefängnis zu übernachten. Also setzten sie sie wieder in den Jeep und brachten sie in ein nahe gelegenes Dorf bei einer paschtunischen Familie unter. Den Mudschaheddin gab sie eine Nachricht für den wichtigen Mann mit. Sie sprach ihn mit »Bruder« an und unterschrieb mit Karima, um weitere Missverständnisse zu vermeiden.

Am nächsten Tag fuhren zwei Jeeps vor. In einem saßen die ihr schon bekannten Männer, im anderen ein noch furchterregenderes Exemplar von Mudschahed, der sich Tufan (Taifun) nannte.

Tufan stürmte wie ein wahrer Taifun in den Hof, grinste über beide Ohren und rief: Kommen Sie mit, Schwester! Das Missverständnis ist geklärt. Herr – es folgte der Name des wichtigen Mannes – erwartet Sie.

Aber meine Schwester hatte das Vertrauen zu ihren Landsleuten verloren. Um keinen Preis wollte sie in Tufans Jeep steigen und bestand darauf, mit dem Bus nach Peschawar zu fahren.

Die beiden Männer begleiteten sie zur Bushaltestelle, und sie suchte sich im Bus einen Fensterplatz.

Taifun begleitete sie neben dem Bus im Jeep, und schickte ihr von Zeit zur Zeit ein Lächeln, das vor weißen Zähnen nur so blitzte.

In Peschawar angekommen, schrieb mir Karim ihren ersten Brief nach Delhi, und es begann das nächste Kapitel meiner Rettungsaktion.

DEUTSCHLAND

Nun ging es darum, die Einreise meiner Schwester und meines Neffen in die Bundesrepublik zu organisieren. Wir schrieben das Jahr 1982. Ich ließ die beiden in der Obhut des Sympathisanten, versprach, ihnen so bald wie möglich das benötigte Geld für die Schlepper zu schicken, und kehrte mit Zuny nach Berlin zurück.

Und wieder stand ich in einem Flughafen, an der einen Hand Zuny, in der anderen den Koffer, und wusste nicht wohin. Ich rief einen holländischen Freund an, den ich seit Jahren kannte.

Möchtest du ein Taxi nehmen oder soll ich dich abholen?

Ich nahm ein Taxi. Eine Woche wohnten wir bei ihm, dann fand ich für uns ein Gästezimmer in einem selbstverwalteten Studentenheim im Grunewald und schickte Zuny in die nächstgelegene Grundschule.

Ich hatte nichts anzuziehen. Bei der Anprobe in der Damenabteilung eines Kaufhauses passte mir keine einzige Hose. Schließlich fand ich in der Kinderabteilung etwas Passendes – eine Hose für ein zwölfjähriges Kind. Erst da wurde mir bewusst, dass ich nur noch vierzig Kilo wog. Oft nahm ich meine Umgebung nur wie in Trance wahr. Manchmal lief ich durch vertraute Straßen und wusste nicht, wo ich mich befand. Andauernd musste ich mich zusammenreißen und neu orientieren.

Als ich nach drei Monaten immer noch im Studentenheim wohnte, berief der Studentenrat eine Hausversammlung ein und unterzog mich einer Prüfung. Sie stellten mir viele Fragen, überprüften meine politische Gesinnung, fragten mich, ob ich sowjettreue Kommunistin oder Maoistin sei, ob Trotzki meiner Meinung nach ein Revolutionär oder ein Revisionist war, ob ich die katholische Kirche als Staat im Staate betrachtete und wie ich ihre Entscheidung beurteilen würde, wenn sie mir das Zimmer verweigerten.

Ich bestand die Prüfung nicht – ich war ihnen zu unpolitisch. Innerhalb einer Woche sollte ich ausziehen. Ich weigerte mich. Ich sei Studentin, verteidigte ich mich (ich war immer noch an der Uni eingeschrieben), hätte ein Kind zu versorgen und würde so lange bleiben, bis ich eine Wohnung gefunden hatte. Sie drohten mir, sie würden das Schloss meines Zimmers auswechseln. Ich drohte, ich würde das Schloss aufbrechen, sie könnten dann ruhig die Bullen rufen. Sie nannten mich reaktionär, weil ich die Stirn hatte, die Polizei überhaupt zu erwähnen. Schließlich ließen sie mich in Ruhe und behandelten mich und Zuny wie Luft, wenn ich uns in der Küche etwas zu essen machte.

Zu erwähnen bleibt, dass dieses Heim mehrheitlich von ausländischen Studenten bewohnt und bei der besagten Versammlung nur ein einziger Deutscher anwesend war – er führte das Protokoll und war der Meinung, ein Kind solle nicht ausschließlich unter Erwachsenen leben, wie es im Studentenheim der Fall war. Diese ausländischen Studenten gehörten der Elite ihres jeweiligen Landes an. Sie übten sich bei solchen Versammlungen in dem, was sie unter Demokratie verstanden, und würden eines Tages in ihre Heimat zurückkehren und je nach politischem Klima als Revolutionäre oder Demokraten wichtige Ämter bekleiden.

In Berlin eine Wohnung zu finden, kam einer Odyssee gleich, nicht unähnlich meiner Erfahrung in Kabul, wenn auch aus anderen Gründen. Sechs Monate rief ich täglich bei Gebäudeverwaltungen an oder stellte mich persönlich vor. Niemand wollte einer Studentin mit einem Kind, das noch dazu nicht ihr eigenes war, eine Wohnung vermieten. Dass irgendwann auch meine Schwester und ihr Sohn – Kriegsflüchtlinge auf der Suche nach Asyl – einziehen würden, machte das Unterfangen nicht einfacher.

Ich hatte in dieser Zeit mehrere Jobs, im Krankenhaus und als Putzfrau, konnte aber niemals genug verdienen, um die indischen Schlepper zu bezahlen. Wieder rief ich meinen holländischen Freund an und bat um zehntausend Mark.

Soll ich dir das Geld überweisen oder soll ich es vorbeibringen?

Er brachte es vorbei, und ich überwies es umgehend an meine Schwester. Aufgabe eins war damit erledigt.

Mittlerweile spiegelte sich die politische Entwicklung Afghanistans auch bei den Exilafghanen wider. Sie fanden sich in verschiedenen Gruppierungen zusammen, die mit den unterschiedlichen Kriegsparteien sympathisierten. Meine politische Gruppe in Berlin wollte mich bei einer der zahlreichen Versammlungen, wo wie immer die Lage der Nation debattiert wurde, vor etwa hundert Afghanen über meine Eindrücke von Indien und Pakistan sprechen lassen. Davon wollte der Großteil des Publikums nichts wissen. Ich sei nicht in politischer Mission dort gewesen, meinten einige, an meinen privaten Eindrücken seien sie nicht interessiert.

Bei meiner Suche nach einer Wohnung fragte ich täglich im Studentenwerk der Technischen Universität nach einem Untermietzimmer. Der dort arbeitende Student machte mich auf einen Zettel aufmerksam, der an die Pinnwand geheftet war: drei Zimmer, Außentoilette, Duschkabine in der Küche, Ofenheizung, Hinterhof, 300 DM kalt, ohne Kaution und Maklerprovision. Dass man ausgerechnet mir eine solche Wohnung überlassen würde, hielt ich nach meinen bisherigen Erfahrungen für unwahrscheinlich. Die Leute vermieteten an Menschen in geordneten Verhältnissen, die konnte ich nicht anbieten. Entmutigt verließ ich das Studentenwerk. Doch der Student lief mir hinterher und drückte mir den Zettel in die Hand.

Ruf doch wenigstens an, die Frau am Telefon klang sehr sympathisch. Ich glaube, sie ist eine von uns. – Eine Linke, fügte er eilig hinzu, als er meinen fragenden Blick sah.

Und so war es. Sie war vor allem eine Menschenfreundin. Ich weiß nicht, was ich ihr von meiner Familie erzählte, ich weiß nur, dass ich wie ein Wasserfall redete. Später gab sie zu, es sei alles viel zu verworren gewesen, sie habe wenig verstanden. Sie wusste nur, dass sie mir die Wohnung geben wollte. Als mein Redefluss irgendwann verebbte, legte sie mir den Schlüssel auf den Tisch. Aufgabe zwei war nun auch erledigt. Ich war bereit, meine Schwester zu empfangen.

Wann kommst du nach Deutschland?, fragte ich bei einem unserer Telefongespräche, die wir alle paar Wochen führten.

Karim brach in Tränen aus, und dann war plötzlich die Stimme des Sympathisanten in der Leitung. Der indische Schlepper sei mit dem Geld meiner Schwester und mit dem mehrerer anderer afghanischer Familien verschwunden. Sie belagerten täglich sein Haus, aber dort fanden sie immer nur die alten Eltern des Schleppers vor. Vom Sohn keine Spur. Ich war empört über so viel Hilflosigkeit und Resignation. Es war, als ob er uns sagen wollte: Seinem Schicksal kann man nicht entrinnen.

Und wieder bekam ich einen meiner Wutanfälle. Was erzählst du da?, schrie ich in den Hörer. Wenn alle Mobaresin (Widerstandskämpfer) so denken würden wie du, könnten wir Afghanistan gleich den Russen überlassen. Ein Glück, dass du kein Mobares bist, sondern nur ein Sympathisant! Und legte auf.

Später erzählte mir meine Schwester, er habe nach dem Gespräch vor Wut gezittert. Er rannte zur Familie des Schleppers, meine Schwester hinterher, stürmte durch die offene Haustür direkt ins Schlafzimmer und packte den alten Vater mit beiden Händen an der Gurgel, sodass sich die Augen verdrehten und das Gesicht blau anlief. Seine Frau rannte kreischend aus dem Haus. Im Nu entstand ein Auflauf, und die Polizei wurde gerufen. Meine Schwester bangte erst um das Leben des alten Mannes, fürchtete dann aber, zusammen mit dem Sympathisanten von den Hindus gelyncht zu werden. Doch die Polizisten kämpften sich bald den Weg durch die Menge und verhafteten beide im Schlafzimmer.

Auf dem Polizeirevier versprach der alte Mann, seinen Sohn ausfindig zu machen und dafür zu sorgen, dass meine Schwester nach Deutschland käme. Der Sympathisant verbrachte die Nacht im Polizeigefängnis.

Wie ich mir Zugang zum Transitbereich des Frankfurter Flughafens verschaffte, bleibt mein Fluchthelfergeheimnis.

In einen Schal gewickelt, stand meine Schwester eingeschüchtert und ängstlich mit ihrem Sohn in der Schlange vor dem Transitschalter. Mein Herz klopfte wild. Hoffentlich hatte man ihnen halbwegs brauchbare Pässe besorgt, hoffentlich flog der ganze Schwindel bei der Kontrolle nicht auf, hoffentlich nahm man sie nicht fest, hoffentlich setzte man sie nicht geradewegs in die nächste Maschine nach Indien, hoffentlich, hoffentlich …

Sie passierten die Schranke, und ich schloss sie in die Arme. Wir weinten nicht, denn noch stand uns eine weitere Hürde bevor.

Im Transitraum war ein Büro für Asylbewerber eingerichtet worden, von dem ich nicht wusste, wo es sich befand. Ich ging also mit den beiden in das nächstliegende Büro, in dem einige Grenzbeamte saßen.

Diese Frau und ihr Sohn sind Afghanen und bitten in Deutschland um politisches Asyl, sagte ich wie auswendig gelernt.

Totenstille. Sie schauten sich gegenseitig an, und einer sagte mit zynischem Unterton: Alles bestens organisiert! Dann drehte er sich zu uns, streckte den Arm aus und deutete befehlend mit dem Zeigefinger zur Tür.

Rrrraus!

Das Gefühl der Scham war überwältigend. Ich schämte mich, dass es uns gab, ich schämte mich, dass ich eine Schwester hatte, ich schämte mich, dass sie um Asyl ansuchen wollte. Ich wünschte mir, wir würden allesamt auf der Stelle tot umfallen. Noch ahnte ich nicht, wie oft ich mich noch würde schämen müssen.

Fluchtartig verließen wir das Büro des brüllenden Beamten. Ein paar Ecken weiter befand sich, abgeschirmt vor den Blicken der internationalen Passagiere, ein mit Brettern verschlagener Raum, der eigens für Asylbewerber eingerichtet worden war. Ich wiederholte – nun schon wesentlich kleinlauter – meinen Spruch und war dankbar, dass sich die Beamten hier einigermaßen zivil verhielten. Sie nahmen die Personalien der beiden auf und führten sie in einen anderen Verschlag, in dem einige Bundeswehrpritschen aufgestellt waren. Dort sollten sie die Nacht verbringen, am nächsten Tag würde man sie in die Zentralstelle für Asylbewerber verlegen. Meine Schwester weinte, als ich mich von ihr verabschiedete.

Karim und mein Neffe zogen zu Zuny und mir in die Dreizimmerwohnung. Wir schrieben das Jahr 1983.

Es ging nicht gut mit meiner Schwester. Ausländerpolizei und Sozialamt unterhöhlten unsere Beziehung wie ein schleichendes Gift. Manchmal war ich froh, dass sie die gehässigen Bemerkungen nicht verstand, die uns die Beamten zuwarfen, manchmal war ich zornig, dass ich sie hören musste und sie verschont blieb. Wenn ich mit ihr bei klirrender Kälte um fünf Uhr früh bei der Ausländerpolizei in der Schlange stand, um noch vor zwölf Uhr mittags das Gebäude betreten zu dürfen, fiel es mir schwer, die Wut zu unterdrücken. Nach zwölf Uhr wurde niemand mehr eingelassen, und man musste am nächsten Tag wiederkommen. Wenn uns die Beamten mit einem Stock in der Hand wie eine Hammelherde hin und her scheuchten und uns anschrien, weil sich jemand falsch eingereiht hatte, schämte ich mich für mich selbst und für die Deutschen gleichermaßen.

Ein Sachbearbeiter am Sozialamt schien es sich zur persönlichen Aufgabe gemacht zu haben, meine Schwester und mich zu schikanieren. Wöchentlich bestellte er Karim ins Amt, ließ sie bis zu vier Stunden vor der Tür warten, um ihr dann irgendwelche Formulare vorzulegen, die sie nicht verstand, weil sie kein Deutsch lesen konnte. Dann schickte er sie weg, und sie musste mit mir als Dolmetscherin wiederkommen. Wenn ich aber dabei war, war von dem Formular plötzlich keine Rede mehr. Meine Schwester musste sich monatlich bei zehn bis fünfzehn Stellen (je nach Stimmungslage des Beamten) um Arbeit bewerben und nachweisen, dass sie es tatsächlich versucht hatte. Ich war ständig damit beschäftigt, Jobs aus den Stellenanzeigen herauszuschreiben und Bewerbungen abzuschicken. Ich wurde immer verzweifelter, weil ich nicht wusste, für welche Art von Arbeit sich meine Schwester eignete.

Einmal legte uns der Sozialarbeiter statt Bargeld Gutscheine für Lebensmittel auf den Tisch und sagte zu seinem Kollegen: So, jetzt können sie nicht mehr ihre ganze Sippe miternähren. Und dieser erwiderte: Ach was, die verkaufen die Gutscheine und schicken das Geld trotzdem nach Hause.

Ich drückte mich davor, mit meiner Schwester einkaufen zu gehen. Sie erzählte mir, dass es jedes Mal an der Kasse ein großes Trara gab, wenn der Preis der gekauften Sachen nicht mit der Summe der Gutscheine übereinstimmte. Und die Kunden murrten, weil es so lange dauerte, bis die Kassiererin die Preise der Artikel mit den Gutscheinen verglichen hatte.

Ich selbst wurde angewiesen, mir entweder einen zweiten Kühlschrank zu besorgen oder in den gemeinsamen Kühlschrank abschließbare Fächer einzubauen. Es müsse klar erkennbar sein, dass wir keinen gemeinsamen Haushalt führten.

Medien und Politiker taten ihr Bestes, das feindselige Klima gegen Asylbewerber anzuheizen. Sie sprachen von Asylantenströmen, die die Bundesrepublik überfluteten, und vom vollen Boot. In meinem Kopf entstanden Bilder von kenternden Booten und ertrinkenden Deutschen. Sie mussten Ballast abwerfen, damit das Boot nicht sank, das leuchtete mir ein. Auch ich hätte mich gern vom Makel des Asylantenstatus meiner Familie befreit. Sie sprachen von Wirtschaftsflüchtlingen, die sich auf Kosten der Deutschen bereicherten, und von Schleusern und Schleppern, denen man das Handwerk legen müsse. Ich war eine Schleuserin und bekam es mit der Angst zu tun. Nicht einmal darüber, dass meine Schwester am Leben geblieben war, konnte ich mich in manchen Momenten noch freuen.

Karim weinte, wenn sie morgens aufwachte. Traurig stellte sie sich ans Fenster und starrte auf das gegenüberliegende Hinterhofhaus. Ich will nach Hause, schluchzte sie. Sie fühlte sich beim Anblick der düsteren Fassade an die Mauer der Lehmburg unseres Vaters erinnert. Und ich konnte sie nicht trösten.

Karim fragte mich nach meinen deutschen Freunden, die in Kabul ihre Gäste gewesen waren. Meine Freundin lebte im Ausland, die beiden Männer kamen nicht vorbei, obwohl ich sie mehrmals darum bat. Irgendwann begriff meine Schwester, dass niemand sie in Berlin willkommen heißen würde. Auch meine »Freunde« nicht.

Jahre später sah ich im Fernsehen einen Dokumentarfilm über den Eichmann-Prozess in Israel. Eine alte Frau sagte im Zeugenstand sinngemäß: Vielleicht kann ich eines Tages den Nazis verzeihen für das, was sie meinem Volk angetan haben, ihnen verzeihen, dass sie meine Eltern und meine Geschwister ermordet haben. Nicht verzeihen kann ich ihnen, dass sie auch mich als Kind mit ihrer Propaganda gegen die Juden aufgehetzt haben. Sie brachten mich dazu, dass ich mich für meine Eltern schämte. Ich hasste sie, weil sie meine Eltern waren, und ich hasste sie, weil sie Juden waren.

Ob ich den deutschen Politikern je werde verzeihen können, dass sie *mich* mit ihrer Hetze gegen Asylanten erfolgreich manipuliert hatten?

In Afghanistan ging das Drama weiter. Die demokratischen Widerstandsgruppen erhielten kaum Unterstützung aus dem Ausland, weder aus den USA noch aus Europa. Sie waren darauf angewiesen, Waffendepots der Regierung auszurauben und getöteten sowjetischen Soldaten Waffen abzunehmen. Dabei verloren sie viele Kämpfer. Gleichzeitig wurden sie in Afghanistan selbst ebenso wie in Pakistan von den islamistischen Kriegsparteien als Feinde bekämpft, fast so erbittert wie die Rote Armee selbst. Deshalb waren die Männer in dem Haus in Peschawar, das ich mehrmals aufgesucht hatte, so sehr auf ihre Anonymität bedacht. Wer sich weigerte, bei den Mudschaheddin mitzumachen, wurde zum Kommunisten gestempelt und galt als vogelfrei. So wurde allmählich der demokratische Widerstand vernichtet.

Der Führer der Gruppe, mit der ich in Delhi zusammengearbeitet hatte (die Männer, die Vogelgesicht Maoisten nannte), wurde noch nach dem Abzug der Sowjets in Peschawar aus einem fahrenden Fahrzeug erschossen. Ich hatte ihn mehrmals in Berlin getroffen, wo er an der Universität unterrichtete. Als ich mich einmal um seine Sicherheit besorgt zeigte, sagte er in seiner besonnenen Art: Schwester, wir haben keine Angst vor unserer Feinden – und meinte damit die Sowjets –, wir kennen sie und können uns vor ihnen schützen. Unser Problem sind unsere Freunde: Die kennen wir leider nicht.

Der Sympathisant wanderte in die Bundesrepublik aus. Als ich ihn in einem Flüchtlingslager besuchte, wirkte er auf mich wie ein Kind, das seine Mutter verloren hatte.

Die USA (beziehungsweise die CIA) und der Westen verteilten ihre Finanzhilfe einschließlich der Unterstützung für die Flüchtlinge über die pakistanische Regierung. Diese wiederum erkannte sieben Widerstandsparteien an, allesamt Mudschaheddin mit islamistischen Tendenzen – was anfänglich nicht islamistisch ausgerichtete Gruppen diesen Parteien in die Arme trieb. Die Mudschaheddin koppelten ihre Nahrungsmittelhilfe für die Flüchtlinge an die Auflage, dass sich die Männer aus den Flüchtlingslagern bei ihnen einreihten. Durch diese Abhängigkeit wurden sie zur stärksten Kraft im Kampf gegen die Sowjets.

Insgesamt erhielten die Mudschaheddin von den USA, von europäischen Ländern, China, Saudi-Arabien und anderen islamischen Staaten zehn Billionen US-Dollar Finanzhilfe, die sie in erster Linie in modernes Kriegsgerät steckten. Mit verheerenden Folgen für das Land.

Es gab noch eine dritte Macht in Afghanistan, die ihre eigenen Interessen verfolgte: die so genannten Araber-Afghanen, von denen keiner Afghane war und viele keine Araber. Diese radikalen Muslime aus vierunddreißig islamischen Ländern wurden seit Anfang der achtziger Jahre von Pakistan und der CIA rekrutiert, anfangs um den Mudschaheddin beizustehen. Am Ende waren sie dank massiver Unterstützung durch die CIA (die die US-Regierung 1986 überredete, den Mudschaheddin Waffen zu liefern) mehr als hunderttausend Dschihad-Krieger. Unter diesen ausländischen Rekruten befand sich auch ein junger saudischer Student, Sohn eines jemenitischen Baumagnaten: Osama Bin Laden. 1986 war er am Bau des von der CIA finanzierten Khost-Tunnelkomplexes unweit der pakistanischen Grenze beteiligt, in dem ein Waffendepot, eine Ausbildungsstätte und ein medizinisches Zentrum für die Mudschaheddin eingerichtet wurden. Nachdem die Supermacht Sowjetunion zu Fall gebracht worden war, meinten seine Kämpfer, nun auch die zweite Supermacht erfolgreich bekämpfen zu können.

Fast alle afghanischen Studenten versuchten, ihre Familien nach Deutschland zu holen. In den achtziger Jahren lebten etwa tausend Afghanen in Berlin, überwiegend Studenten, Intellektuelle und ihre Familienangehörigen. Vielleicht fühlten sich die Studenten ebenso überfordert wie ich und die Neuankömmlinge ebenso isoliert und unglücklich wie meine Schwester. Auf jeden Fall stammte die Idee, ein afghanisches Kulturzentrum zu gründen, von einer ehemaligen Studentin. Die meisten von uns fanden die Idee gut und beteiligten sich nach Kräften an ihrer Realisierung. Das Zentrum wurde zu einer wichtigen Anlaufstelle für uns alle. Wir berieten die neu angekommenen Flüchtlinge in rechtlichen Fragen, begleiteten sie zu Ämtern, halfen ihnen bei der Einschulung ihrer Kinder und boten den Erwachsenen Sprachkurse an. Um ihr Heimweh zu lindern, begingen wir mit ihnen die traditionellen afghanischen Feste, wobei die Neuen (vor allem Frauen) stets eine tragende Rolle spielten. Sie kochten für Hunderte von Gästen und führten kleine Sketche auf, in denen es um ihre Alltagsprobleme ging. Sie organisierten Musikveranstaltungen, trugen Gedichte vor und erklärten den kulturellen Hintergrund des jeweiligen Festes. Sie wollten, dass ihre Kinder, so gut es eben ging, in ihrer eigenen Kultur aufwuchsen und auch stolz darauf waren, Afghanen zu sein. Auf der politischen Ebene wollten wir dem Leid der Afghanen innerhalb und außerhalb Afghanistans eine Stimme geben. Jahrelang versuchten wir, Kontakte zur Presse herzustellen, doch unsere Informationsveranstaltungen blieben ohne Resonanz. Erst als Afghanistan zum Kriegsziel der USA wurde, gaben sich die Journalisten im Afghanischen Kultur- und Kommunikationszentrum die Klinke in die Hand.

1989 war ein schönes Jahr für mich. Endlich brachte ich nach mehreren Unterbrechungen mein Studium zu Ende. Nur drei Bewerbungen schickte ich ab und erhielt auf alle drei eine Zusage. Ich suchte mir die beste Stelle aus und begann zu arbeiten.

Am 15. Februar 1989 zogen die letzten sowjetischen Soldaten aus Afghanistan ab. 1,5 Millionen Tote und zehn Millionen Minen blieben zurück. Obwohl die Sowjets eine Gesamtsumme von 45 Billionen US-Dollar in den Krieg gegen den Widerstand investierten, hatten die Afghanen der Großmacht UdSSR eine ähnliche Schlappe zugefügt wie der Vietcong den Vereinigten Staaten. Ich war stolz auf meine Landsleute.

Karim war nicht zu bändigen. Sie wollte augenblicklich zurück in die Heimat. Es kostete mich viel Überredungskunst, ihr klar zu machen, dass die prosowjetische Regierung noch an der

Macht war. Ich musste sie daran erinnern, dass der ehemalige Chef des Geheimdienstes, Nadschibullah, immer noch Regierungschef von Afghanistan war. Ich musste sie daran erinnern, dass er es gewesen war, der im Keller seiner Büroräume foltern und die Liste von 11 000 Ermordeten an der Außenmauer seines Gebäudes anbringen ließ.

Weißt du nicht mehr, was du mir damals erzählt hast? Wenn Ehefrauen sich bei ihm nach ihren Ehemännern erkundigen, weil sie deren Namen nicht auf der Liste finden, empfiehlt er ihnen, einen anderen Mann zu heiraten. Es herrsche kein Mangel an Männern! – Und hast du vergessen, dass du selbst auf ihrer Liste der gesuchten Personen stehst?, warnte ich meine Schwester.

Es dauerte weitere vier Jahre, bis die Mudschaheddin die Reste des verhassten Regimes beseitigt hatten. Wir jubelten alle, als sie Kabul im April 1992 einnahmen und Nadschibullah gestürzt wurde. Er war der letzte von den Sowjets eingesetzte afghanische Präsident.

Doch was uns die Flüchtlinge, die das afghanische Kulturzentrum aufsuchten, bald aus Kabul berichteten, ließ unsere Freude rasch erkalten. Die Mudschaheddin bezichtigten die Menschen, die unter den Sowjets das Land nicht verlassen hatten – weil sie die Mittel dazu nicht hatten, weil ihre Eltern alt waren und nicht mehr verpflanzt werden konnten, oder weil sie nicht bereit waren, ein trostloses Dasein in einem der pakistanischen Flüchtlingscamps zu führen –, der Kollaboration. Sie trieben sie aus ihren Häusern, erschossen die Männer auf der Stelle, vergewaltigten die Frauen – oft vor den Augen ihrer Kinder –, entführten sie, hielten sie für sexuelle Dienstleistungen in ihren Häusern fest oder zwangen sie zur Prostitution. Eine Frau erzählte mir, dass immer wieder Mädchen aus dem Fenster in den Tod sprangen, um nicht von den Mudschaheddin vergewaltigt zu werden.

Die Warlords teilten sich Kabul untereinander auf, und jeder kämpfte darum, die jeweils anderen zu entmachten. Sie beschossen sich gegenseitig mit Bomben und Raketen und legten die einzige Stadt, die unter den Sowjets weitgehend unzerstört geblieben war, in Schutt und Asche. Vierzigtausend Menschen kamen ums Leben, Hunderttausende flüchteten aus der ehemaligen Dreimillionenstadt. Nicht anders verhielt es sich in den anderen Landesteilen. Jeder Kommandeur war bestrebt, sich diese oder jene Provinz anzueignen. Wenn die Kommandeure und ihre Kämpfer einer bestimmten Ethnie angehörten, verübten sie Massaker an der anderen, und umgekehrt. Und wiederum wurden die Männer getötet und die Frauen vergewaltigt.

Der Präsident der neu ausgerufenen Islamischen Republik, Burhanuddin Rabbani, erließ eine Frauen-Fatwa. Eine Fatwa ist ein Verhaltenskodex, der durch die höchste geistliche Autorität legitimiert ist und einem Gesetz gleichkommt. Bildung für Frauen wurde darin als »Quelle der Verführung und Verworfenheit« bezeichnet. Die Mädchenschulen wurden entweder geschlossen oder gleich zerstört. Im August 1993 formulierte das Oberste Gericht sechzehn Gebote für Frauen, mit absurd anmutenden Verhaltensregeln. So sollte eine Frau beim Verlassen des Hauses kein Parfüm benutzt haben; keine raschelnden Kleider tragen; sich weder verträumt oder gedankenverloren noch stolz geben; nicht in der Mitte des Weges laufen; keine Kleidung tragen, die Ähnlichkeit mit Männerkleidung aufwies; ohne zwingenden Grund mit keinem fremden Mann sprechen, und sollte ein Gespräch dennoch aus religiösen Gründen erforderlich sein, müsse es mit leiser Stimme erfolgen, und ohne zu lachen. Während in den achtziger Jahren Frauen, die die Tschaderi oder Burqa trugen, als gefährliche Feindinnen des moskautreuen Regimes galten und dafür gefoltert und vergewaltigt wurden, wurde das Tragen der Tschaderi nun zur islamischen Pflicht für alle weiblichen Menschen. Eine Frau, die sie nicht trug, wurde zur Feindin der »neuen Revolutionäre« und der »Befreier des

Landes«, wie sich die Islamisten nannten. Sie wurde auf der Straße verfolgt, beschimpft, ausgepeitscht und verjagt.

Als die Taliban (ein *talib* ist ein Islamstudent) um ihren einäugigen Führer Mullah Mohammad Omar im November 1994 als neue Kraft auftauchten und Kandahar eroberten, war Afghanistan in einem Zustand vollkommenen Zerfalls. Ursprünglich sollten die Taliban, die als Waisenkinder aus den Flüchtlingscamps rekrutiert worden waren, die nächste Generation der Kämpfer gegen die Sowjetunion stellen. Weder die CIA noch die USA und ihre Verbündeten hatten damit gerechnet, dass die Sowjets Afghanistan so bald freigeben würden. Als es aber doch so kam, hatte man keine Verwendung mehr für die Taliban und überließ sie sich selbst. Allerdings drohten die andauernden Kämpfe der verschiedenen Mudschaheddin-Gruppen gegeneinander die Interessen der USA in dieser Region zu gefährden: Die Taliban wurden wieder auf den Plan gerufen.

Im Mittelpunkt ihres Aufstiegs standen nun die letzten noch unerschlossenen Öl- und Gasreserven der Welt in der kaspischen Region. Gleich nach dem Zusammenbruch der Sowjetunion witterten die USA die Chance, ihren Einfluss in der Region (den sie durch die Islamische Revolution im Iran verloren hatten) wiederherzustellen. Dass die ehemaligen Sowjetrepubliken Tadschikistan, Turkmenistan und Usbekistan unvorbereitet in die Unabhängigkeit entlassen wurden, eröffnete interessante Perspektiven. Und doch war es erst der Wettlauf der internationalen Ölgesellschaften, der Washingtons Interesse an Zentralasien zuspitzte – trotz eines Dossiers über Bin Laden, das der CIA spätestens seit Mitte der neunziger Jahre vorlag. Zwischen 1994 und 1998 unterzeichneten nicht weniger als vierundzwanzig Ölgesellschaften Verträge in Kasachstan, Turkmenistan, Aserbeidschan und Usbekistan. Im April 1995 richteten die Vereinigten Staaten eine hochrangig besetzte Arbeitsgruppe (Nationaler Sicherheitsrat, State Department und CIA) zur Untersuchung der US-amerikanischen Öl- und Gasinteressen in der kaspischen

Region ein. Die nahe liegende und kostengünstige Pipeline durch den Iran kam aus politischen Gründen nicht in Frage. Also unterstützte Washington die Pläne der amerikanischen Ölgesellschaft *Unocal*, eine Pipeline von den Öl- und Gasfeldern Turkmenistans durch Afghanistan bis an die Küste Pakistans zu bauen. Im Oktober 1995 schlossen *Unocal* und ihr saudischer Partner *Delta Oil* mit dem turkmenischen Präsidenten Saparmurad Niyazov in New York den Bauvertrag für die Pipeline, an der auch die russische *Gazprom* beteiligt werden sollte. Doch solange Krieg herrschte in Afghanistan, war an die Verwirklichung des Projekts nicht zu denken. Die Taliban versprachen Befriedung. Als sie am 27. September 1996 Kabul einnahmen, stellten die Vereinigten Staaten die baldige Aufnahme diplomatischer Beziehungen in Aussicht. Doch die neuen Herrscher erwiesen sich als unberechenbar, da sie mittlerweile nicht mehr der Regie der CIA und der pakistanischen Regierung unterstanden. Die Macht über sie hatten nun Bin Laden und al-Qaida, und die hatten nicht vor, mit *Unocal* Geschäfte zu machen, sondern die USA zu bekämpfen. Ende November 1997 reiste eine Taliban-Delegation ein letztes Mal in die USA, besuchte *Unocal* und traf sich mit Beamten des State Department. Anfang Dezember 1998 zog sich *Unocal* aus dem Pipeline-Konsortium zurück, Mitte des folgenden Jahres setzte der FBI für die Gefangennahme Osama Bin Ladens eine Belohnung von fünf Millionen US-Dollar aus. Angesichts der Weigerung der Taliban, Bin Laden auszuliefern, riefen die Vereinigten Staaten einen Handels- und Wirtschaftsboykott aus. Am 19. Januar 2001 verabschiedete der Sicherheitsrat der Vereinten Nationen die Resolution 1333, in der Sanktionen und ein Waffenembargo gegen die Taliban beschlossen wurden.

Mir ging die Kraft aus. Frauen, die sich bis nach Berlin durchgeschlagen hatten, erzählten in unserem Kulturzentrum von den Gräueltaten der Taliban.

Sie verschenken unsere kleinen Mädchen an die Araber, die sich regelrechte Harems mit minderjährigen Kindern halten, berichteten sie.

Im afghanischen Kulturzentrum hatten wir hitzige Debatten.

Die amerikanische Regierung nimmt in Kauf, dass die Taliban und ihre arabischen Freunde Frauen steinigen und Kinder missbrauchen, sagte ich. Sie laden sogar deren Führer nach Washington ein und verhandeln mit ihnen über den Bau ihrer Pipelines.

Du meinst wohl die CIA, bemerkte eine Stimme aus der Menge.

Gibt es einen Unterschied zwischen amerikanischer Regierung und CIA? Kann mir jemand sagen, ob die Taliban und Bin Laden Produkte der amerikanischen Regierung oder der CIA sind?

Wenn ich meine Sorge darüber äußerte, dass die amerikanischen Konzerne afghanische Ölreserven auf der turkmenischen Seite der Grenze anzapften und die Afghanen wieder einmal leer ausgehen würden, wurde ich belächelt.

Malalai, wir haben keine Ölreserven. Wir haben nur Erdgas, das bereits seit Jahrzehnten in die Sowjetunion abgeleitet wird.

Als ich ihnen Bücher zeigte, die die Existenz von Ölfeldern in Nordafghanistan belegten, meinten sie, dass auch der Bau einer Pipeline den Afghanen etwas bringen werde. Das sei besser als nichts.

Die Gespräche mit meinen Landsleuten im Kulturzentrum waren ein kurzes Aufflackern der Auflehnung inmitten der grenzenlosen Resignation und Depression, die nicht nur mich, sondern die meisten Exilafghanen erfasst hatten.

Ich wäre daran zerbrochen, wären da nicht Menschen gewesen, die mir zur Seite standen. Mein langjähriger, um vierzehn Jahre jüngerer Freund tröstete mich in meiner Verzweiflung und verhalf mir immer wieder zu einem Funken Optimismus. Zu Zuny verhielt er sich wie ein großer Bruder, spielte mit ihr und nahm sie überall mit hin. Weihnachten feierten wir bei seinen Eltern. Gemeinsam mit seinem Vater schmückte Zuny den Weihnachtsbaum. Mein Freund war der einzige Mensch, den ich kannte, der Weihnachten gern mit seinen Eltern und Geschwistern verbrachte. Noch heute richtet Zuny das Weihnachtsfest für uns aus. Und noch heute laden die Eltern meines Freundes, mit dem ich seit Jahren keine Beziehung mehr habe, Zuny und mich zum Essen ein, wenn sie in Berlin sind.

Der wichtigste Mensch aber war Zuny, für die ich in unseren gemeinsamen Indienjahren innige, ja mütterliche Gefühle entwickelt hatte. Von all den niederschmetternden Sorgen, die uns Erwachsene plagten, versuchte ich sie fern zu halten. Ich wollte ihr nicht die Kindheit rauben. Ich wollte, dass sie sich zu Hause fühlte in Deutschland, deutsche Freunde hatte, das Abitur machte und sich so wenig wie möglich mit Afghanistan beschäftigte. Auch nachdem meine Schwester mit Zunys Bruder zu uns gezogen war, fühlte ich mich weiterhin für sie verantwortlich und tat alles, um ihr die Wärme zu geben, die ich bei meiner eigenen Mutter entbehrt hatte.

Am 9. November 1989 klebte ich ebenso am Fernseher wie damals, als die Rote Armee in Afghanistan einmarschierte. Nur liefen mir dieses Mal Tränen der Rührung über die Wangen. In der U-Bahn machte ich in den folgenden Wochen jeder Person Platz, von der ich annahm, dass sie aus Ostberlin kam. Am liebsten hätte ich jeden Einzelnen willkommen geheißen. Sie sollten nicht wie meine Schwester vergeblich auf diese menschliche Geste warten, die nichts kostet und doch so viel wert ist. Als mir die Solidaritätssteuer vom Gehalt abgezogen wurde, war ich zufrieden, mit diesem Beitrag Menschen helfen zu können, die fast vierzig Jahre unter den Sowjets gelitten hatten, unserem gemeinsamen Feind.

Meine deutschen Freunde bekamen den Trubel rasch satt. Sie schimpften über die überfüllten U-Bahnen, mieden die

Kneipen um den Kurfürstendamm, fühlten sich bedrängt und um ihre Ruhe gebracht. Viele von ihnen trafen sich nur noch privat. Sich über die »Ossis« zu erregen, ihre Kleidung zu belächeln, ihnen Naivität und Weltfremdheit vorzuwerfen, bildete den Inhalt abendfüllender Gespräche im privaten Kreis. All das befremdete mich.

Stell dir vor, die freuen sich nicht einmal für ihre eigenen Landsleute, was können da wir Fremde von ihnen erwarten?, sagte ich zu meiner Schwester. Die Deutschen nahmen die Zugehörigkeit zu einem Volk offenbar nur dann ernst, wenn es darum ging, wer nicht dazugehörte.

Unser Opfergang war nicht umsonst, sagte Karim nachdenklich. Nun müssen sie den Russen nicht mehr gehorchen. Die Sowjets sind an uns Afghanen zerbrochen. Es ist gut, dass so viele Menschen davon profitiert haben. Ich fühle mich den Menschen aus dem anderen Teil Deutschlands sehr nah.

Und ich fühlte mich meiner Schwester wieder nah.

Die Arbeitslosenzahl erreichte die Viermillionenmarke, die Wahlen rückten näher. Ein Thema musste her. Die »nicht vermittelbaren Ausländer«, die das Sozialsystem belasteten, eigneten sich vortrefflich für den Wahlkampf. Es wurden Statistiken veröffentlicht, die den Untergang des Sozialstaates voraussagten, demographische Prognosen, die vorrechneten, dass es immer mehr Ausländer in Deutschland geben würde und immer weniger Deutsche.

Ich sah mir meinen Gehaltsnachweis an und rechnete meine Sozialabgaben zusammen. Sie machten fast vierzig Prozent meines Gehalts aus. Ich war beruhigt, ich musste kein schlechtes Gewissen haben. Die Sozialhilfe, die meine Schwester drei Jahre lang bezogen hatte, hatte ich in den vergangenen zwanzig Jahren um ein Vielfaches im Voraus entrichtet. Und meine Schwester hatte inzwischen Arbeit gefunden und zahlte nun selbst in das Sozialsystem ein.

Wieder einmal distanzierte ich mich von den anderen Ausländern. Ich war eine gute Ausländerin. Doch dieses Mal gab es keine »integrierten Ausländer« auf der einen und Asylanten auf der anderen Seite. Ausländer waren Ausländer und würden es immer bleiben.

Zunächst wurden die Brandanschläge und Übergriffe auf Asylbewerber und Menschen mit dunkler Haut- und Haarfarbe noch in den Zeitungen gemeldet, und Empörung flammte auf. Später gewöhnte man sich daran, und die Schlagzeilen verwandelten sich in Kurzmeldungen, die man leicht überlesen konnte. Diesmal waren es nicht nur rechte und konservative Politiker und Medien, die hetzten, nicht nur der Mob, der Jagd auf Ausländer machte. Allmählich stimmten auch namhafte Intellektuelle ein. Und ich vermisste in Deutschland Politiker vom Schlag eines Willy Brandt, der sich mit seinem Kniefall für ein Verbrechen entschuldigte, dem er selbst zum Opfer gefallen war.

Eines Tages rief mich einer der beiden Männer an, die damals in Kabul im Haus meiner Schwester gebadet hatten.

Hast du den letzten *Spiegel* gelesen?, fragte er mich unvermittelt.

Ja, antwortete ich.

Was machen wir denn mit so vielen arbeitslosen Ausländern der dritten Generation?, sann er nach. Die sind ja kaum vermittelbar.

Deportieren! Ihr wisst ja, wie man's macht, hörte ich mich sagen und erschrak über diese zynische Antwort. Ich legte auf und begann zu weinen.

Malalai, sie haben deine Seele vergiftet, sagte meine Schwester. Sie haben dich erst dazu gebracht, deine Schwester zu hassen. Und jetzt hasst du dich selbst. Du hasst dich dafür, dass du immer noch in diesem Land nichts anderes bist als eine Ausländerin. Du bist dabei, dich selbst zu verleugnen, das darfst du nicht zulassen!

Die Taliban, Bin Laden und al-Qaida, die im Namen des Islam

den afghanischen Frauen das Lebensrecht aberkannten – sie alle konnten mich nicht mehr aus meiner dumpfen Lethargie herausholen. Ich hatte aufgegeben. Es kränkte mich, dass der Islam im Westen immer mehr in Misskredit geriet. Mein Islam hatte mit dem, was die Taliban daraus gemacht hatten, nicht die geringste Ähnlichkeit. Mein Gott liebte und beschützte alle Menschen gleichermaßen. Er unterschied nicht zwischen Gläubigen und Nichtgläubigen, zwischen Männern und Frauen, wir waren alle seine Geschöpfe. Ich dachte an die beiden Enkel der alten Paschtunin in Peschawar, deren Vater sie in die Madrassa abgegeben hatte, damit sie etwas lernten. Jetzt hießen sie Taliban und zerstörten ihre eigene Kultur. Dieser Schmerz war zu groß für mich.

Doch dann kam der 11. September, und Pari erwachte in mir zu neuem Leben.

EIN BISSCHEN MELANCHOLISCHER

Schon mit zwölf Jahren hatte ich mir vorgenommen, niemals ein Kind in die Welt zu setzen. Eine so weitreichende Entscheidung, auf gut Glück getroffen, war mir – in dieser und in meiner Welt – ein zu großes Risiko. Doch als meine Schwester nach dem Einmarsch der Roten Armee in Afghanistan nach Kabul zurückkehrte und Zuny bei mir ließ, hatte ich plötzlich ein fünfjähriges Kind. Damals war ich selbst so deprimiert, dass ich für Zuny in erster Linie Mitleid empfand. Ich tat alles, um sie abzulenken, hielt aber ihren verlängerten Aufenthalt in Berlin für einen vorübergehenden Zustand. Niemals dachte ich daran, auch nur zu versuchen, dem Kind die Mutter zu ersetzen. Zuny nannte mich Khala – Tante. Später wurde sie zu meiner Tochter, und so ist es geblieben. Zuny hat zwei Mütter.

Als ich sie zum ersten Mal in Berlin sah, war sie drei Jahre alt, und ich empfand nicht viel für sie. Ich fühlte mich allenfalls gestört. Ich konnte mich nicht mehr wie früher in aller Ruhe mit meiner Schwester unterhalten, wahrscheinlich war ich auch ein wenig eifersüchtig auf das Kind. Den Namen Zuny hatte ich Karim empfohlen, als sie mir am Telefon die Geburt einer Tochter meldete. Karim war überglücklich – sie hatte sich so sehr eine Tochter gewünscht. Schon damals war ich davon überzeugt, dass dieses Kind eines Tages in Europa studieren würde, wenn ich mir auch nie hätte vorstellen können, dass die ganze Familie im Exil leben würde. Die Tochter sollte also einen Namen bekommen, den Europäer leicht aussprechen können. Ich kannte einen indischen Namen, der mir gefiel: Suni. Karim und ich entschieden uns am Ende für Zuny, ohne zu wissen, was das Wort bedeutet. Zuny ist zufrieden mit ihrem seltsamen Namen, denn Indien ist ihre erste bewusst wahrgenommene Heimat.

Heute kann ich mit vollster Überzeugung sagen: Zuny ist das Beste, was mir im Leben passiert ist. Klug und schön, glitzert sie wie ein Edelstein am Ende des langen Tunnels, der sich vor einem Jahrhundert auftat, als mein Urgroßvater Nangin Khan im Dorf jenseits des Khayber-Passes meine Urgroßmutter Hossai erschoss. Wie ein unentrinnbares Schicksal lastete die Tat auf drei Frauengenerationen, die sich wehrten so gut sie konnten. Zuny, so scheint es, muss sich nicht mehr wehren. Gewaltverhältnisse haben sie, wie meine Mutter, als Kind in ein anderes Land verschlagen. Doch ihr ist es gelungen, die Versöhnung zu vollziehen. Vielleicht ist sie angekommen. Sie ist eine deutsche Staatsbürgerin mit schwarzem Haar und schwarzen Augen. Sie ist eine deutsche Staatsbürgerin, die in Kabul geboren und in Delhi und Berlin zur Schule gegangen ist. Sie spricht Deutsch, Dari, Englisch und Hindi. Ihre erste Sprache aber ist Deutsch. Sie denkt deutsch, träumt deutsch und fühlt wahrscheinlich auch deutsch – zu achtzig Prozent, meint sie. Mit ihren achtundzwanzig Jahren ist sie schon in der ganzen Welt herumgekommen, sie braucht das Reisen, um den Hunger nach dem Fremden in sich zu stillen. Sie ist neugierig und abenteuerlustig.

Zuny hat ihr Studium mit Auszeichnung abgeschlossen – Kommunikationsdesign. Nun bereitet sie sich auf ein halbjähriges Praktikum in Bombay vor, über das Internet hat sie es für sich organisiert. In Indien fühlt sie sich zu Hause, das Durcheinander der Gerüche, das Menschengewimmel, der heillose Lärm, der andere erschreckt, empfangen sie wie eine warme Umarmung. An Indien hat Zuny glückliche Kindheitserinnerungen. Ich sehe sie noch vor mir, wie sie auf dem eingezäunten Rasen vor unserem Haus mit der großen Veranda mit den anderen Kindern herumtollt. Ich höre noch ihr fröhliches Lachen. Damals fing ich an sie zu lieben. Und ich verspürte trotz der dramatischen Versuche, meine Schwester aus Afghanistan zu befreien, eine innere Ruhe. Hier war Zuny gut aufgehoben. Ihr Freund Ladu kümmerte sich um sie und führte sie in unser Viertel ein, für Kinder ein wahrer Abenteuerspielplatz, mit einer Schlossanlage, wo nachts die Pfauen ihr tragisches Geschrei anstimmten und unseren Schlaf störten. Die indischen Kinder, die ebenso wie Zuny kaum Spielsachen besaßen, nahmen sie umstandslos in ihrer Mitte auf, und weder sie selbst noch ich wussten, wie es kam, dass sie mit einem Mal Hindi sprach. Niemals fühlte sie sich ausgeschlossen, weder unter den Straßenkindern noch unter den afghanischen Flüchtlingskindern, noch unter den Schülern an der deutschen Eliteschule für Botschaftsangehörige und Geschäftsleute. Nur einmal sagte die einzige Inderin in ihrer Klasse während einer Klassenfahrt »Ausländerin« zu ihr. Es war das erste Mal, dass sie dieses Wort hörte, und an der Art, wie es ausgesprochen wurde, erkannte Zuny, dass es nicht freundlich gemeint war. Aber das Böse erreichte sie nicht. Indien war ihre Heimat.

Ein Weltmensch sei sie, sagt Zuny, der die Freiheit besitzt, überall auf diesem Globus zu leben. Doch inmitten ihrer Unruhe, die sie immer wieder in die Fremde treibt, gibt es für sie Deutschland – ein Pol der Ruhe und Sicherheit. Das war nicht immer so. Ihre schlimmste Zeit hatte sie nach unserer Rückkehr aus Indien. In der Grundschule musste sie schmerzlich erfahren, das es unterschiedliche Klassen von Menschen gab, Menschen, die schon wegen ihres Äußeren zu Außenseitern wurden. In der Grundschule im Nobelbezirk Berlin-Grunewald war Zuny Außenseiterin. Wegen ihres schwarzen Haars, wegen ihrer anderen Geschichte, wer weiß? Sowohl die Kinder als auch die Lehrer zeigten ihr deutlich, dass sie nicht bereit waren, sie einfach unter sich aufzunehmen. Lehrer verstehen es, ein Kind durch missbilligende Blicke und fehlende Anerkennung herabzusetzen, und die Kinder tun es ihnen gleich. Ausschluss beim gemeinsamen Spiel, demonstratives Desinteresse, Gehässigkeiten ... Doch wenn ich Zuny anbot, sie in eine andere Schule zu schicken, lehnte sie stets ab. Wahrscheinlich hatte sie mehr Angst vor dem unbekannten Neuen als vor dem, was sie schon kannte: das vertraute Klassenzimmer, die Lehrer, die Schüler, mit denen ja doch sporadische Kontakte zustande kamen. Vielleicht liegt es aber auch in ihrem Naturell, sich nicht unterkriegen zu lassen. Im Gymnasium hat sie es bewiesen. Sie lernte, sich selbstbewusst zu geben, bewarb sich konsequent um das Amt der Klassensprecherin, äußerte ihre Meinung klar und deutlich. Die gute Zeit am Gymnasium in einem anderen Bezirk, mit Cliquen und wechselnden besten Freundinnen, tilgte die schlechten Erinnerungen an die Grundschule.

Wenn Zuny aber ihre Aufenthaltserlaubnis verlängern ließ, befand sie sich augenblicklich außerhalb ihrer behüteten Welt. Inmitten von traurigen, ängstlichen Menschen wartete sie stundenlang, bis ihre Nummer gezogen wurde, und wurde eins mit ihnen. Damals bemühte sie sich sehr um das, was man gern »Integration« nennt. Ihre afghanische Herkunft war für sie etwas Abstraktes, nicht viel mehr als ein Pass, in dem als Geburtsort Kabul eingetragen ist. Dem Afghanistan-Rummel, den Festen im Kulturzentrum und den afghanischen Freunden meiner Schwester entzog sie sich, so gut sie konnte. Unbewusst fand sie sich Freundinnen und Freunde, deren Familienhintergrund »geordnet« war. Wenn sie abends auf oberirdischen U-Bahnstrecken fuhr, liebte sie es (wie einst ich während meiner Busfahrten zum Goethe-Institut in der Uhlandstraße), den Leuten zur Abendbrotzeit in die Wohnzimmer zu schauen, und sehnte sich nach dieser vermeintlich heilen Welt, in der der Vater abends von der Arbeit heimkommt und mit der Familie zusammen Stullen isst.

Dann kam die Wende, und Zuny zog mit ihrer Clique hinüber auf den Abenteuerspielplatz Berlin-Ost, wo alles so billig war. Persönlich hat sie in dieser Zeit keine rassistischen Übergriffe erlebt, aber die Medien erzählten ihr genug. Werden wir in Zukunft nicht mehr sicher leben können in Deutschland?, fragte sie sich ebenso wie wir alle, die wir hier als »Ausländer« gelten. Doch dann ging alles weiter wie bisher. Wenn man jung ist, vergisst man schnell. Zuny besucht mit ihren Freunden die Kneipen in Mitte und am Prenzlauer Berg, nach Marzahn oder Hohenschönhausen zu gehen hat sie keinen Anlass. Nach Eberswalde und Rostock würde sie wie die meisten von uns nicht mehr fahren. Dass sie nicht überall hin kann, empfindet sie nicht als Einschränkung ihres Handlungsspielraums. Das sei nun einmal so in einer großen Stadt. Auch in New York und Delhi gibt es Orte, die gefährlich sind. Diese Orte zu meiden, sei einfach ein zum physischen und psychischen Überleben notwendiger Selbstschutz.

Als Zuny achtzehn wurde, beantragte sie die deutsche Staatsbürgerschaft. Die heile Welt erhielt sie deswegen trotzdem nicht. Je mehr sie in die Pubertät kam und begann, sich mit sich selbst auseinander zu setzen, desto stärker spürte sie, dass sie doch manches anders wahrnahm als ihre deutschen Freunde. Und es entstand das Bedürfnis, mit Menschen zusammenzutreffen, die ähnliche Brüche erlebt hatten wie sie selbst. Zuny ist bereits zweimal heimatlos geworden. Sie kommt sich ein bisschen melancholischer, auch ein bisschen tragischer vor als ihre Freunde mit den geradlinigen Biografien. Sie ist ständig auf der Suche nach dem Teil ihrer selbst, den sie nie verwirklichen konnte. Nach dem 11. September begann sie verstärkt über ihre afghanische Herkunft nachzudenken. Die Weltbürgerin trat in den Hintergrund, und sie spürte eine Verbundenheit mit einem Land, an das sie sich kaum erinnern konnte. Doch sie sah die Bilder im Fernsehen, sie sah die Gesichter der Menschen, und es quälte sie zuzusehen, wie in Afghanistan alles zerstört wurde. So entwickelte sie allmählich für das fremde Land, in dem sie geboren wurde und dessen Sprache sie spricht, ein gar nicht mehr so abstraktes Heimatgefühl. Wenn sie – viel öfter als früher – nach Afghanistan und ihren Verwandten dort gefragt wurde, bekannte sie sich mit einem Mal lieber und leidenschaftlicher zu diesem Land.

Nun wird sie also bald nach Bombay gehen. Sie wird mir fehlen. Sie denkt bei dieser Reise weniger an die Vorbereitung einer Karriere – viel mehr geht es um die Herausforderung, sich in einem Land zu bewähren, in dem nicht alles so glatt funktioniert wie in Deutschland, in einem Land, wo man sich durchkämpfen muss. Zuny ist auf der Suche, aber nicht nach Erfolg und Geld. Sie kann hart arbeiten, wenn es darauf ankommt, aber sie ist zu weichherzig, um sich mit Ellbogen durchzusetzen. In der Werbebranche hält sie deshalb ihre Aussichten – in aller Gelassenheit – für begrenzt. Sie sucht nach einer Heimat, und meint damit kein Land. Sie weiß aus dem Reichtum ihrer Erlebnisse zu schöpfen, die Ängste aber, die ihre mehrmalige Entwurzelung mit sich gebracht hat, haben in ihr tiefe Sehnsucht nach einem Ruhepunkt entstehen lassen. Es könnte eine eigene Familie sein und eine Aufgabe, die sie erfüllt: »Eine Aufgabe, die ich mir wählen kann. Nicht aus Not, nur um Geld zu verdienen, sondern weil ich mich frei dafür entscheide.«

Dass eine solche Entscheidungsfreiheit ein nicht zu unterschätzender Luxus ist, ist ihr wohl bewusster als vielen ihrer Generation: »Deutschland ist ein wunderbares Land. Hier genieße ich die Sicherheit, zu Hause zu sein. Deutschland ist ein sehr humanes Land, das mir die Möglichkeit bietet, ein einfaches, angenehmes, unkompliziertes Leben zu führen.« – »Aber«, schränkt Zuny nach kurzem Überlegen ein, »ich kann nur von mir selbst ausgehen. Für heimatlose Menschen, die hier einen neuen Anker suchen, ist es mittlerweile sehr schwierig geworden.«

Zuny geht nicht alleine nach Indien. Ihr Freund, der in Bombay an der Filmhochschule studieren wird, geht mit ihr. Auch er steht zwischen den Kulturen und ist ebenso auf der Suche wie sie selbst.

NACHWORT

So wie die Protagonistin dieses Buches der Meinung ist, dass jeder Mensch in seinem Leben bestimmte Aufgaben zu erfüllen hat, bin auch ich der Ansicht, dass jeder Mensch im Laufe seiner Sozialisation, bewusst oder unbewusst, eine Reihe von Aufträgen erhält, die er sein Leben lang zu erfüllen versucht. Dieses Buch über die Lebensgeschichten afghanischer Frauen ist ein solcher Auftrag.

Wie die meisten Menschen, die sich entschließen, ihre intimen und sehr persönlichen Erlebnisse anderen mitzuteilen, habe auch ich während der Entstehung dieses Buches unzählige Zweifel und Ängste durchlebt. Ich zweifelte nicht an der Authentizität der Erzählungen, sondern fragte mich, ob ich berechtigt bin, das Persönliche und das Intime aus dem Leben anderer Menschen der Öffentlichkeit preiszugeben. Aus diesem Grund habe ich die Namen der Personen in diesem Buch geändert.

Aus den Frauengeschichten wurde im Laufe des Schreibens ein Buch über Afghanistan, in dem nicht nur über Frauen, sondern am Beispiel einer Familiengeschichte das Leben der Afghanen in den letzten hundert Jahren erzählt wird. Der 11. September hat Afghanistan aus der Vergessenheit ins Licht der Weltöffentlichkeit gerückt und hat zu vielen Publikationen über mein Land Anlass gegeben. Dieses Buch über Afghanistan aber hat mit dem 11. September nicht viel zu tun, sondern mit meinem ureigensten Auftrag, der auf seine Ausführung wartete.

Ich habe die Geschichten so erzählt, wie ich sie gehört oder selbst erlebt habe. Darum ist nicht alles »autobiographisch«. Erica Fischer hat meine Erzählung mit mir gemeinsam in eine literarische Form gebracht. Unser Bemühen war darauf gerichtet, weder ein Schwarz-Weiß-Bild der afghanischen Gesellschaft zu zeichnen noch Afghanistan als rückständiges Land darzustellen, in dem die Taliban einen fruchtbaren Boden vorfanden.

Afghanische Frauen waren keineswegs immer »Opfer«. Sie haben schon immer gegen Ungerechtigkeit und vor allem für ihre Selbstbestimmung (die sie Würde nennen) gekämpft. Wenn sie keine andere Wahl hatten, haben sie sogar von den gleichen Waffen Gebrauch gemacht, die Männer gegen sie benutzten. Wenn ich die Missstände, die zweifellos dort, aber auch anderswo in der Welt herrschen, aufzeige, will ich nicht meine Landsleute oder mein Land in Misskredit bringen, es soll vielmehr als Zeichen meiner Verbundenheit verstanden werden. Denn man schreibt nur über etwas, das einem nicht gleichgültig ist.

Als Optimistin bin ich der Meinung, dass jeder Mensch in der Lage ist, die Welt zu verändern, und wenn es auch nur vier Quadratmeter um ihn herum sind. Dies ist ein Versuch, einen kleinen, keinesfalls vollständigen Ausschnitt aus dem Leben der Menschen eines Landes zu präsentieren, auf das ich sehr stolz bin.

Mariam Notten